福州外语外贸学院学术著作出版基金
福建省社会规划一般项目：推进福建中小微企业向"专精特新"
发展的路径研究（FJ2021B168）

福建民营企业

高质量
—— 发展路径研究 ——

雷光美 ◎著

中国广播影视出版社

图书在版编目（CIP）数据

福建民营企业高质量发展路径研究 / 雷光美著. --北京：中国广播影视出版社，2024.11. -- ISBN 978-7-5043-9298-5

Ⅰ. F279.245

中国国家版本馆 CIP 数据核字第 20249ZN488 号

福建民营企业高质量发展路径研究

雷光美　著

责任编辑	王　波	
责任校对	马延郡	
装帧设计	中北传媒	

出版发行	中国广播影视出版社	
电　　话	010-86093580　010-86093583	
社　　址	北京市西城区真武庙二条 9 号	
邮政编码	100045	
网　　址	www.crtp.com.cn	
电子邮箱	crtp8@sina.com	

经　　销	全国各地新华书店	
印　　刷	三河市龙大印装有限公司	

开　　本	710 毫米 ×1000 毫米　1/16	
字　　数	310（千）字	
印　　张	20.25	
版　　次	2025 年 1 月第 1 版　2025 年 1 月第 1 次印刷	

书　　号	ISBN 978-7-5043-9298-5	
定　　价	99.00 元	

（版权所有　翻印必究·印装有误　负责调换）

前　言

高质量发展是全面建设社会主义现代化国家的首要任务。民营经济是我国国民经济的重要组成部分，是推动高质量发展的重要主体。改革开放以来，民营经济在规模和数量方面实现了快速发展。当前竞争环境日益复杂，民营经济的高质量发展尤为重要。为了满足高质量发展的要求，民营企业需要深化改革，在加快转变发展方式、追求合理增量的同时，更需注重质量和效益的提高，进而提升产品核心竞争力，拓展海外开放市场，参与全球产业的分工和资源配置。

伴随数字经济的发展，民营经济的转型升级已成为必然趋势。习近平总书记指出，要强化企业科技创新主体地位，推动制造业高端化、智能化、绿色化发展。当前，以数智化为主导的新一轮科技革命和产业变革正蔓延至全球产业，使数字化转型成为企业创新和变革的主要驱动因素。企业运用数字技术优化运营模式，创新产品性能，提高产品生产效率，促进企业高质量发展。

《福建民营企业高质量发展路径研究》是一部关于福建民营企业发展的学术专著。本书选取福建民营企业作为研究对象，以优化民营企业内部环境为主线，从融资、税收、内部控制等方面展开研究，旨在提高民营企业发展内动力和核心竞争力。本书以民营企业发展规划为研究脉络，从民营小微企业的健康发展、小微企业的"升规"发展、中小微企业向"专精特新"发展、

"大中小"企业协同发展、企业数字化转型等方面展开研究，以增强民营企业发展韧性，促进转型效益实现，提高转型成功率。

本书通过多角度、分层研究，依次总结民营企业高质量发展路径，能够作为福建民营企业发展的数据资料，给更多的民营企业管理者和投资者提供参考，为政府部门的决策提供数据支撑，以增强民营企业发展能力，促进民营经济高质量发展。

在编写本书的过程中，笔者得到了很多专业人士的帮助，特别感谢福州大学管理学院许萍教授、福建师范大学经济学院黄新焕副教授提出的宝贵意见。另外，感谢蒋妍、李鹏军、张秀婷协助完成第6章、第13章和第14章的资料整理等研究工作。

目 录

01 ▶ 绪 论

第1章 引 言 …… 003

1.1 研究背景及意义 …… 003
1.2 文献综述 …… 008
1.3 研究思路及方法 …… 013
1.4 研究主要结论 …… 014

参考文献 …… 016

第2章 概念界定与理论基础 …… 021

2.1 小微企业与"规上"企业的界定标准 …… 021
2.2 "专精特新"企业的评价标准 …… 024
2.3 民营企业的界定标准 …… 025
2.4 经济新常态的相关理论 …… 025
2.5 数字化转型的理论基础 …… 026

参考文献 …… 030

02 ▶ 民营企业财税管理篇

第3章　福州小微企业融资现状的调查与研究 …… 033

3.1　小微企业融资政策 …… 033

3.2　福州小微企业融资现状调查 …… 035

3.3　调研数据分析 …… 041

3.4　福州小微企业融资问题分析 …… 050

3.5　福州小微企业融资问题的解决措施 …… 053

3.6　结论 …… 056

参考文献 …… 057

附　录 …… 058

第4章　福建食品制造企业税收筹划及风险应对研究 …… 063

4.1　食品制造企业税收筹划的意义 …… 064

4.2　福建食品制造企业税收筹划的现状 …… 065

4.3　食品制造企业税收筹划的机理与模型分析 …… 067

4.4　食品制造企业税收筹划新思路的提出 …… 069

4.5　食品制造企业税收筹划成本效益分析及风险预见 …… 070

4.6　食品制造企业税收筹划风险应对机制构建 …… 072

4.7　结论 …… 074

参考文献 …… 075

第5章　福建小微企业税负问题研究 …… 076

    5.1　小微企业所得税税负问题分析 …… 076

    5.2　小微企业增值税税负问题分析 …… 080

    5.3　执行《小企业会计准则》，减轻企业税收负担 …… 081

    5.4　执行《小企业会计准则》，促进国家税收征管顺利进行 …… 084

    5.5　结论 …… 086

    参考文献 …… 086

第6章　厦门市民营企业内部控制问题及对策研究 …… 088

    6.1　企业内部控制的相关概述 …… 089

    6.2　厦门市民营企业内部控制现状的调查 …… 090

    6.3　存在的问题及因素分析 …… 093

    6.4　完善民营企业内部控制的对策 …… 096

    6.5　结论 …… 098

    参考文献 …… 099

03 ▶ 民营企业转型升级篇

第7章 经济新常态下福州小微企业健康发展路径研究 …… 103

7.1 经济新常态下福州小微企业发展现状 …… 103

7.2 福州小微企业发展面临的问题及因素分析 …… 104

7.3 福州小微企业健康发展的路径 …… 110

7.4 结论 …… 116

参考文献 …… 116

第8章 协同发展视角下福建小微企业"升规"发展路径研究 …… 118

8.1 调研数据统计与分析 …… 119

8.2 小微企业发展政策分析 …… 132

8.3 国外经验借鉴 …… 134

8.4 协同发展视角下推动福建小微企业"升规"发展路径 …… 137

8.5 结论 …… 141

参考文献 …… 141

附　录 …… 142

第9章 推进福建中小微企业向"专精特新"发展的路径研究 …… 152

9.1 专精特新相关政策 …… 152

9.2 调研过程 …… 154

9.3 调研数据分析 …… 159

9.4 福建中小微企业向"专精特新"发展面临的问题 …… 173

9.5 国际经验借鉴 …… 175

9.6 福建中小微企业向"专精特新"发展的建议 …… 177

9.7 结论 …… 179

参考文献 …… 179

附　录 …… 180

第10章　福建"专精特新"制造企业数字化转型路径研究 …… 191

10.1 "专精特新"企业发展相关政策 …… 191

10.2 福建"专精特新"制造企业数字化转型现状 …… 192

10.3 调研数据分析 …… 195

10.4 福建"专精特新"制造企业数字化转型面临的问题 …… 210

10.5 福建"专精特新"制造企业数字化转型路径选择 …… 213

10.6 结论 …… 216

参考文献 …… 216

附　录 …… 217

第11章　福建中小微企业数字化转型路径研究 …… 226

11.1 中小微企业发展现状 …… 227

11.2 中小微企业数字化转型的意义 …… 227

11.3 中小微企业数字化转型的现状 …… 228

11.4 研究方法 …… 228

11.5 分析结果 …… 229

11.6 拟定解决方案 …… 235

11.7 结论 …… 237

参考文献 …… 237

04 ▶ 民营企业数字化转型发展篇

第 12 章 "双循环"新格局下福建民营制造企业数字化转型路径研究 ⋯⋯ 241

12.1 福建民营制造企业数字化转型现状的调查分析 ⋯⋯ 242

12.2 福建民营制造企业数字化转型面临的问题 ⋯⋯ 249

12.3 "双循环"发展格局下福建民营制造企业数字化转型路径选择 ⋯⋯ 252

12.4 结论 ⋯⋯ 255

参考文献 ⋯⋯ 256

第 13 章 福建制造企业数字化转型的经济效果研究 ⋯⋯ 257

13.1 福建制造企业数字化转型的现状分析 ⋯⋯ 258

13.2 数字化转型对企业经济效果的影响因素分析 ⋯⋯ 260

13.3 福建制造企业数字化转型的挑战和解决方案 ⋯⋯ 270

13.4 福建制造企业数字化转型的建议 ⋯⋯ 272

13.5 结论 ⋯⋯ 274

参考文献 ⋯⋯ 275

第 14 章　福建民营企业数字化转型对财务绩效的影响研究 …… 276

14.1　企业数字化转型的相关定义 …… 277

14.2　评价企业财务绩效的相关指标 …… 278

14.3　民营企业数字化转型的相关政策 …… 278

14.4　研究设计 …… 280

14.5　实证结果分析 …… 282

14.6　福建民营企业数字化转型过程中面临的问题 …… 289

14.7　促进民营企业数字化转型的建议 …… 292

14.8　结论 …… 296

参考文献 …… 296

第 15 章　内外部环境联动：提升福建民营制造企业数字化转型成功率 …… 298

15.1　理论基础 …… 298

15.2　推动民营企业数字化转型的模型构建 …… 299

15.3　调查过程与结果 …… 300

15.4　提升福建民营制造企业数字化转型成功率的建议 …… 308

15.5　结论 …… 310

参考文献 …… 310

01
绪 论

第1章 引言

1.1 研究背景及意义

全球工业经济正在加速向数字经济转型，民营企业作为经济发展的重要力量，如何正确选择数字化转型的路径，以持续推进转型进程，成为社会和企业关注的问题。近几年，国家对民营企业高质量发展的重视程度逐渐提高，在"升规"发展、科技创新、"专精特新"、数字化转型、新质生产力等方面，出台了若干政策，并进行了系统规划和指导。国家要在资金保障、人才调配以及孵化平台的搭建等方面给予大力支持，着力培养"专精特新"企业和"小巨人"企业，以增强我国民营企业的核心竞争力。民营制造企业通过数字化转型引领经济动能转换，利用数字技术重塑核心竞争力，实现降本、提质、增效（刘洪铎等，2023）。民营企业合理利用"数智"技术，能够优化各项资源，进行系统规划，按进度执行数字化转型，以推动生产、运营的创新与发展（金昕等，2023）。民营制造企业的数字化转型意识逐渐觉醒，积极推进智能技术与生产的融合，以及数字技术与业务的融合，以提高生产的质量和管理效率（郭雪群，2023）。民营制造企业作为实体经济的重要支柱，在数字化转型过程中，面临诸多问题，影响了转型的进程与质量。需要政府部门开展整体战略规划和系统布局，以推进民营制造企业顺利转型，实现民营经济高质量发展。

民营企业正在加速产业链协同，努力实现实体经济与数字经济的融合发展，成为经济发展的主力军。面对当前错综复杂的国内外市场经济形势，2020年7月召开的中共中央政治局会议指出，要加快形成新发展格局——以国内大循环为主体，国内国际双循环相互促进发展。党的二十大强调"两个毫不动摇"，促进民营经济发展壮大；强调构建制造企业"双循环"发展格局，关注产业内生发展和绿色转型，以合作升级实现价值升级，进而促进产业升级和生态升级，掌握产业发展主导权。民营制造企业在我国经济发展中占据重要地位，能够重视自主研发与创新，在向数字化与智能化发展的过程中，将数字技术与业务融合，创新运营流程，以实现规范运营和高效管理。

民营制造企业在经济全球化中，具有非常重要的作用和地位。根据中国工业和信息化部的统计，"高盛智库"估计，2017年全球数字制造业产值约为10815.8亿美元，与2016年相比，增长17.3%。2021年，美国工业增加值为4.17万亿美元，中国为6.99万亿美元，德国为1.14万亿美元。[①] 根据福建省人民政府网的资料显示，民营经济贡献了70%以上的税收，70%的地区生产总值，70%以上的科技创新成果，80%以上的城镇劳动就业，90%以上的企业数量。[②] 全球对资源、能源和环境的刚性需求正在增加，只有深化信息技术与实体经济的融合，全面加快数字化转型，大力发展数字经济，才能转型升级传统动能，培育发展新动能，开辟更广阔的全球新发展空间。数字化转型有助于企业优化流程，降低管理成本，提高运营效率（Gao et al., 2023）。

福建民营制造企业作为当地民营经济发展的重要支柱，企业数量（注册）、经营规模、综合实力以及社会贡献均位居全国前列。截至2021年，福建省民营企业新增32.68万户，增长率达到16.6%，民营企业（规模以上）的营业收入（全年）达到40388亿元，增长率为17%，利润总额（年度）达到2721.7亿元，增长率约为29.5%。[③] 福建民营企业（2022年）百强企业的入围

---

① 快易理财网：《世界各国工业增加值（现价美元）》, https://www.kylc.com/stats/global/yearly_overview/g_industry_value_added.html，访问日期：2024年6月4日。

② 黄茂兴：《吹响建设新时代福建民营经济强省的嘹亮号角》, http://www.fujian.gov.cn/zwgk/ztzl/gjcjgxgg/px/202308/t20230822_6232908.htm，访问日期：2024年6月4日。

③ 福建省发展和改革委员会：《省发改委参加福建省传承弘扬"晋江经验"新闻发布会并介绍这些情况》, http://fgw.fujian.gov.cn/hdjl/xwfbh/202208/t20220816_5976456.htm，访问日期：2024年6月4日。

门槛为43亿元（增加7.6亿元），民营制造企业50强的入围门槛为44.87亿元（增加14亿元）。入围企业中，主营业务为第二产业的有64家，主营业务为第三产业的有36家，制造业支撑地位凸显（福建省工商联发布信息）。[①] 新冠疫情加速全球进入数据资产化时代，数字驱动已成为经济增长的新能源，民营制造企业数字化转型是实现产业转型升级、实现经济高质量发展的有效的途径之一。民营企业通过数字化转型，增强品牌创新能力，提高产品价值；优化运营流程，提升企业管理效率；打通原材料供应链（上下游），降低产品综合成本；提升产品国际竞争力，促进对外合作机制重构，以实现企业转型的经济效益。福建民营制造业在数字化转型过程中，出现转型意识不够强、系统规划不合理、数字人才不匹配、资金保障不充分、数据信息保护力度不足等问题，严重制约了制造业数字化转型。为着力推动民营经济高质量发展，亟须当地政府加大宣传培训力度、出台政策支持，培养更多的创新型龙头企业和"小巨人"企业，以提高企业产品的国际、国内市场竞争力。

随着信息技术的高速发展，数字化技术逐渐成为现代企业的核心竞争力。全世界制造业正在进入新一轮工业革命，数字化技术促进了制造模式的转型。然而，相较于发达国家，中国传统制造企业数字化转型起点较低，数字化程度不足，面临的挑战与机遇更为复杂和严峻。福建省是中国重要的制造业省份，传统制造业占据了福建经济的重要地位。福建传统制造业数字化转型面临起点较低、人才缺乏、资金短缺等问题。解决这些问题，推动福建制造业数字化转型，对于促进福建经济的可持续发展至关重要。目前，福建传统制造企业数字化水平较低，成本高、效率低、质量不稳定等生产制约因素依然存在，数字化转型是提高福建制造业竞争力、推进结构升级转型的关键举措。对企业而言，数字化转型有助于提高生产效率和产品品质，降低成本，提高市场竞争力和市场份额，通过新业务的发展，拓展市场空间、促进企业的可持续发展。对社会经济而言，推进数字化转型可以促进产业升级，加快经济结构调整，提升产业附加值与创新能力，推动福建省乃至全国制造业行业的发展。数字化转型可以构建更加智能、高效、绿色的制造产业，加强福建省

---

① 福建省工商业联合会（总商会）：《2022福建省民营企业100强调研分析报告》，https://www.fjgsl.org.cn/show-14365.html，访问日期：2024年6月4日。

传统制造业与国际市场的联系和合作，提升福建传统制造业的核心竞争力，实现高质量发展。

随着经济的不断发展，全球市场竞争的加剧，推动了云计算、人工智能、物联网、大数据等技术的发展与应用。数字化转型已成为企业提升核心竞争力的必要手段，主要包括优化业务流程、提高生产效率、提升客户体验感。近年来，我国政府针对数字化转型进行顶层设计，为企业开展数字化工作指明了发展方向。当前，政府加大政策的支持力度，鼓励企业实施数字化运营和智能化生产，因此，越来越多的民营企业开始意识到数字化转型的重要性，并积极参与其中。然而，民营企业在进行数字化转型的过程中，会面临一系列的困难和挑战，如技术方面的升级、数据的安全保障、组织文化构建等多方面的困难。

民营制造企业已经开始参与数字化转型，并逐渐将数字技术融入其生产经营中，但数字化转型成功的比例并不高。埃森哲发布的《2020 中国企业数字转型指数研究报告》和《2021 中国企业数字转型指数研究报告》显示：2020 年中国企业数字转型成功的比例仅为 11%，2021 年上升至 16%。民营制造企业目前正处于数字化转型的不同阶段，但也面临着数字化转型基础薄弱、数据应用挖掘不足、资金支持不足、无法承担高昂转型成本等诸多挑战（郭雪群，2023；戴建平、骆温平，2023；蒋煦涵、章丽萍，2023；Yan，2023）。因此，寻找民营制造企业数字化转型的阻碍因素和解决方案显得尤为重要。

互联网、云计算和人工智能等技术的发展和运用，为企业提供了强有力的技术后盾。数字化转型逐渐成为企业发展的大势所趋，数字化转型不仅可以帮助企业更好地应对市场上未知的挑战，还能给企业带来许多的优势和机会。企业通过实施数字化转型举措，可以优化生产流程，提高产品质量和生产效率，同时也可以通过定制增强产品个性化，满足消费者的多元化需求。实施数字化转型举措还可以帮助企业降低一些人力、物力等方面的成本，改善现金流，从而提高财务绩效。因此，研究数字化转型对企业财务绩效的影响，具有一定针对性和现实意义。企业如何通过数字化转型实现财务绩效？这一问题引起了学术界和实业家的关注。尽管已有许多关于"企业数字化转型对财务绩效的影响"方面的研究，但在现有文献中，少见通过分析民营企业数字化转型的财务绩效，揭露企业面临的问题，结合政策现状给出解决措施和政策建言。由此可见，研究民营企业数字化转型对财务绩效的影响，具有重要的理论和现实意义。

数字化转型可以通过多种方式提高企业的财务绩效，如提高数据处理效率、降低数据处理错误率、维护数据的安全、推行有利决策、实现业务流程的优化等。首先，数字化转型可以明显提高企业的运营效率。利用自动化和智能化技术进行运营，可以简化不必要的低效率且烦琐的工作流程，降低人力、物力等方面的成本，使工作效率有一个质的提升。同时，数字化转型可以加强企业收集数据、分析数据和挖掘数据的能力，为企业提供更完善、更准确的数据支持，以便企业做出更合适的决策。其次，数字化转型可以降低人工犯错的概率，增强企业的决策支持。在数字化转型的过程中，企业可以采用更加精确的数据分析方法和人工智能技术，减少数据输入和计算方面的错误，得到许多市场上的数据以及客户的反馈，帮助企业更好地、更详细地了解市场的需求以及消费者的行为，便于企业做出更明智的决策，提高企业决策的准确性和执行效率。再次，数字化转型可以实现企业的业务流程优化和业务模式的转型升级。数字化企业通过引入新的技术和创新理念，优化原先的业务流程，提高企业自身的市场竞争力以及客户满意度。最后，数字化转型还可以帮助企业拓展新的市场领域，扩大企业的业务范围和收入来源。

总之，研究民营企业数字化转型对财务绩效的影响具有重要意义。通过研究民营企业数字化转型的财务效益，可以提高企业数字化转型的获得感和自信心，同时也能发现不足之处，探寻最优解决方案，促使更多民营企业的数字化转型走向成功。因此，必须积极倡导数字化转型，推动数字化转型的发展，提高民营企业财务管理方面的水平和企业国际市场竞争力，提升民营企业的整体发展质量。

1.2 文献综述

1.2.1 国外研究现状

毛尔霍费尔等（Mauerhoefer et al.，2017）重点探讨了数字工具的使用对企业绩效影响的关联机制。克里斯蒂娜等（Cristina et al.，2021）通过对企业业务数据的分析和处理，预测客户的消费行为，增加客户数据的多样性，提供高效的产品服务和客户体验感，以降低产品和服务的成本，实现财务绩效。布奇等（Büchi et al.，2018）认为，通过数字技术定制和优化业务流程，提高企业管理和运营效率，打通原材料供应链，降低企业产品成本，增加线上产品服务，提高客户体验质量，实现精准营销，促进财务效益实现。德纳尔特（Dehnert，2020）通过文献分析得出结论：数字化转型是企业利用数字技术，改变企业价值创造方式，提升与客户交流的互动频率，使创新创业模式产生新的变革。弗莱彻和格里菲斯（Fletcher and Griffiths，2020）研究发现，在新冠疫情蔓延和扩散较为严峻的形势之下，组织必须提高其数字化成熟度，数字化成熟度较低的组织应变环境的能力更脆弱。韦尔霍夫等（Verhoef et al.，2019）对数字化转型进行了进一步的阐述，强调面对日益复杂竞争的市场环境，可以利用数字技术应对因互联信息蔓延带来的客户需求及行为变化。

企业数字化转型的优势：高等（Gao et al.，2023）认为，企业数字化转型可以通过降低外部管理成本，提高管理运营的效率，通过加强内部控制，提高业务运营有效性。乌加索（Wujarso，2023）认为，数字化转型是通过利用数字技术，提高企业运营效率和整体业绩。加西亚等（Garcia et al.，2022）认为，数字化和自动化对企业生产绩效和价值主张产生了积极影响。戈尔泽和弗里茨切（Gölzer and Fritzsche，2017）通过研究得出结论：数字化转型是通过高效、快速且多样化的方式处理大量数据，促进运营管理，增强竞争实力，促进转型效益的实现。萨穆尔等（Samuel et al.，2021）针对知识密集型的服务企业，采用定性比较分析法，研究数字化转型对财务绩效的影响。研究结果表明，数字化转型将数字技术用于实现企业运营目标，对员工进行数字化理论及新数字化工具培训，能够帮助企业拥有较高的数字化技术和服务水平，进而提高企业财务绩效。面临当前复杂的市场竞争环境，制造企业数字化转型已成为创新改革的必由之路。

企业数字化转型面临的挑战：严（Yan，2023）认为，制造企业的生产过程和流程管理较为复杂，在数字化转型过程中面临各种挑战，需要企业员工自上而下共同积极面对，还需要政府部门给予支持。如何推动企业数字化转型：阿尔布赫坦（Albukhitan，2020）认为，企业必须成立一个由领导层、数字专家和数字技术人员组成的专门工作组，以确保数字化转型的成功。菲里肯（Firican，2023）认为，创新是数字文化的关键，也是任何企业都希望拥有的能力，制造企业需要由内而外联动发力，共同推动数字化转型顺利成功。

1.2.2 国内研究现状

企业数字化转型的优势：沈涛（2023）认为，制造企业数字化转型涉及利用数字技术，在整个产业链上进行创新和改革活动，包括设计与开发、加工与生产、运营管理和销售服务。李杰等（2023）认为，企业可以通过数字化管理，减少员工信息不对称，提高人力资源配置效率。余可发和杨慧（2023）认为，企业可以通过数字化转型重组价值链，优化运营流程，提高管理效率，增强市场竞争力。

数字化转型对传统制造企业的影响：何帆和刘红霞（2019）认为，数字化转型对提升制造企业的经济效益产生积极影响，能够提高企业的市场竞争力，真正实现降本增效。毛光烈（2019）认为，制造企业可以通过数字化技术，实现生产管理数字化、生产过程可视化，以此减少人力管理的工作量，降低人工数据统计的失误率，实现精细化管理，提高管理效率，降低运营成本。肖静华等（2019）认为，生产企业通过数字化技术，优化组织结构和业务流程，在原材料供销环节，突破时间和空间的限制，降低材料成本和物流成本，以低成本满足客户多样化需求，抢占市场份额，提高企业盈利能力。

许敬涵（2020）认为，制造企业通过数字化转型，优化组织结构，提高管理和经营效率，促进创新管理与发展。杨水利等（2022）的研究结论显示，数字化转型显著提升制造企业的创新效率。季良玉（2016）通过测算中国制造企业（2003—2013）技术创新能力，得出结论：需加大制造企业技术研发投入力度，提升产品质量和市场竞争力，以推动转型升级，实现高质量发展。

传统制造企业数字化转型成功的因素：李辉和梁丹丹（2020）认为，数字化转型成功需要技术基础、资金投入、人才引进以及技术支撑的平台。金珺等（2020）认为，制造企业数字化转型的七大影响因素主要包括企业组织结构、合作资源、生产技术、信息系统建设、高层管理人员、行业特征、政府制度。薛惊理（2018）认为，传统制造企业数字化转型需要重视以下三点：建立数字化转型思维，重视系统规划和组织结构改革；做好"一把手"工程，实现领导力转型，让管理者成为"智慧"的决策者，以推动企业实现转型目标；重视数字人才的培养，逐步推进数字化转型进程。吕铁（2019）认为，传统产业数字化转型的创新发展趋势：从以产品生产驱动过渡到以消费者需求为中心，从而实现价值创造；从人工为主的物理管理方式转变为大数据资产管理方式；从企业内部局部数字化发展到数字平台赋能产业链协同操作。

企业数字化转型面临的挑战：戴建平和骆温平（2023）认为，数字化基础薄弱的传统制造企业，短期内无法掌握供应链数字化转型技术。蒋煦涵和章丽萍（2023）认为，数字化转型可以帮助企业突破创新，但需要承担高昂的创新成本和费用。

如何推动企业数字化转型：金昕等（2023）认为，制造企业需要合理利用"数智"技术，控制各种资源，有计划、有梯度地进行数字化转型，以促进企业创新升级。王莉莉和曹嘉琪（2023）认为，企业能够顺利进行数据驱动的运营，需要提前实现业务和财务的融合。云乐鑫和徐海卿（2023）认为，制造企业的数字化转型不仅需要重组企业的组织结构，还需要不断创新商业模式。张巍（2022）认为，技术人才可以促进企业数字化转型的顺利进行。祁好英（2023）认为，管理层对数字化转型目标的认识，影响了企业数字化转型的资金使用、融资约束和资金缺乏，抑制了企业数字化改造的积极性。赵耀腾（2022）认为，在制造企业的数字化转型中，首先要链接生产制造各个阶段的设备，观察制造过程中的实时数据变化，收集和组织设备数据，转换数据，存储数据，分析数据，为ERP业务系统提供数据基础。梁小甜和文宗瑜（2023）认为，企业引进专业人才，吸收前沿知识和技术，并将其应用于研发、生产和管理过程，创新生产、管理和商业模式。

数字化转型的内涵：陈劲等（2019）认为，数字化转型是一种高层次的转型方式，通过对企业基础数据转化和升级，进一步优化核心业务内容，构建一种新的商业模式。吕铁（2019）认为，传统产业充分发挥数字技术的赋能与引领作用，通过数字技术，将物资采购、产品生产、市场营销等各个环节，进行深度融合，实现品牌的创新发展。李辉和梁丹丹（2020）认为，企业通过数字化转型提升管理与生产效率，具体包括：依托数字技术实现管理数字化、生产智能化，并通过大数据的存储和分析功能，不断破解企业面临的发展问题。

数字化转型的动因：张欣欣（2021）认为，在互联网发展的背景下，数字化转型是企业生存和发展的必然选择，通过数字化转型，企业能够实现结构不断优化、市场竞争实力不断增强的目标。张夏恒（2020）认为，企业数字化转型的驱动因素主要包括：打通供应链，降低产品成本；利用智能生产，提高生产效率；创新品牌设计，满足客户个性需求；优化业务流程，增加业务收入；优化组织结构，提高管理效率；完善内部控制，获得更多政策支持，降低各类风险。吴非等（2021）认为，企业利用数字技术突破生产要素的约束，提高管理和生产效率；通过大数据技术，实现数据处理的可视化，以提高数据的利用效率，降低信息的不对称。李畅（2022）认为，宏观经济环境、国家配套的政策与措施，以及消费者的个性需求，都是企业数字化转型的外部推动因素。娄钰玲（2022）认为，数字化转型为企业发展带来新机遇和发展方向，促进企业更好地适应现代技术发展的要求。

财务绩效的研究：李静（2017）认为，选取获现能力、盈利能力、运营能力、偿债能力等财务指标，对企业财务绩效进行评价，并在此基础上进行行业对比分析，以此增强结论的准确性。陈亮等（2022）运用"偏序集"评价方法，评价商业银行的财务绩效，提高指标权重的精确度，并通过"HASSE图"进行绩效排名，同时对竞争局面进行直观展示，凸显了该"绩效评价"方法的优势。

数字化转型与财务绩效的关系：林怡梦（2023）通过对制造企业数字化转型的实证研究，得出结论：通过数字化转型，制造企业能够精准管控各项成本，降低运营费用，合理定价，提高产品市场竞争力，抢占市场份额，以此提升企业的盈利能力。戚聿东和蔡呈伟（2020）通过文献研究法，以"资源基础观"为理论基础，研究我国制造企业（非高新技术）数字化转型程度，以及对企业财务绩效的影响及作用机理，得出结论：数字化转型对企业产品销售和运营管理的影响，正负相抵，最终导致对财务绩效的影响不显著。何帆和刘红霞（2019）通过对中国实体企业数字化转型的实证研究，得到结论：实体企业能够通过数字化转型，降低产品成本费用，增强产品创新能力，提高资产的使用和管理效率，促进转型经济效益的实现，并强调，数字经济政策能够积极影响企业的财务绩效。尹夏楠等（2022）通过对制造企业数字化转型的实证研究，得出结论：制造企业数字化转型越积极，财务绩效提升越明显，即制造企业数字化转型对提升企业财务绩效的影响显著且相关。张丽（2022）通过对制造企业实证研究，得出结论：企业的制造流程数字化与经营模式数字化，对提升企业财务绩效均产生积极影响，且技术的适配性和组织的灵活性均同时具有正向调节作用。白福萍等（2022）通过研究得出结论：数字化转型对商业模式的优化作用，强于数字技术的提升作用，且数字化转型对制造企业财务绩效的提升具有显著效果。

1.2.3 文献述评

通过对文献研究发现，国外针对数字化的研究主要集中在数字化技术、数字化转型驱动因素，以及数字化转型对财务绩效的影响方面。国内关于数字化研究的内容稍晚，近年来，国内学术界针对数字化转型、数字化转型与企业绩效之间的关系，以及数字化转型与高质量发展的研究逐渐增多。国内对于民营企业数字化转型问题，以及对财务绩效影响的研究相对较少，且不同学者针对民营企业数字化转型对财务绩效是否有影响仍存在分歧。由于研究问题的角度和维度不同，有学者认为民营企业数字化转型对财务绩效有显著影响，有学者认为民营企业数字化转型对财务绩效影响不明显,鉴于此,得出的结论可能出现片面的情况。因此,在已有研究的基础上,对企业财务指标的变化进行分析,以探究数字化转型前后财务绩效的变化情况,进一步研究民营企业数字化转型对财务绩效的影响,并通过研究得出相应的结论和启示。这有助于进一步补充关于企业数字化转型对财务绩效的影响因素研究(石曼琦,2023),同时也为其他未参与数字化转型的企业提供操作示范和经验借鉴。

1.3 研究思路及方法

1.3.1 研究思路

通过研究福建民营小微企业绿色税收问题、融资问题、内部控制问题与健康发展问题等,以此完善民营小微企业内部环境,提升内生动力,增强企业市场竞争力和生存发展韧性,为民营小微企业的升级发展奠定基础。通过研究民营小微企业健康发展与升级发展问题、民营中小微企业向"专精特新"发展问题、民营小微企业协同发展问题,以及民营中小微企业数字化转型问题等,增强民营中小微企业发展动力,提高升级发展的成功率。通过研究"专精特新"制造企业数字化转型问题、民营企业数字化转型经济效果和财务绩效,以及数字化转型成功率,从多个角度研究福建民营企业的高质量发展,以全方位增强民营企业发展能力,促进民营经济高质量发展。

篇章结构如下:

首先,阐述研究背景、文献综述、研究内容、研究思路与方法、主要结论、相关概念界定及理论基础。其次,研究民营企业财税管理方面的内容,并以此提出促进民营企业完善自身、提升核心竞争力的建议,主要从民营企业融资问题、税收筹划及风险应对问题、税负问题、内部控制问题等方面展开研究。再次,研究民营中小企业健康发展、"升规"、转型等问题,并提出推动"专精特新"发展的相关建议,研究内容包括:小微企业健康发展路径、小微企业升级为规模以上企业的发展路径、中小微企业向"专精特新"发展路径、"专精特新"数字化转型发展路径、中小微企业数字化转型路径等。最后，研究民营企业数字化转型发展的必要性、发展路径以及经济效果，主要包括："双循环"新格局下民营制造企业数字化转型、制造企业数字化转型的经济效果、民营企业数字化转型的财务绩效、提升民营企业数字化转型成功率等，以此提出促进福建民营企业数字化转型发展的建议。

1.3.2　研究方法

主要采用的研究方法：文献研究法、访谈法、问卷调查法、数据统计与分析法、比较研究法。

1. 文献研究法：通过查阅文献、政策文件等资料，阐述相关概念及理论基础，并为问卷设计奠定基础。

2. 访谈法：通过与企业负责人或管理层交流，了解企业的发展现状和转型"升规"，以及数字化转型过程中面临的问题。

3. 问卷调查法：通过电子问卷的形式收集数据（2018—2023年）。

4. 数据统计与分析法：采用SPSS和STATA统计分析工具进行数据分析等。

5. 比较研究法：通过对比国内外出现的不同情况，以及相应的处理方法，形成分析结论。

1.4　研究主要结论

1.4.1　完善民营企业内部环境，提升内生能力

民营经济是推进中国式现代化的生力军，是高质量发展的重要基础，是推动我国全面实现社会主义现代化强国的重要力量。

1. 民营企业的高质量发展，需要完善自身，提高市场竞争力，提高财务管理水平和税收筹划能力，提升企业内部运营效率。

2. 民营企业的高质量发展，需要完善内部控制制度，优化内部环境，降低企业内耗损失，提高企业产出效率。

3. 民营企业高质量发展，需要外部环境支持。为了推动民营经济高质量发展，政府需要加大政策支持力度，精准制定和逐级实施税收优惠政策，加强政策层级协调，完善政策落地措施和执行方式，并及时关注政策反馈和企业诉求，全方位解决民营企业涉税困难。同时，税务征管部门要不断完善征管流程，降低民营企业税收负担和涉税风险。

4. 在国际市场萎缩和国内市场竞争激烈的情况下，民营企业运营最大的困难是资金问题。需要进一步完善民营企业融资政策及相关制度，完善金融市场风险应对和分担机制，健全"小微企业"以及"个体工商户"的信用评价机制，建立民营企业信息数据库（信用数据），并推广多种信用贷款创新模式。

1.4.2　积极推动民营企业转型升级发展

1. 民营中小微企业在发展过程中，面临各种挑战，需要政府引导企业积极面对困难和挑战，构建转型新思路，调整发展战略和产业结构，转换增长动力，积极参与转型升级，自觉走健康发展之路。

2. 民营企业的转型升级，离不开科技创新。需要全面提升民营企业的科技创新能力，鼓励和支持民营企业加大研发投入，攻克核心技术难关，提高转型升级的能力。

3. 民营中小微企业需要结合自身优势，积极参与"专精特新"企业的发展。政府需要加大培育"专精特新"企业的力度，为中小微企业的发展树立标杆，营造企业积极投身发展的氛围，有效促进经济高质量发展。

4. "专精特新"制造企业作为数字化转型的先锋，需要加速推进数字化转型，发挥示范作用，真正引领数字技术发展，充分利用数据价值，实现降本、增效、提质，以推动制造企业高质量发展。与此同时，"专精特新"制造企业在转型过程中，需要提前做好战略系统规划，落实转型资金的保障，认真完成转型各个阶段的工作；需要重视员工数字化能力的提升，解决数字转化技术难题，加强数据信息的安全与管理。

1.4.3 数字化转型增强民营企业发展韧性

1.民营企业高质量发展，需要打通全产业链的壁垒，实施"大中小"企业融通创新发展，共同攻克技术难题，共享业务信息，提高民营企业产品的国际国内市场竞争力。

2.民营企业的转型升级，需要以数字化转型为动力。地方政府应加快推进民营企业数字化转型，鼓励民营企业开展数字技术研发和设备改造，引导民营企业推进标准化建设，优化生产流程，提高产品质量和市场竞争力，以增加转型效益。

3."专精特新"制造企业利用数字技术，进行资源优化配置和商业模式创新，实现共享数据信息，以此推动产业链的协同发展。通过数字化转型，进行设备的升级与改造，实现低碳发展，以提升生产能力和发展能力，增强全产业链的韧性。

4.民营企业高质量发展，需要联动外部力量，调动民营中小企业参与科技创新的积极性，鼓励民营企业联合高校，共同建立科研机构、产业学院等。

参考文献

一、中文

[1]白福萍，刘东慧，董凯云.数字化转型如何影响企业财务绩效——基于结构方程的多重中介效应分析[J].华东经济管理，2022，36（9）：75-87.

[2]陈劲，杨文池，于飞.数字化转型中的生态协同创新战略——基于华为企业业务集团（EBG）中国区的战略研讨[J].清华管理评论，2019（6）：22-26.

[3]陈亮，刘欣慧，李春友.商业银行财务绩效偏序集评价研究[J].运

筹与管理，2022，31（1）：196-201.

［4］戴建平，骆温平.制造企业供应链数字化转型的机理与路径——基于工业互联网平台多边价值共创视角［J］.财会月刊，2023，44（17）：137-144.

［5］郭雪群.数字化转型对制造业企业绩效的影响研究［J］.经济研究导刊，2023（9）：22-24.

［6］何帆，刘红霞.数字经济视角下实体企业数字化变革的业绩提升效应评估［J］.改革，2019（4）：137-148.

［7］季良玉.技术创新影响中国制造业转型升级的路径研究［D］.南京：东南大学，2016.

［8］蒋煦涵，章丽萍.数字化转型促进高端制造业绿色发展的路径研究［J］.当代财经，2023（9）：16-27.

［9］金珺，李诗婧，黄亮彬.传统制造业企业数字化转型影响因素研究［J］.创新科技，2020，20（6）：22-34.

［10］金昕，伍婉萱，邵俊岗.数字化转型、智力资本与制造业技术创新［J］.统计与决策，2023，39（9）：158-162.

［11］李畅.基于数字化转型的白酒行业财务绩效研究［D］.哈尔滨：哈尔滨商业大学，2022.

［12］李辉，梁丹丹.企业数字化转型的机制、路径与对策［J］.贵州社会科学，2020（10）：120-125.

［13］李杰，沈宏亮，宋思萌.数字化转型提高了企业劳动资源配置效率吗？［J］.现代财经（天津财经大学学报），2023，43（9）：108-125.

［14］李静.B2C电子商务企业盈利模式研究——以亚马逊公司为例［J］.财会通讯，2017（20）：61-65.

［15］梁小甜，文宗瑜.制造业数字化转型、客户信息优势与高质量发展［J］.统计与决策，2023，39（7）：179-183.

［16］林怡梦.数字化转型对制造企业财务绩效的影响研究［J］.海峡科技与产业，2023，36（3）：48-51.

［17］刘洪铎，陈钊泳，陈晓珊.数字化转型的环境绩效研究——来自中国制造业上市公司的微观证据［J］.社会科学，2023（5）：126-137.

［18］娄钰玲.数字化转型对企业财务绩效的影响［J］.会计师，2022（20）：1-3.

［19］吕铁.传统产业数字化转型的趋向与路径［J］.学术前沿，2019（9）：13-19.

［20］毛光烈.智能制造的"六个协同"推进策略［J］.信息化建设，2019（5）：54-55.

［21］戚聿东，蔡呈伟.数字化对制造业企业绩效的多重影响及其机理研究［J］.学习与探索，2020（7）：108-119.

［22］祁好英.数字普惠金融、管理者意识与企业数字化转型——基于长三角中小制造企业的调查数据［J］.财会通讯，2023（8）：58-62.

［23］沈涛.河北省中小制造业企业数字化转型研究［J］.石家庄大学学报，2023，25（4）：27-28.

［24］石曼琦.广联达公司数字化转型的财务绩效研究［D］.长春：吉林外国语大学，2023.

［25］王莉莉，曹嘉琪.事业单位会计数字化转型的实现路径［J］.财会通讯，2023（9）：147-150.

［26］吴非，胡慧芷，林慧妍，等.企业数字化转型与资本市场表现——来自股票流动性的经验证据［J］.管理世界，2021，37（7）：130-144.

［27］肖静华，谢康，迟嘉昱.智能制造、数字孪生与战略场景建模［J］.北京交通大学学报（社会科学版），2019，18（2）：69-77.

［28］许敬涵.制造企业数字化转型能力评价研究［D］.杭州：杭州电子科技大学，2020.

［29］薛惊理.关于传统企业数字化转型的战略思考［J］.经济师，2018（6）：263-264.

［30］杨水利，陈娜，李雷.数字化转型与企业创新效率——来自中国制造业上市公司的经验证据［J］.运筹与管理，2022，31（5）：169-176.

［31］尹夏楠，詹细明，唐少清.制造企业数字化转型对财务绩效的影响机理［J］.中国流通经济，2022，36（7）：96-106.

［32］余可发，杨慧.传统企业数字化转型的价值链重构路径与机理——

数字化赋能视角的纵向单案例研究［J］.当代财经，2023（5）：79-91.

［33］云乐鑫，徐海卿.动态能力视角下制造企业数字化转型路径研究——以潍柴集团为例［J］.财会通讯，2023（20）：153-160.

［34］张丽.企业数字化转型对财务绩效影响的路径研究［J］.商业会计，2022（13）：34-39.

［35］张巍.企业数字化转型关键因素和保障分析——以科创板上市公司为例［J］.人民论坛·学术前沿，2022（18）：70-78.

［36］张夏恒.中小企业数字化转型障碍、驱动因素及路径依赖——基于对377家第三产业中小企业的调查［J］.中国流通经济，2020，34（12）：72-82.

［37］张欣欣.数字化浪潮下我国零售企业变革趋势及框架［J］.商业经济研究，2021（23）：109-112.

［38］赵耀腾.数字化转型提升"专精特新"制造企业韧性的机制分析［J］.中小企业管理与科技，2022（17）：34-36.

二、英文

［1］ALBUKHITAN S. Developing digital transformation strategy for manufacturing［J］. Procedia Computer Science, 2020, 170: 664–671.

［2］BÜCHI G, CUGNO M, CASTAGNOLI R. Economies of scale and network economies in industry 4.0. Theoretical analysis and future directions of research symphonya［J］. Emerging Issues in Management, 2018, 2（2）: 6.

［3］DEHNERT M. Sustaining the current or pursuing the new: incumbent digital transformation strategies in the financial service industry［J］. Business Research, 2020, 13（3）: 1-43.

［4］FERNANDEZ-ROVIRA C, VALDES J A, MOLLEVI G, et al. The digital transformation of business. Towards the datafication of the relationship with customers［J］. Technological Forecasting and Social Change, 2021, 162: 120.

［5］FIRICAN D A. Digital transformation and digital culture: a literature review of the digital cultural attributes to enable digital transformation［J］. Proceedings of the International Conference on Business Excellence, 2023, 17（1）: 791-799.

［6］FLETCHER G, GRIFFITHS M. Digital transformation during a lockdown［J］. International Journal of Information Management, 2020, 55: 102.

［7］GAO D, YAN Z, ZHOU X, et al. Smarter and prosperous: digital transformation and enterprise performance［J］. Systems, 2023, 11: 329.

［8］GARCIA S M, BERNARDO S H, BAEZ P D, et al. Digital transformation of business models: influence of operation and trade variables［J］. Procedia Computer Science, 2022, 203: 565-569.

［9］GÖLZER P, FRITZSCHE A. Data-driven operations management: organisational implications of the digital transformation in industrial practice［J］. Production Planning & Control, 2017, 28（16）: 1332-1343.

［10］MAUERHOEFER T, STRESE S, BRETTEL M. The impact of information technology on new product development performance［J］. Journal of Product Innovation Management, 2017, 34（6）: 719-738.

［11］SAMUEL R, DOLORES B, DANIEL P, et al. The effect of digitalization on business performance: An applied study of KIBS［J］. Journal of Business Research, 2021, 126: 319-326.

［12］VERHOEF C P, BROEKHUIZEN T, BART Y, et al. Digital transformation: a multidisciplinary reflection and research agenda［J］. Journal of Business Research, 2019, 12（1）: 35-83.

［13］WUJARSO R. Effect of digital transformation on company operational efficiency［J］. Central European Management Journal, 2023, 31: 136-142.

［14］YAN Y. Opportunities and challenges of enterprise digital transformation［J］. BCP Business & Management, 2023（1）: 112-124.

第2章 概念界定与理论基础

2.1 小微企业与"规上"企业的界定标准

2.1.1 小微企业的界定

小微企业是指规模较小、生产能力低下、企业人数较少，生产产值或者生产占有率较小的企业。世界各国对小微企业的定义不尽相同，但小微企业的结构和特点近乎相似。"小型、微型企业"的界定标准于2011年正式被提出。小微企业由小型企业、家庭作坊式企业、微型企业组成。小微企业的界定与行业性质、职工人数、资产总额（年度）和应纳税所得额（年度）有关。具体界定标准为：工业企业，员工人数＜100人，应纳税所得额（年度）≤30万元，企业资产总额（年度）≤3000万元；其他类型的企业，员工人数＜80人，应纳税所得额（年度）≤30万元，资产总额（年度）≤1000万元（《中华人民共和国企业所得税法实施条例》第九十二条）。而小微企业发展到一定规模，将会升级为"规上"企业。

2.1.2 小微企业发展现状

近十年来，我国小微企业发展快速。2014年3月28日，工商行政管理总局发布的《全国小微企业发展报告》显示：全国小微企业数量为1169.87万户，占比76.57%，个体工商户的数量达到4436.29万户，若将个体工商户纳入小微企业的统计范围，则小微企业的占比达到94.15%。[①]截至2022年末，新设立企业数量达到2.38万户/天，中小微企业的数量约5200万户，近五年的增长率达到51%（与2018年相比）。[②]

小微企业在中国经济发展过程中占据重要地位。小微企业在稳定经济增长、科技创新与扩大就业方面，扮演着重要角色。小微企业的生产总产值占全国GDP总量的60%，贡献了全国50%的税收。小微企业产品的研发数量占80%，发明专利数量的比率为65%[③]。到2015年，小微企业的GDP贡献度为30%，贡献了2.37亿个就业岗位。经济新常态下，市场经济不断发展，竞争日益激烈，小微企业的生存现状堪忧，亏损或破产的企业数量不断攀升。2013—2014年，小微企业的破产率约为16.7%；到2015年，小微企业死亡率达到26.2%。2015年（第三季度）的经济增长速度仅有6.9%[④]。中国小微企业的快速发展，不仅体现在数量的增加上，还体现在活力的提升上，已经成为经济发展的生力军。截至2022年底，小微企业已经解决约1.5亿人的社会就业问题[⑤]。

---

① 王晓易：《1169.87万户：我国首次发布小微企业权威统计数据》，https://www.163.com/money/article/9OEF8TE400254TI5.html，访问日期：2024年6月4日。
② 徐佩玉：《我国中小微企业已超5200万户》，https://www.gov.cn/lianbo/bumen/202306/content_6887257.htm，访问日期：2024年6月4日。
③ 本刊综合报道：《国家知识产权局〈关于知识产权支持小微企业发展的若干意见〉有关问题的解读》，《创新时代》2014年第11期，第10-13页。
④ 中国家庭金融调查与研究中心：《让小微不再微小——提高起征点 扶持小微企业成长》，北京：西南财经大学中国家庭金融调查与研究中心，2016。
⑤ 国家工商总局全国小型微型企业发展报告课题组：《全国小型微型企业发展情况报告（摘要）》，https://www.gov.cn/xinwen/2014-03/31/content_2650031.htm，访问日期：2024年7月23日。

税负问题成为阻碍小微企业持续发展的重要因素之一。小微企业为我国经济的发展贡献了重要的力量，其可持续健康发展，已成为各地区政府关注的问题。为了减轻小微企业税负，国家税务总局先后多次出台税收优惠政策，助力企业发展。为了让更多小微企业享受税收优惠，国家财政部门自2011年开始，为小微企业的发展量身制定会计准则。2013年1月1日开始执行《小企业会计准则》，小微企业通过执行该准则，不断规范流程，提高财务核算能力，加强合法纳税意识。越来越多的小微企业能够享受税收优惠政策，降低税负，也促进了税收征管工作顺利进行。

小微企业的健康发展，能推动中国科技创新，激发市场活力，带动民营经济的持续增长。小微企业的高质量发展，能提升社会就业水平，成为中国全面实现小康社会的重要因素。但小微企业的人事结构比较特殊，严重制约了其持续发展。

据了解，福州市小微企业超过80%的内部管理人员，是企业所有者的关联关系。90%以上的出纳与财务管理人员，是企业所有者的亲属。家族企业的特性明显，这样"肥水不流外人田"的人事结构，导致企业内部控制制度部分失效，也反映了我国小微企业财务管理的薄弱与无力。

尽管小微企业财务管理能力欠缺，但其组织结构的灵活性，更容易抓住市场机遇。新时期，数字经济快速发展，小微企业拥有转型升级的机遇，同时也面临"高成本""融资贵""缺资金""少人才"等问题。因此，保障小微企业健康可持续发展，已成为迫在眉睫的任务。

2.1.3 "规上"企业的界定标准

"规上"企业是指规模以上企业，以产量（年度）作为衡量企业规模的标准。针对不同行业，国家制定了相应的规模标准，达到规模标准的企业，称为"规上"企业。"规上"企业的分类主要包括：小型企业、中型企业、大型企业以及特大型企业。

"规上"企业的认定标准：（1）服务行业（规模以上），营业收入（年度）超过1000万元；（2）工业企业（规模以上），营业收入（年度）超过2000万元；建筑企业（规模以上），不以营业额（年度）为界定标准，需要具备相应的资质和行业等级；（3）商业企业（规模以上），若为批发企业，营业收入（年度）超过2000万元，若为零售企业，营业收入（年度）超过500万元。

2.2 "专精特新"企业的评价标准

具备"专业化""精细化""特色化""创新能力突出"等优势的中小企业，简称为"专精特新"企业。"小巨人"企业是"专精特新"中的示范企业。"小巨人"企业主攻产品细分市场，具备强大的创新能力和发展能力，能够为其他企业提供关键的零配件、加工技术、配套产品等，并逐渐形成规模和优势，成为各自产品领域的"领头羊"。[①] 工信部2021年发布的数据显示，中国"小巨人"企业的数量为4762家。[②]

"专精特新"作为实体经济发展的重要力量，强调自主创新能力，需要率先向数字化、智能化转变，并通过将数字化技术工具融入业务中，提高管理效率、规范运营、创新流程，加速产业链协同。

优质中小企业培育的层次包括创新型中小企业、"专精特新"中小企业、专精特新"小巨人"企业。三个层次相互衔接，构成梯度培育的体系。

《优质中小企业梯度培育管理暂行办法》中明确了"专精特新"中小企业的认定标准，从"专""精""特""新"四个方面设置了13个指标，进行综合评价，分值在60—100分，符合"专精特新"中小企业的标准，分值低于60分，不符合"专精特新"中小企业的标准。同时，必须满足基本条件，包括营业收入（年度）、研发费用（年度）、研发成果（强度）、从事特定细分市场的年限等。

---

① 叶子：《让专精特新中小企业茁壮成长》，https://www.gov.cn/xinwen/2021-10/19/content_5643541.htm，访问日期：2024年6月4日。
② 屈凌燕、白田田：《从"小不点"到专精特新"小巨人"中小企业高质量发展成稳增长底气》，https://www.miit.gov.cn/xwdt/szyw/art/2022/art_b67186c9b4c44c599de8ff034b0fc0c3.html，访问日期：2024年7月23日。

2.3 民营企业的界定标准

民营企业是民间私人投资、私人经营、私人享受投资收益、私人承担经营风险的法人经济实体。民营企业，按照其资金来源的不同，可以分为个体独资企业、合伙制企业、由社会公众筹资组建的股份制企业、有限责任公司、由国有资产重组而来的企业（国家没有经营权和控制权）。本书中所涉及的民营企业，是指在中国境内设立的企业，包括合伙企业、独资企业（个人）、有限责任公司、股份有限公司，但不包括国有企业和国有资产控股企业。

2.4 经济新常态的相关理论

2008 年金融危机后，世界经济增长速度放缓，各国对当时的经济发展困境非常担忧，对未来经济的发展缺失信心。为了提振经济发展，美国经济学家提出了世界经济走进"新常态"的构想。中国经济为世界经济发展贡献了重要力量，一直保持着平稳的发展速度（两位数），努力帮助其他国家发展，帮助世界经济走出困境。面对当时复杂的国内国际竞争环境，中国经济也面临发展难题。2014 年 5 月，习近平总书记在河南考察时首次提出"新常态"，他指出："我国发展仍处于重要战略机遇期，我们要增强信心，从当前我国经济发展的阶段性特征出发，适应新常态，保持战略上的平常心态。"[①]

在经济新常态下，中国经济发展增速逐渐放缓，从加速度回归平稳发展，从追求发展速度转为追求效率和高质量。该改革举措，有利于淘汰不符合要

---

① 亓利：《"四个全面"是坚持和发展中国特色社会主义的"新常态"》，http://dangjian.people.com.cn/n/2015/0506/c117092-26956814.html，访问日期：2024 年 9 月 30 日。

求的企业，保留符合经济发展要求的产业。逐步落实了供给侧结构调整，不断缩小城乡经济差距，提高城镇居民收入，用经济发展成果反哺民生，以实现共同富裕。

经济新常态为服务型或技术型小微企业提供了新的发展机遇。小微企业舍弃要素驱动、投资动机，转而追求创新驱动。小微企业需要从"以制造为主"转为"服务至上"的运营理念，持续创新发展和转型升级，以适应新常态经济发展的要求。

经济新常态下，历经近十年的发展，小微企业面临机遇的同时，仍然需要迎接新的挑战。因此，小微企业除了需要完善自身，提高竞争力，还需要政策的正确引导和支持，为持续健康发展创造良好的内部环境和外部环境。

2.5　数字化转型的理论基础

2.5.1　数字化转型的定义

数字化转型是指将数字技术应用到企业业务流程和系统中，从而提高企业效率、降低成本、运用新的商业模式，实现企业战略转型和可持续发展的过程。数字化转型将企业的各种业务数字化，并将数字技术与现有业务流程相融合，进一步优化和推动企业的业务效率和创新能力，以适应新的市场需求和客户趋势。数字化转型的关键是以数字化手段为支撑，并将数据、人工智能等新型技术运用到企业的生产过程中，从而获得更高的效率和较快的响应速度。同时，数字化转型还需要升级企业组织架构和人才计划，培养新一代数字化人才和创新型人才，以提高企业创新能力和数字化转型的实践能力。

企业运用数字技术进行组织架构变革、业务模式转型和企业文化创新等活动，这种创新和变革的活动，称为企业数字化转型。企业利用数字技术进行产品研发、生产、销售管理等全过程改革和创新活动，称为制造企业数字化转型（沈涛，2023）。制造企业数字化转型，以实现数字信息技术与业务流程融合为目的，以提前打通数据的流动和共享为基础，将生产产品的全过程转化为有用的物理数据，最后再转化为虚拟数字。《"十四五"智能制造发展规划》强调：具有"感知""决策""执行"与"适应"全自动化功能的新型智能生产方式，需要贯穿于制造企业生产的各个环节，以提高生产效率和质量。

数字化转型能够不断推动企业创新发展，为企业创造新的商业模式和机会，提高产品的生产和服务质量，增加客户的满意度，以更好地适应不断变化的市场和客户需求，提高产品生产效率，降低企业成本，提高企业盈利能力。企业可以通过数字化转型，获得创新发展和市场竞争优势，这在制造领域尤其明显。因此，制造企业可以通过数字化转型实现高质量发展，具体表现为利用数字技术、人工智能、大数据，以及其他智能技术工具，优化人力资源结构与传统业务的流程，重构组织结构和企业文化。

2.5.2 数字化转型的历史演变和发展趋势

随着数字时代的来临，产生了新一轮的消费革命和生产革命。由于生存环境的变化，企业认知开始改变，破除旧观念、建立发展新理念，主要包括：调整运营方式、变革组织形式、创新商业模式等转型升级的内容。环境的变革需要不断地学习、研究、试错，不能指望一夜之间就能实现，必须不断寻求适合现实情况的变革模式。企业需要开展各种形式的学习，通过有组织的学习，实现能力提升，以适应新的变革环境。数字化转型是一项根本性的变革和跃迁，需要企业全面思考和综合考虑，从战略、组织、技术、人才、文化等方面进行深入的调整和改变，才能真正实现竞争优势的重塑。鉴于行业特征、企业特征以及企业家精神的背景，企业投入学习和转型升级的比重不同，导致重塑优势体现不同，影响企业创新改善和绩效提升。具体内容如图 2-1 所示。

数字化转型没有标准答案，企业需要不断寻找最佳的发展方向，在实践中找到解决方案，才能真正在数字化转型中取得成功。

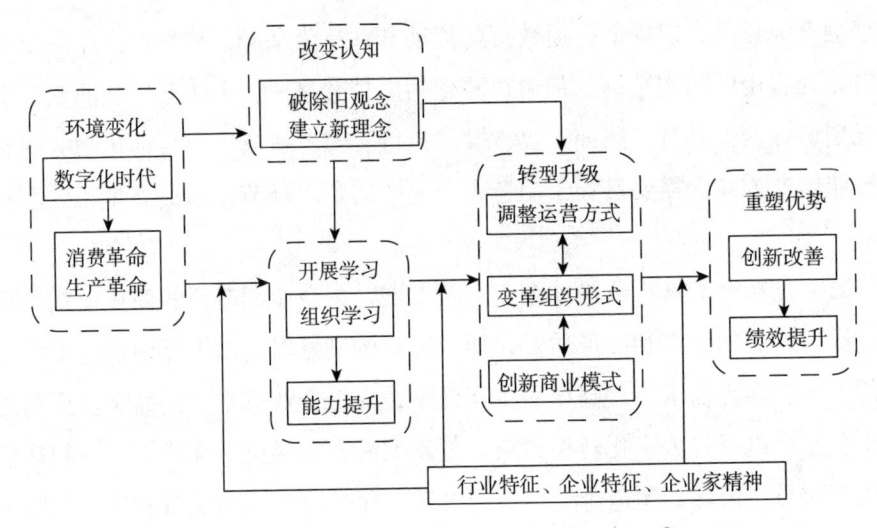

图2-1 数字化时代传统制造企业转型路径①

2.5.3 数字化转型的历史演变

1. 数字化：在这个阶段，公司利用数字技术将物理文件转换成电子文件，从而完成了信息数字化的过程。这一阶段始于20世纪90年代，由信息技术的快速发展所推动。

2. 数字化转型：在这一阶段，企业开始利用数字技术重组其业务流程，并使其组织和管理结构现代化，从而实现数字服务和产品的生产和交付。"数字化转型"是从21世纪初开始，由大数据、物联网等新技术所推动。

3. 智能化：企业开始使用机器智能、机器学习和深度学习等技术，实现服务和产品的智能化生产和交付，充分实现数字企业的智能化。从"智能化"发展阶段开始，加速了人工智能技术的发展和应用。

---

① 尤成德、施琳：《数字化时代传统制造企业转型：趋势、意义与路径》，《重庆科技学院学报（社会科学版）》2021年第6期，第75-80页。

2.5.4 数字化转型的发展趋势

数字化转型的发展趋势分为三种。第一种为数据转型，数据已经成为数字化转型的关键资源。未来，数字化转型将更加关注数据基础设施以及数据的收集、存储、分析、使用和保护。第二种为智能化，人工智能将导致全面的智能化进程，并将成为数字化转型中最具创新性的领域之一。为了适应这一趋势，企业将需要投入更多的资金和时间来升级数字化人才、技术和基础设施。第三种为开放性，数字化转型不仅是员工的内部转型，而且是整个产业链的转型。未来，企业将更加注重协作、共享和开放的理念，加强跨企业、跨行业和跨生态系统的合作，为数字化转型寻找更多的机会。

2.5.5 数字化转型的关键指标

数字化转型是企业在数字技术支持下的全面变革，因此其关键指标的筛选和定义需要从多个角度考虑。第一，数字化水平。公司的数字化水平可以通过数字业务在总业务中的份额、数字销售在总销售中的份额，以及数字供应链的建立等指标来衡量。数字化程度越高，意味着数字技术在企业中的应用越广泛，企业的数字化转型之路就越顺畅。第二，效率提升。数字化转型也带来了业务效率的提升。企业可以通过订单处理时间、库存周转率、物流运输时间等指标来衡量数字化转型带来的业务效率提升。第三，客户体验。数字化转型还带来了更好的客户体验。企业可以通过客户满意度、客户保留率和客户参与次数等指标来衡量数字化转型对客户服务和满意度的影响。第四，数据安全。数据安全是数字化转型的一个主要焦点。通过分析企业数据泄露的数量、数据恢复的时间和网络攻击的数量等指标，衡量数字化转型对数据安全的影响。第五，投资回报。数字转型需要大量投资，同时需要考虑数字转型的投资回报。企业可以通过观察数字转型的回报率和数字转型的投资回报率等指标来评估数字转型的投资回报。这些指标并不是全部，企业需要结合自身数字化转型的目标和战略来进行针对性的关键指标筛选和定义。

2.5.6 "三化"转型的概念

结构性改革背景下，为了实现民营企业高质量发展，必须加快推动民营企业的"三化"转型，即绿色化发展、品质化生产、数字化运营。

1.绿色化发展：基于"碳达峰""碳中和"的要求，民营企业的高质量发展之路，必须选择绿色化发展。绿色化发展的主要内容包括：（1）财务制度、会计准则对标国际标准。鼓励民营企业节能减排，完善内部控制，减少内耗损失。（2）企业设备的升级与改造。民营企业运用数字技术进行设备升级，利用循环节能技术进行设备改造，达到绿色化发展的标准，政府应出台政策给予相应的税收优惠和税收减免。通过该项举措推进绿色企业发展，引导更多民营企业参与绿色化发展。（3）企业绿色融资。不断创新融资方式，破解民营企业融资问题，持续完善金融评价机制，促进绿色金融发展。

2.品质化生产：树立品牌意识，追求品牌特色，打造百年品牌，以提高产品生产质量，推动企业提质增效，实现民营企业高质量发展。鼓励和引导中小微企业，发挥特色，把握产品品质，追求专而精、小而特、小而新。加强企业品牌的宣传，打造中国名片，走出国门，走向世界。

3.数字化运营：数字化转型增强民营企业发展内动力，全面提升民营企业数字化、信息化、智能化的水平，支持民营企业建设基础数字平台，鼓励中小民营企业"上云"，以此优化运营流程，提高运营效率，增加运营效益。

参考文献

沈涛.河北省中小制造业企业数字化转型研究［J］.石家庄大学学报，2023，25（4）：27-28.

02

民营企业财税管理篇

第3章　福州小微企业融资现状的调查与研究

近年来，小微企业已成为中国经济结构中的重要组成部分，促进了市场经济的发展，为社会提供了大量的就业机会，为国家经济的发展贡献了重要力量。但小微企业在发挥经济作用的同时，也面临诸多问题，阻碍企业自身的发展。小微企业的发展质量牵动着社会就业和人民生活的幸福指数，在历经2020年的严峻考验之后，其生存与发展现状令人担忧。如何帮助小微企业健康活下来、平稳升级、高质量发展，已成为地方经济发展的首要任务之一。通过对福州小微企业进行实地走访和调研，了解当前小微企业的融资环境以及面临的困难，并结合当地融资政策，提出解决融资困境的建议，以帮助小微企业获得资金支持，促进健康可持续发展。

3.1　小微企业融资政策

为加大对小微企业的扶持力度，缓解企业融资难、融资贵的问题，政府出台了许多相关政策，帮助小微企业融资扩面增量、降本、增效。本节对部分相关政策进行汇总，相关政策见表3-1。

表3-1 小微企业融资政策

序号	文件名称	政策内容	发布单位	发布日期
1	《关于落实制造业中小微企业融资支持专项政策有关工作的通知》	中小微企业纾困增产增效专项贷款，纾困名单的制造业企业可直接通过"金服云"平台提交相关融资需求信息，申请专项支持；也可直接向合作银行申请，由合作银行协助通过"金服云"平台提交相关融资需求信息	福建省工业和信息化厅、福建省财政厅、福建省地方金融监督管理局、中国人民银行福州中心支行、中国银行保险监督管理委员会福建监管局	2022年4月18日
2	《关于延续执行农户、小微企业和个体工商户融资担保增值税政策的公告》	纳税人为农户、小型企业、微型企业及个体工商户借款、发行债券提供融资担保取得的担保费收入，以及为上述融资担保提供再担保取得的再担保费收入，免征增值税	财政部、税务总局	2023年8月1日
3	《关于支持小微企业融资有关税收政策的公告》	对金融机构向小型企业、微型企业及个体工商户发放小额贷款取得的利息收入，免征增值税；对金融机构与小型企业、微型企业签订的借款合同免征印花税	财政部、税务总局	2023年8月2日
4	《统筹融资信用服务平台建设提升中小微企业融资便利水平实施方案》	加大融资信用服务平台建设统筹力度，健全信用信息归集共享机制，深化信用大数据应用，保障信息安全和经营主体合法权益，更好地统筹融资信用服务平台建设，完善以信用信息为基础的普惠融资服务体系	国务院办公厅	2024年3月28日
5	《关于开展质量融资增信工作更好服务实体经济高质量发展的通知》	各个机构要充分认识开展质量融资增信的重要意义，明确质量融资增信要素范围，扎实推进质量融资增信重点任务，优化质量融资增信保障措施，金融机构要积极运用质量融资增信手段对优质企业特别是中小微企业开展金融服务，更好服务实体经济高质量发展	市场监管总局、中国人民银行、金融监管总局	2024年5月10日

3.2 福州小微企业融资现状调查

3.2.1 调研基本情况

本章选择福州小微企业作为调研对象，并进行了电子问卷发放和实地调研，参与的企业数量为63家。接受调研的企业规模：30.16%的企业规模为50—100人，14.28%的企业规模为30—50人，23.81%的企业规模为10—30人，31.75%的企业规模为10人以下；11.11%的企业注册资金在1000万元以上，25.40%的企业注册资金在501万—1000万元，23.81%的企业注册资金在100万—500万元，39.68%的企业注册资金在100万元以下。所涉及的行业包括餐饮业（11.11%）、零售批发业（11.11%）、房地产代理（4.76%）、生活服务业（6.35%）、娱乐行业（4.76%）、工程设计及装饰（12.70%）、生产型企业（7.94%）、租赁业（1.59%）、金融业（3.17%）、咨询业（9.53%）、酒店旅馆（3.17%）、外贸（3.17%）、教育培训（9.53%）、旅游服务（0.00%）、货运服务等（11.11%）。具体内容如图3-1所示。

■ A 餐饮服务业
■ B 零售批发业
■ C 房地产代理服务
■ D 生活服务业（美容美发、理疗等）
■ E 娱乐行业（KTV，游戏厅）
■ F 工程设计及装饰服务业
■ G 生产型企业
■ H 租赁业
■ I 金融服务业
■ J 咨询服务业
■ K 酒店旅馆服务业
■ L 旅游服务
■ M 外贸服务
■ N 教育培训服务
■ O 现代服务业（货运服务等）

图3-1 调研企业涉及的行业分布

3.2.2 小微企业资金需求的调查

采用线下经营方式的，房地产代理服务（80%）、咨询服务业（70%）、教育培训服务（66.67%）和工程设计服务（55.56%）的居多；采用线上经营方式的，外贸服务业比例最高（66.67%）；采用线上线下经营模式的，金融服务行业（75%）、餐饮服务业（64.29%）、生产企业（60%）比例偏高；采用其他方式运营的，娱乐行业（25%）比例最高。具体内容如图 3-2 所示。

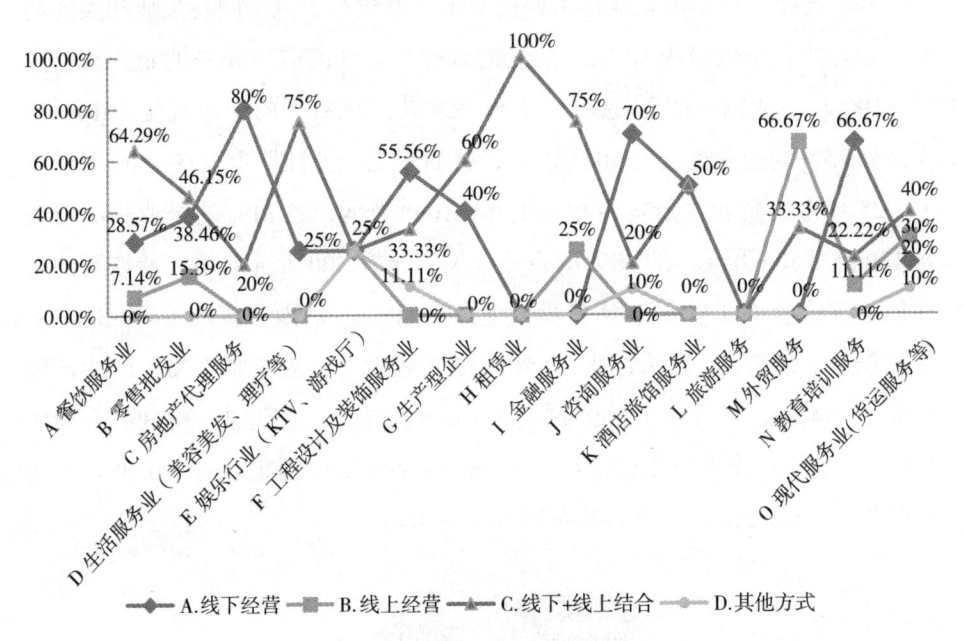

图3-2 企业经营模式的选择

企业经营现状的调查显示：正常经营不受影响的企业中，金融服务业（37.5%）比例最高；订单减少的企业中，租赁业（100%）、房产代理（80%）、咨询服务（80%）数量偏多，其他行业订单减少比例也均在 50% 以上，说明当前的经济环境对企业经营造成比较严重的影响；有营业且无新增订单的企业中，酒店服务业（50%）、生活服务业（25%）、零售批发业（23.08%）数量居多；由于相关政策的影响，娱乐行业（25%）、教育培训服务（11.11%）无法营业且准备转让的现象偏多。具体内容如图 3-3 所示。

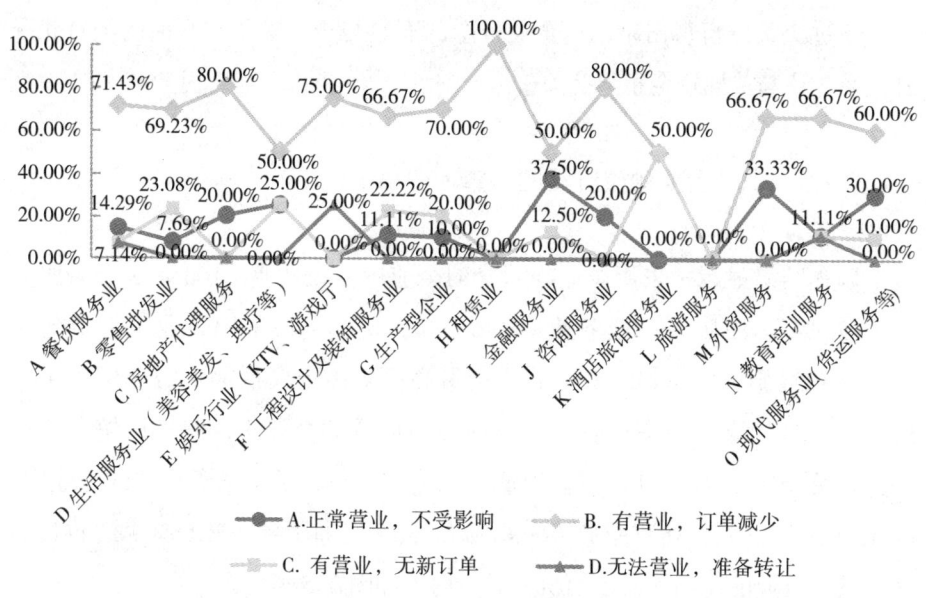

图3-3 企业经营现状分布

调查结果显示，资金充足的企业中，金融服务业（62.5%）、生活服务业（50%）比例偏高；资金比较充足的企业中，零售批发行业（38.46%）、外贸服务业（33.33%）的数量偏多；资金基本持恒的企业中，租赁业（100%）、房地产代理（60%）、工程设计及装饰（55.56%）、娱乐行业（50%）数量居多；酒店服务业（50%）、咨询服务业（40%）的资金短缺现象比较突出。具体内容如图3-4所示。

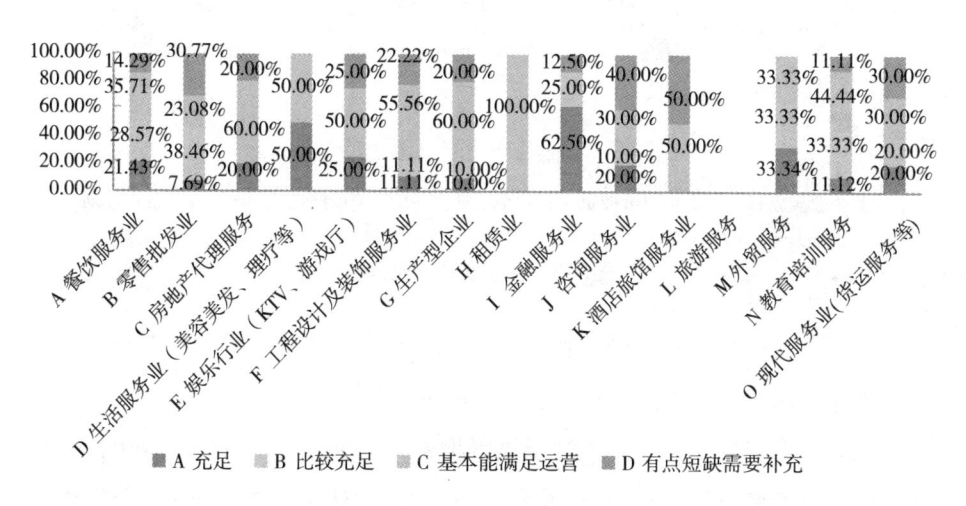

图3-4 企业资金现状分布

通过交叉分析得出结论：企业资金的充足与否，除了与当前的经营状况有关系，还与前期资金积累有关。

3.2.3 小微企业融资过程的调查

调查结果显示：采用企业经营贷的企业中，租赁业（100%）、金融服务业（62.5%）、酒店旅馆服务业（50%）的比例偏高；采用企业抵押贷的企业中，餐饮服务业（14.29%）的比例最高；采用个人抵押贷的比例均未超过25%，且均属于轻资产企业；选择民间借贷的企业中，酒店旅馆服务业（50%）的比例最高，其他行业均低于或等于25%；没有融资计划的企业中，娱乐行业（75%）、外贸服务（66.67%）、教育培训服务（55.56%）的数量居多，其他行业的比例均低于50%。具体内容如图3-5所示。

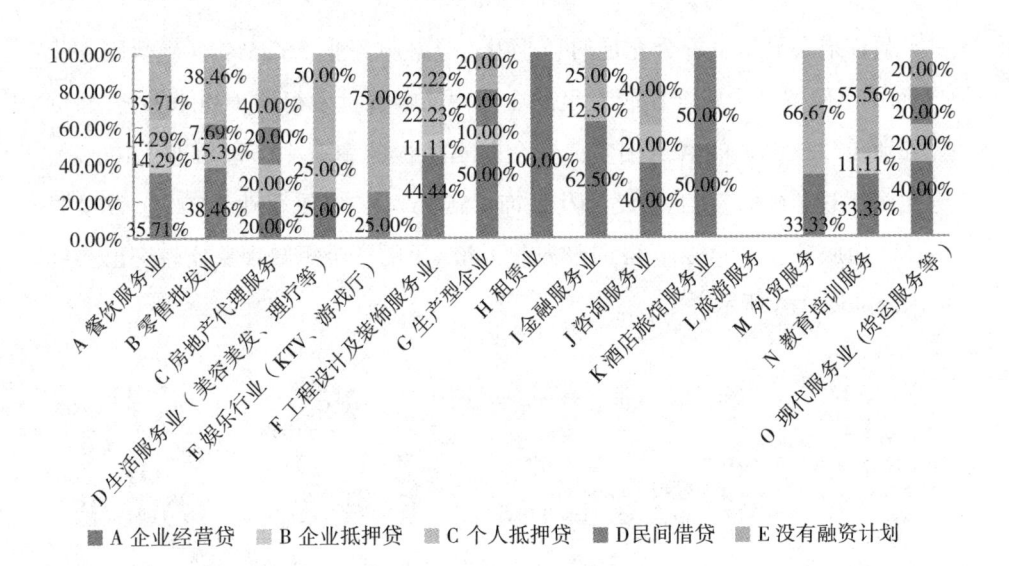

图3-5　企业融资方式分布

通过交叉分析得出结论：经营贷款成为小微企业的偏爱，但部分小微企业对未来市场把握不够，融资计划并未开展。

调查结果显示：表示"无法提供抵押物"的企业有16家（25.40%），认为"融资手续复杂"的企业有38家（60.32%），认为"贷款额度偏低"的企业有 36 家（57.14%），反映"贷款绑定附加条件"的企业 29 家（46.03%）。

其中，无法提供抵押物的企业中，房产代理（60%）、餐饮服务（50%）、娱乐行业（50%）、酒店服务（50%）的比例偏高，其他行业均低于 50%，且属于轻资产行业；认为融资手续复杂的企业中，房地产代理（80%）、生活服务（75%）、工程设计（66.67%）、外贸服务（66.67%）、生产企业（60%）、教育培训（55.56%）的比例偏高，其他行业的比例在 30%—50%；认为贷款额度偏低的企业，比例均维持在 25%—100%，娱乐行业表现最为明显；认为贷款绑定附加条件的企业中，租赁业（100%）、房地产代理（80%）的比例偏高，其他行业的比例在 21.43%—55.56%。具体内容如图 3-6 所示。

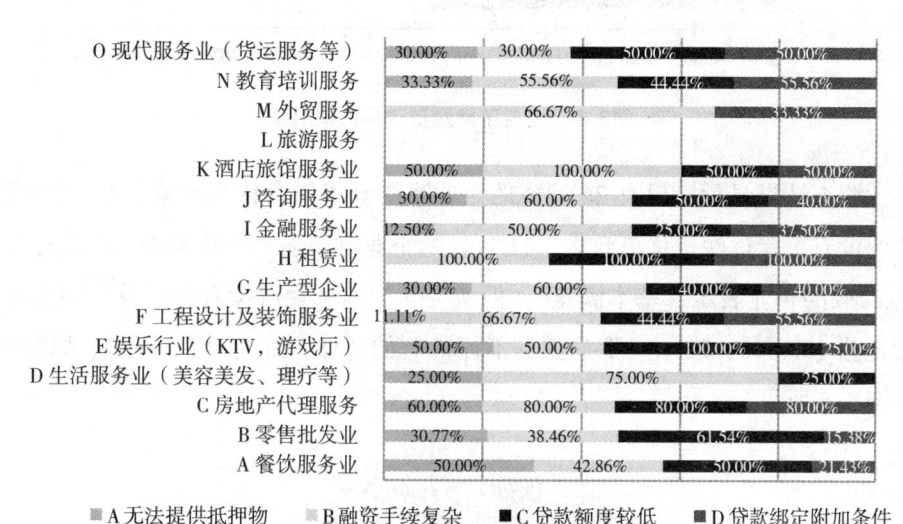

图3-6　企业融资困难因素分布

通过交叉分析得出结论：融资手续复杂、融资额度偏低、融资绑定附加条件，成为比较突出的融资问题。

3.2.4　小微企业融资政策执行的调查

调查结果显示：表示"对金融扶持政策有所了解"的企业，所占比例为 11.11%；表示"有关注，但不够了解"的企业，所占比例为 65.08%；表示"没有关注"的企业，所占比例为 23.81%。

38.10%的企业通过电视新闻了解金融政策，80.95%的企业通过互联网信息推送了解金融政策，22.22%的企业通过银行工作人员介绍了解金融政策，25.40%的企业通过亲朋好友告知了解金融政策。具体内容如图3-7所示。

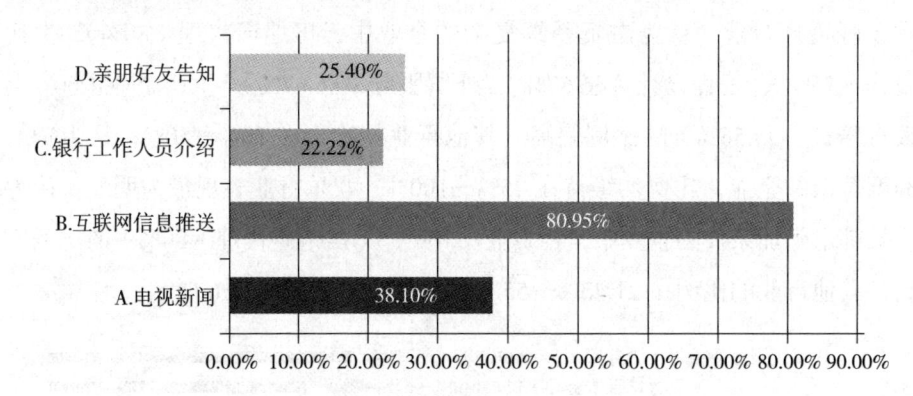

图3-7 企业了解融资政策的渠道

调查结果显示：仅有26.98%的企业享受到了融资优惠政策，73.02%的企业没有享受过融资优惠政策。11.11%的企业对当前金融政策表示"满意"，60.32%的企业表示"基本满意"，但认为"当前金融政策有待完善"的企业占比为19.05%，表示"不关注、不评价"的企业占比为9.52%。具体内容如图3-8所示。

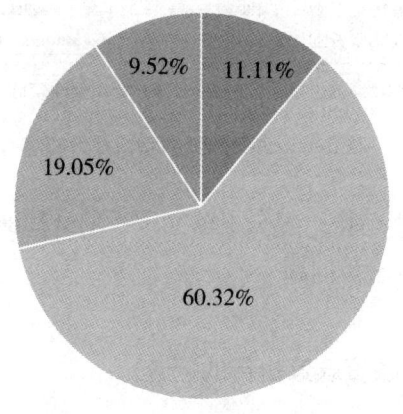

图3-8 企业对融资政策的评价

3.3 调研数据分析

3.3.1 信度分析

通过数据分析软件（SPSS）进行信度分析，数据显示信度系数值为 0.688，大于 0.6。分析结果表明：调研数据的信度质量正常，可以（接受）使用，能够作为进一步分析的数据依据。针对"项已删除的 α 系数"显示的内容，说明任意选项被删除后，信度系数不会出现明显的波动（上升），即表示问卷的选项不应该被删除处理。

综合分析，调研数据的信度系数值大于 0.6，说明调研数据信度质量允许被接受。具体内容见表 3-2。

表3-2 克隆巴赫（Cronbach）信度分析

名　　称	校正项总计相关性（CITC）	项已删除的 α 系数	Cronbach α 系数
3.贵单位注册资金？（　）	0.491	0.626	0.688
4.贵单位经营规模？（　）	0.573	0.596	
5.贵单位经营年限？（　）	0.362	0.667	
1.贵单位目前现金流是否充足？（　）	0.294	0.683	
3.贵单位是否享受融资优惠政策？（　）	0.337	0.678	
1.您是否了解金融扶持政策？（　）	0.321	0.675	
3.您对当前金融政策的评价是？（　）	0.494	0.633	

注：全书表中的序号为原调研问卷中的序号。此说明后文不再赘述。

3.3.2 效度分析

分析结果显示：除贵单位是否享受融资优惠政策、贵单位目前现金流是否充足外，问卷所列选项对应的共同度值均大于 0.4，表明所列选项信息允许被有效提取使用。进一步分析发现，KMO 值为 0.606，大于 0.6，表明所列数据允许被有效提取信息。因子 1 旋转后的方差解释率值为 29.129%，因子 2 旋转后的方差解释率值为 27.113%，因子 2 旋转后累积方差解释率为 56.242%，大于 50%，表示问卷所列选项的信息允许被有效提取使用。具体内容见表 3-3。

表3-3 效度分析结果

名 称	因子载荷系数 因子 1	因子载荷系数 因子 2	共同度（公因子方差）
3.贵单位注册资金？（ ）	0.840	0.014	0.705
4.贵单位经营规模？（ ）	0.801	0.208	0.684
5.贵单位经营年限？（ ）	0.672	0.028	0.452
1.贵单位目前现金流是否充足？（ ）	0.114	0.601	0.374
3.贵单位是否享受融资优惠政策？（ ）	0.441	0.296	0.282
1.您是否了解金融扶持政策？（ ）	0.026	0.818	0.670
3.您对当前金融政策的评价是？（ ）	0.182	0.857	0.768
特征根值（旋转前）	2.547	1.390	—
方差解释率（旋转前）	36.379%	19.863%	—
累积方差解释率（旋转前）	36.379%	56.242%	—
特征根值（旋转后）	2.039	1.898	—
方差解释率（旋转后）	29.129%	27.113%	—
累积方差解释率（旋转后）	29.129%	56.242%	—
KMO 值	0.606		—
巴特球形值	98.523		—
df	21		—
P 值	0.000		—

3.3.3 差异性分析

1. 基于经营规模的非参数检验

本研究将"贵单位经营规模"分为50—100人、30—50人、10—30人和10人以下四组,从表3-4、表3-5可知,"贵单位经营规模"基于平均值的莱文统计,即F值为4.937,显著性为0.004,小于0.05,认为方差不齐,进一步进行正态性分析,发现数据不符合正态分布,不能进行独立样本T检验,进行非参数检验。

表3-4 基于经营规模的方差齐性检验

		莱文统计	自由度1	自由度2	显著性
3.您对当前金融政策的评价是?( )	基于平均值	4.937	3	59	0.004
	基于中位数	1.933	3	59	0.134
	基于中位数并具有调整后自由度	1.933	3	50.772	0.136
	基于剪除后平均值	4.370	3	59	0.008

表3-5 基于经营规模的正态性检验

	4.贵单位经营规模?( )	柯尔莫戈洛夫－斯米诺夫[a]			夏皮洛－威尔克		
		统计	自由度	显著性	统计	自由度	显著性
3.您对当前金融政策的评价是?( )	1	0.433	19	0.000	0.626	19	0.000
	2	0.209	9	0.200*	0.889	9	0.194
	3	0.312	15	0.000	0.845	15	0.015
	4	0.366	20	0.000	0.708	20	0.000
*.这是真显著性的下限
a.里利氏显著性修正

由表3-6可知,63家企业参与本次实验。对政策非常了解(N=19)、对政策比较了解(N=9)、对政策了解不多(N=15)和对政策不了解(N=20)分别被测对当前金融政策的评价。

表3-6　基于经营规模的秩

	4.贵单位经营规模？（　）	N	秩平均值
3.您对当前金融政策的评价是？（　）	1	19	24.26
	2	9	28.33
	3	15	36.20
	4	20	37.85
	总计	63	

由表3-7的数据可知p=0.036，小于0.05，说明经营规模为50—100人、30—50人、10—30人和10人以下四组选项内容的对当前金融政策的评价存在显著差异。

表3-7　基于经营规模的检验统计[a, b]

	3.您对当前金融政策的评价是？（　）
克鲁斯卡尔－沃利斯H	8.514
自由度	3
渐近显著性	0.036
a.克鲁斯卡尔－沃利斯检验	
b.分组变量：4.贵单位经营规模？（　）	

2.基于政策了解的非参数检验

本研究将"是否了解金融扶持政策"分为了解、有关注但不够了解和没关注三组，从表3-8、表3-9可知，"是否了解金融扶持政策"基于平均值的莱文统计，即F值为2.560，显著性为0.086，大于0.05，认为方差齐性，进一步进行正态性分析，发现数据不符合正态分布，不能进行独立样本T检验，进行非参数检验。

表3-8　基于政策了解的方差齐性检验

		莱文统计	自由度1	自由度2	显著性
3.您对当前金融政策的评价是？（　）	基于平均值	2.560	2	60	0.086
	基于中位数	2.981	2	60	0.058
	基于中位数并具有调整后自由度	2.981	2	59.839	0.058
	基于剪除后平均值	2.629	2	60	0.080

表3-9　基于政策了解的正态性检验

	1.您是否了解金融扶持政策？（　）	柯尔莫戈洛夫－斯米诺夫[a]			夏皮洛－威尔克		
		统计	自由度	显著性	统计	自由度	显著性
3.您对当前金融政策的评价是？（　）	1	0.360	7	0.007	0.664	7	0.001
	2	0.406	41	0.000	0.704	41	0.000
	3	0.215	15	0.061	0.805	15	0.004

a.里利氏显著性修正

从表3-10可知，63家企业参与本次实验。对政策了解（N=7）、对政策有关注但不够了解（N=41）和对政策没关注（N=15）分别被测对当前金融政策的评价。

表3-10　基于政策了解的秩

	1.您是否了解金融扶持政策？（　）	N	秩平均值
3.您对当前金融政策的评价是？（　）	1	7	13.64
	2	41	29.95
	3	15	46.17
	总计	63	

由表3-11的数据可知p=0.000，小于0.05，说明"是否了解金融扶持政策"为了解、有关注但不够了解和没关注三组的对当前金融政策的评价存在显著差异。

表3-11 基于政策了解的检验统计[a, b]

	3.您对当前金融政策的评价是？（ ）
克鲁斯卡尔－沃利斯 H	21.374
自由度	2
渐近显著性	0.000

a.克鲁斯卡尔－沃利斯检验
b.分组变量：1.您是否了解金融扶持政策？（ ）

3. 基于资金状况的非参数检验

本研究将"贵单位目前现金流是否充足"分为充足、比较充足、基本能满足运营和有点短缺需要补充四组，从表3-12、表3-13可知，"贵单位目前现金流是否充足"基于平均值的莱文统计，即F值为0.114，显著性为0.952，大于0.05，认为方差齐性，进一步进行正态性分析，发现数据不符合正态分布，不能进行独立样本T检验，进行非参数检验。

表3-12 基于资金状况的方差齐性检验

		莱文统计	自由度1	自由度2	显著性
3.您对当前金融政策的评价是？（ ）	基于平均值	0.114	3	59	0.952
	基于中位数	0.184	3	59	0.907
	基于中位数并具有调整后自由度	0.184	3	55.149	0.907
	基于剪除后平均值	0.101	3	59	0.959

表3-13 基于资金状况的正态性检验

	1.贵单位目前现金流是否充足？（ ）	柯尔莫戈洛夫－斯米诺夫[a]			夏皮洛－威尔克		
		统计	自由度	显著性	统计	自由度	显著性
3.您对当前金融政策的评价是？（ ）	1	0.400	10	0.000	0.700	10	0.001
	2	0.471	9	0.000	0.536	9	0.000
	3	0.399	31	0.000	0.722	31	0.000
	4	0.317	13	0.001	0.795	13	0.006

a.里利氏显著性修正

从表 3-14 可知，63 家企业参与本次实验。现金流充足（N=10）、比较充足（N=9）、基本能满足运营（N=31）和有点短缺需要补充（N=13）分别被测对当前金融政策的评价。

表3-14　基于资金状况的秩

	1. 贵单位目前现金流是否充足？（　）	N	秩平均值
3. 您对当前金融政策的评价是？（　）	1	10	25.40
	2	9	21.50
	3	31	29.74
	4	13	49.73
	总计	63	

由表 3-15 的数据可知 p=0.000，小于 0.05，说明现金流充足、比较充足、基本能满足运营和有点短缺需要补充四组的对当前金融政策的评价存在显著差异。

表3-15　基于资金状况的检验统计[a, b]

	3. 您对当前金融政策的评价是？（　）
克鲁斯卡尔-沃利斯 H	21.881
自由度	3
渐近显著性	0.000

a. 克鲁斯卡尔-沃利斯检验
b. 分组变量：1. 贵单位目前现金流是否充足？（　）

3.3.4　多项选择分析

多重响应频率分析表（1）显示，4.贵单位遇到的融资困难有哪些？（A.无法提供抵押物）、4.（B.融资手续复杂）、4.（C.贷款额度较低）、4.（D.贷款绑定附加条件）的卡方拟合优度检验 P 值为 0.019**，呈现显著性（水平上），且拒绝原假设。分析结果表明，问卷所列选项的比例，呈现显著性差异，分布不均匀（未出现过于集中现象）。具体内容见表 3-16。

表3-16　多重响应频率分析表（1）

多选题题项	N（计数）	响应率（%）	普及率（%）	X^2	P
4.贵单位遇到的融资困难有哪些？（A.无法提供抵押物）	16	13.445%	25.397%	9.975	0.019**
4.（B.融资手续复杂）	38	31.933%	60.317%		
4.（C.贷款额度较低）	36	30.252%	57.143%		
4.（D.贷款绑定附加条件）	29	24.37%	46.032%		
总　　计	119	100%	188.889%		

注：***、**、*分别代表1%、5%、10%的显著性水平。

多重响应频率分析表（2）显示，4.针对完善金融政策，您的建议是（A.适当降低利息）、4.（B.简化贷款手续）、4.（C.适当提高贷款额度）、4.（D.还款方式多选择）、4.（E.贷款年限延长3—5年）、4.（F.贷款形式多样化）的卡方拟合优度检验的P值为0.004***，呈现显著性（水平），且拒绝原假设，分析结果表明，问卷所列选项的比例，呈现显著性差异，分布不均匀（未出现过于集中现象）。具体内容见表3-17。

表3-17　多重响应频率分析表（2）

多选题题项	N（计数）	响应率（%）	普及率（%）	X^2	P
4.针对完善金融政策，您的建议是（A.适当降低利息）	43	24.294	68.254	17.407	0.004***
4.（B.简化贷款手续）	40	22.599	63.492		
4.（C.适当提高贷款额度）	28	15.819	44.444		
4.（D.还款方式多选择）	27	15.254	42.857		
4.（E.贷款年限延长3—5年）	22	12.429	34.921		
4.（F.贷款形式多样化）	17	9.605	26.984		
总　　计	177	100	280.952		

注：***、**、*分别代表1%、5%、10%的显著性水平。

3.3.5 相关性分析

相关性分析结果显示：xj（1.贵单位目前现金流是否充足？）、zc（1.您是否了解金融扶持政策？）、gm（4.贵单位经营规模？）与pj（3.您对当前金融政策的评价是？）的相关性系数分别为0.431、0.593、0.355，系数为正且显著相关，说明xj（1.贵单位目前现金流是否充足？）、zc（1.您是否了解金融扶持政策？）、gm（4.贵单位经营规模？）与pj（3.您对当前金融政策的评价是？）的相关关系均是显著且正向的。具体内容见表3-18。

表3-18 相关性分析

	zj	gm	nx	zc	yh	xj	pj
zj	1						
gm	0.560**	1					
nx	0.398**	0.350**	1				
zc	0.069	0.100	0.129	1			
yh	0.262*	0.344**	0.130	0.320*	1		
xj	0.154	0.233	0.054	0.202	0.063	1	
pj	0.163	0.355**	0.182	0.593**	0.164	0.431**	1

* $p<0.05$, ** $p<0.01$

注：zj（3.贵单位注册资金？）、gm（4.贵单位经营规模？）、nx（5.贵单位经营年限？）、zc（1.您是否了解金融扶持政策？）、yh（2.贵单位是否享受融资优惠政策？）、xj（1.贵单位目前现金流是否充足？）、pj（3.您对当前金融政策的评价是？）。

3.3.6 回归分析

研究结果表明：贵单位经营规模、是否了解金融扶持政策、贵单位目前现金流是否充足与对当前金融政策的评价回归系数均为正，且P值均小于0.01，呈现显著为正的影响关系（水平）。分析结果表明，"贵单位经营规模""是否了解金融扶持政策""贵单位目前现金流是否充足"能够正向影响对当前金融政策的评价。具体内容见表3-19。

表3-19 回归分析

变量		未标准化系数		标准化系数	t	VIF	P值	R^2
		B	标准误差					
pj	C（常量）	1.684	0.218		7.713		0.000**	0.126
	gm	0.228	0.077	0.355	2.969	1.000	0.004**	
	C（常量）	0.563	0.307		1.831		0.072	0.352
	zc	0.803	0.139	0.593	5.755	1.000	0.000**	
	C（常量）	1.307	0.274		4.775		0.000**	0.185
	xj	0.351	0.094	0.431	3.727	1.000	0.000**	

* $p < 0.05$, ** $p < 0.01$

注：gm（4.贵单位经营规模？）、zc（1.您是否了解金融扶持政策？）、xj（1.贵单位目前现金流是否充足？）、pj（3.您对当前金融政策的评价是？）。

3.4 福州小微企业融资问题分析

3.4.1 融资目的难识别

小微企业资本结构单一、产权结构较为模糊（存在公私不分的现象），而在融资过程中，无法提供健全的财务制度、内部控制制度以及重要的信息披露内容，导致小微企业融资目的模糊不清。

企业提供的财务信息不准确，不能客观反映投资活动的内容，金融机构无法识别融资目的，无法及时对融资项目进行风险评估，因担心资金流向存在问题，拒绝放贷。小微企业财务管理能力薄弱，融资能力一般，抗风险能力不足，若存在盲目投资现象，会造成企业资金紧张，一旦出现经营问题，企业会因资不抵债而破产。

调研结果显示：100%的租赁业、80%的房产代理、80%的咨询服务业都存在订单减少的现象，其他行业订单减少比例均高于50%。而在资金方面，62.5%的金融服务资金充足，50%的生活服务业资金充足。金融服务业和生活服务业，都属于轻资产行业，行业利润率比较高，可能企业前期资金积累比较充足，能够暂时应对资金问题。

50%的酒店服务业、40%的咨询服务业出现比较严重的资金短缺的现象，究其主要原因，还需根据企业自身经营现状而定。若企业前期运营良好，资金积累丰富，则出现资金短缺的现象比较少；若企业前期运营出现问题，又遇到市场冲击，则企业出现入不敷出的现象，也属于正常。

通过大股东垫款或民间借贷，均挂账往来款（其他应付款），部分小微企业选择将此经济业务内容，进行体外循环。因此，银行通过对企业财务报表的分析，很难识别企业真正的融资需求，导致小微企业融资获得率偏低。

调研数据显示：34.92%的小微企业采用"企业经营贷"，20.63%的小微企业存在"资金需求"，贷款比例高于资金需求比例（14.29%）。若小微企业没有明晰的发展规划，融资目的模糊不清（难以识别），会导致企业融资资金流向出现问题，将会提高企业破产风险，缩短企业经营寿命。

3.4.2　小微企业融资渠道结构性失衡

李旺（2022）认为，中小微企业对银行信贷的依赖程度较高，外部融资渠道少，资源短缺，在信贷利率优惠和贷款期限方面处于不利地位，缺乏足够的话语权。小微企业自身能力比较薄弱，融资渠道狭窄，难以获得足够的资金支持。金融机构对小微企业的综合评估并不高，也会因此错过优质的客户源。同时，小微企业缺乏对金融产品的认知，很难匹配到合适的融资渠道。

通过实地走访了解到，小微企业缺少抵押物，偿债能力较弱，这与商业银行的贷款给出的条件相悖。当企业资金短缺、需要补给时，首先考虑大股东垫资，其次选择民间借贷（家族内部），再次向银行申请经营贷款，最后才会考虑抵押贷款。经营贷款的手续比抵押贷款简单，但利息会偏高，对企业经营状况和纳税信用等级的要求偏高，因此，经营贷款成为部分民营小微企业的偏爱。

研究结果显示，15.87%的企业资金充足，14.29%的企业资金比较充足，49.21%的企业资金基本维持运营，20.63%的企业资金短缺，但是39.68%的企业没有融资需求，60.32%的企业选择经营贷、企业抵押贷款、个人抵押贷款和民间借贷。

通过以上数据分析，得出结论：小微企业与大型企业、上市公司相比，融资渠道结构性失衡。

3.4.3　融资过程复杂化

由于小微企业内部控制并不完善，存在业务和财务流程不规范的现象，加上未来发展规划不明确，在进行融资活动时，容易受投资机构各种限制条件的制约。银行为了规避信贷风险，需要企业提供具备偿债能力的证明。因此，相比于大型企业，小微企业融资手续更加烦琐、过程更加复杂，导致其融资需求难以被有效地满足。据实地走访了解，选择"企业经营贷"的小微企业，前期需要具备较好盈利能力、纳税情况良好，但贷款利率较其他贷款方式略高一些；采用"抵押贷款"的企业，拥有企业房产或先进设备作抵押，贷款利率比"企业经营贷"略低；经营效益一般的服务型小微企业（轻资产企业），只能选择"个人抵押贷"，用法定代表人的资产抵押，获得利息相对较低的贷款；针对无资产抵押的个体工商户或其他微型企业，选择民间借款的方式居多，主要追求贷款程序简单、放款速度快，但贷款利息偏高。

调研数据显示，认为"融资手续复杂"的企业占比为60.32%，反映"贷款绑定附加条件"的企业占比为46.03%。融资过程（手续）复杂化，是导致小微企业融资获得率偏低的原因。

3.4.4 金融服务体系不完善

王荣（2021）认为，金融服务可以大致分为两大类别，其中一类是为大众提供的财富增值服务，旨在帮助企业更有效地管理财富，确保他们能够实现资产的保值增值；另一类则专门针对满足实体企业的融资服务，旨在满足企业发展过程中的资金需求。洪清配（2022）认为，金融体系的覆盖广度不足，金融体系仍偏重于大型企业，针对小微企业的贷款服务较少，且小微企业贷款的审批手续与大、中型企业相比更为复杂。邓任菲（2021）认为，银行追求高收益、低风险的投资，而贷款给小微企业属于高风险、低收益，银行对此参与热情并不高。

调研数据显示，"了解金融扶持政策"的小微企业仅有11.11%，"没有享受融资优惠政策"的企业比例为73.02%。对金融服务持"满意态度"的企业比例为11.11%，持"不满意态度"的企业比例为19.05%。

研究结果表明，金融机构对融资政策的宣传力度不够，未能及时将融资优惠政策传递到位，小微企业对政策不了解，也成为融资获得率偏低的原因之一。另外，小微企业对金融机构的评价并不高，说明小微企业金融服务体系质量不高，需要进一步完善。

3.5 福州小微企业融资问题的解决措施

3.5.1 提高融资识别度

小微企业财务信息透明度偏低，融资风险偏高，缺少完整的信用记录证明，融资过程阻力太大。孙宏鹏（2021）认为，小微企业内部控制不够完善，账务处理规范性不强，资金流水真实性不够，收入透明度欠佳，导致企业财务报表缺乏真实性。而企业财务资料的真实性和有效性，是信用评级的关键，直接影响融资结果。小微企业需要完善财务制度，逐步提高融资识别度。

建议从以下几个方面开展工作：(1) 管理层需要加强财务管理意识，完善内部控制制度，规范账务处理流程，提高财务信息的真实性和透明度。(2) 聘用财务服务公司或代理机构，重视账务处理的及时性、合理性、规范性，以及纳税申报的合规性，以减少企业税收风险，增加社会信用度。(3) 加强企业诚信文化建设，遵守还款契约，重视征信记录，不随意拆借融资资金，改变资金使用用途，不套现、不透支（信用卡）。(4) 增强企业风险意识，提高风险识别能力，不盲目跟风，投资项目需评估，扩大规模需谨慎。

3.5.2　拓宽融资渠道

小微企业自有资金有限，当企业出现经营困难时，对资金的需求表现"急切"，而通过金融机构现有的融资方式，无法满足"急切"的需求，需要进一步拓宽融资渠道。游德升（2024）认为，融资渠道狭窄阻碍小微企业实现多元化融资的战略。胡莉华（2021）认为，企业依靠资本积累和筹集资金的方式，无法满足长远发展的资金需求。朱琰（2021）认为，小微企业需要借助互联网金融，打破传统的融资模式，寻找适合发展的融资方式。田祥庆（2021）认为，金融服务机构需要利用互联网技术，优化资源、加强整合，以满足小微企业融资需求，提高融资服务质量。孔铭（2022）认为，小微企业可以尝试采用"融资租赁"，这种没有抵押和担保的融资方式，能够减轻融资压力，帮助企业渡过难关。解决融资担保问题，能够拓宽小微企业融资渠道。

为了增加小微企业融资获得率，需要拓宽融资渠道，给出如下几点建议：(1) 鼓励互联网金融机构联合商业银行，开发适合小微企业特点的"线上融资"业务，以满足多样化的融资要求。(2) 鼓励商业银行加强合作，共享资源、优势互补，增开适合小微企业的"转贷""补贷"业务。(3) 鼓励商业银行拓宽融资抵押范围，利用应收账款质押、知识产权质押、开发票据、信托等金融产品等。

通过不断地创新融资方式，拓宽融资渠道，以满足小微企业发展的资金需求，助推其平稳升级为"规上"企业。

3.5.3 简化融资过程

黄莉娟等（2021）认为，小微企业希望降低融资门槛、简化融资手续、加快放款速度，还款方式实现快捷。简化融资过程，能够增加小微企业的融资获得率。

1. 简化"收入证明"

贷款人（自然人）可以通过"个人所得税App"查询、下载、打印等功能，提供个人所得税纳税证明，替代银行流水（收入）；银行金融机构可以利用数字化技术，与税收征管部门之间实行纳税信息数据共享，简化贷款人（企业）的收入来源证明等流程。

2. 简化"房产信息评估"

通过利用数字化技术，金融机构与房屋产权登记机构、房屋产权交易中心等部门，实现房产数据信息共享，以便核实房屋产权真实信息；通过利用互联网技术，金融机构之间实现联网互通，以更进一步了解房屋产权人的个人征信、房贷偿还情况等；结合大数据技术，金融机构能够在线评估房产价格，降低放贷风险，缩短了贷款审批时间，提高企业获得贷款的效率。

3.5.4 优化融资服务体系

调查数据显示：68.25%的企业建议适当降低利息，63.49%的企业建议简化贷款手续，44.44%的企业建议适当提高贷款额度，42.86%的企业建议增加还款方式多样性，34.92%的企业建议贷款年限延长3—5年，26.98%的企业建议贷款形式多样化，1.59%的企业不发表建议。具体内容如图3-9所示。

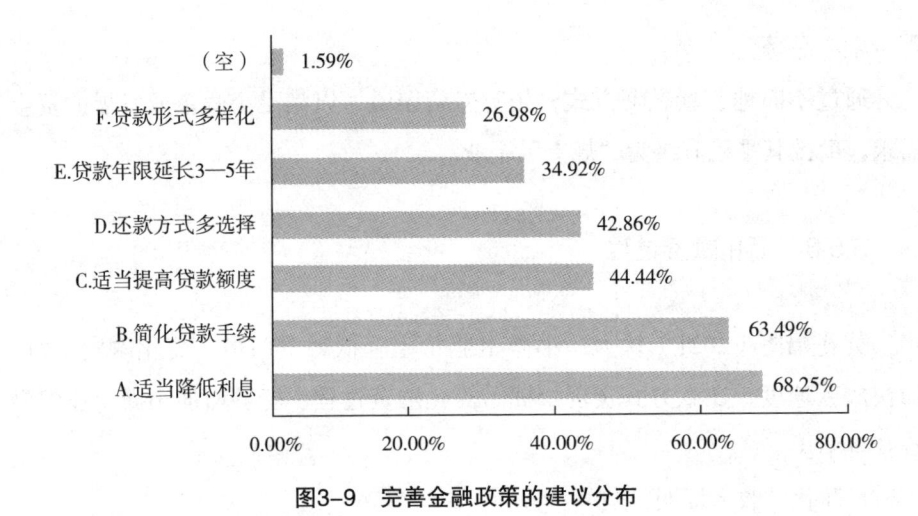

```
（空） 1.59%
F.贷款形式多样化 26.98%
E.贷款年限延长3—5年 34.92%
D.还款方式多选择 42.86%
C.适当提高贷款额度 44.44%
B.简化贷款手续 63.49%
A.适当降低利息 68.25%
```

图3-9 完善金融政策的建议分布

结合当前的金融扶持政策给出如下建议。(1)将小微企业抵押贷款利息由3%—4%，降低为1%—2%。(2)将小微企业的贷款额度由抵押物评估值的70%，提高到90%。(3)为小微企业提供还款便捷服务，增加还款的灵活性，允许变更还款方式，可适当延长还款年限（由小微企业提出申请）。

另外，政府可以通过发布税收优惠、奖励和补贴等政策措施，支持创建金融服务机构（小微企业领域），以鼓励融资服务机构融合发展，加大天使轮、A轮、B轮等投资，使相关服务机构能够更好地为小微企业提供融资服务，不断创新和优化小微企业融资服务体系，为福州小微企业发展注入活力，为其转型升级提供资金保障。

3.6　结论

小微企业规模小、内部组织结构简单、管理模式灵活，在应对市场风险时，能够及时应变并做出调整。但小微企业同样面临财务制度不完善、融资渠道狭窄、市场竞争力偏弱等问题。小微企业除了需要完善自身、提高内核动力，还需要政府给予融资政策支持，及时帮助小微企业获得资金，助其顺利渡过难关。

为了解决小微企业融资难问题，需要采取提高融资目的识别度、拓宽融资渠道、简化融资过程、优化融资服务体系等措施。希望通过政策干预，帮助小微企业缓解融资压力，提高市场竞争能力，让其能够在当地扎根生长，还能稳中求发展。

参考文献

[1] 邓任菲. 我国小微企业融资模式重构与探索——基于动态博弈和国际比较视角 [J]. 当代金融研究, 2021, 4 (Z1): 97-106.

[2] 洪清配. 小微企业融资问题与对策探讨 [J]. 财富生活, 2022 (18): 7-9.

[3] 胡莉华. 对中小企业融资困境问题及措施研究 [J]. 投资与创业, 2021, 32 (16): 12-14.

[4] 黄莉娟, 徐莹, 杨晶晶. 互联网金融与小微企业融资——基于江苏省 210 家小微企业的调研分析 [J]. 江苏经贸职业技术学院学报, 2021 (1): 24-30.

[5] 孔铭. 小微企业财务管理问题及对策研究 [J]. 财会学习, 2022 (11): 1-4.

[6] 李旺. 经济新常态下中小微企业融资问题分析 [J]. 现代企业文化, 2022 (25): 74-76.

[7] 孙宏鹏. 当前小微企业融资问题分析与相关建议 [N]. 金融时报, 2021-05-24 (12).

[8] 田祥庆. 互联网金融背景下商业银行对小微企业的融资模式创新研究 [J]. 商展经济, 2021 (8): 65-67.

[9] 王荣. 小微企业融资现状、问题及对策 [J]. 中国市场, 2021 (6): 74-75.

[10] 游德升. 我国小微企业融资问题与对策探究 [J]. 市场周刊, 2024, 37 (2): 1-3.

[11] 朱琰. 互联网金融背景下小微企业的融资模式探究 [J]. 今日财富 (中国知识产权), 2021 (3): 42-43.

附录：

福州小微企业融资现状的问卷调查

一、企业基本情况

1. 贵单位所属地区？（   ）[单选题]

选项	小计	比例
福州	63	100%
本题有效填写人次	63	

2. 贵单位所属行业？（   ）[单选题]

选项	小计	比例
A. 餐饮服务业	7	11.11%
B. 零售批发业	7	11.11%
C. 房地产代理服务	3	4.76%
D. 生活服务业（美容美发、理疗等）	4	6.35%
E. 娱乐行业（KTV、游戏厅）	3	4.76%
F. 工程设计及装饰服务业	8	12.70%
G. 生产型企业	5	7.94%
H. 租赁业	1	1.59%
I. 金融服务业	2	3.17%
J. 咨询服务业	6	9.53%
K. 酒店旅馆服务业	2	3.17%
L. 旅游服务	0	0%
M. 外贸服务	2	3.17%
N. 教育培训服务	6	9.53%
O. 现代服务业（货运服务等）	7	11.11%
本题有效填写人次	63	

3. 贵单位注册资金？（　　）[单选题]

选项	小计	比例
A.1000 万元以上	7	11.11%
B.501 万—1000 万元	16	25.40%
C.100 万—500 万元	15	23.81%
D.100 万元以下	25	39.68%
本题有效填写人次	63	

4. 贵单位经营规模？（　　）[单选题]

选项	小计	比例
A.50—100 人	19	30.16%
B.30—50 人	9	14.28%
C.10—30 人	15	23.81%
D.10 人以下	20	31.75%
本题有效填写人次	63	

5. 贵单位经营年限？（　　）[单选题]

选项	小计	比例
A.10 年以上	14	22.22%
B.5—10 年	22	34.92%
C.3—5 年	15	23.81%
D.3 年以下	12	19.05%
本题有效填写人次	63	

6. 贵单位采用的经营模式？（　）[单选题]

选项	小计	比例
A. 线下经营	27	42.86%
B. 线上经营	6	9.52%
C. 线下+线上结合	27	42.86%
D. 其他方式	3	4.76%
本题有效填写人次	63	

二、企业融资现状

1. 贵单位目前现金流是否充足？（　）[单选题]

选项	小计	比例
A. 充足	10	15.87%
B. 比较充足	9	14.29%
C. 基本能满足运营	31	49.21%
D. 有点短缺需要补充	13	20.63%
本题有效填写人次	63	

2. 贵单位目前采取的主要融资方式？（　）[单选题]

选项	小计	比例
A. 企业经营贷	22	34.92%
B. 企业抵押贷	4	6.35%
C. 个人抵押贷	7	11.11%
D. 民间借贷	5	7.94%
E. 没有融资计划	25	39.68%
本题有效填写人次	63	

3. 贵单位是否享受融资优惠政策？（　　）[单选题]

选项	小计	比例
A. 有	17	26.98%
B. 无	46	73.02%
本题有效填写人次	63	

4. 贵单位遇到的融资困难有哪些？（　　）[多选题]

选项	小计	比例
A. 无法提供抵押物	16	25.4%
B. 融资手续复杂	38	60.32%
C. 贷款额度较低	36	57.14%
D. 贷款绑定附加条件	29	46.03%
本题有效填写人次	63	

三、企业对扶持政策的评价

1. 您是否了解金融扶持政策？（　　）[单选题]

选项	小计	比例
A. 了解	7	11.11%
B. 有关注但不够了解	41	65.08%
C. 没关注	15	23.81%
本题有效填写人次	63	

2. 您了解金融扶持政策的渠道主要包括哪些？（　　）[多选题]

选项	小计	比例
A. 电视新闻	24	38.10%
B. 互联网信息推送	51	80.95%
C. 银行工作人员介绍	14	22.22%
D. 亲朋好友告知	16	25.40%
本题有效填写人次	63	

3. 您对当前金融政策的评价是？（　　）[单选题]

选项	小计	比例
A. 满意	7	11.11%
B. 基本满意	38	60.32%
C. 不满意、有待完善	12	19.05%
D. 不关注、不评价	6	9.52%
本题有效填写人次	63	

4. 针对完善金融政策，您的建议是（　　）。[多选题]

选项	小计	比例
A. 适当降低利息	43	68.25%
B. 简化贷款手续	40	63.49%
C. 适当提高贷款额度	28	44.44%
D. 还款方式多选择	27	42.86%
E. 贷款年限延长 3—5 年	22	34.92%
F. 贷款形式多样化	17	26.98%
G. 没有建议	1	1.59%
本题有效填写人次	63	

第4章　福建食品制造企业税收筹划及风险应对研究

企业在遵守税收法律的前提下，可以合理利用税收优惠政策，计划和调控企业运营资金，制定节税方案，减轻税负。为了企业长远发展，减轻税负并不是纳税筹划的唯一目的。企业需要通过税收筹划方案的实施，助推可持续化发展。朱迪·布拉则克（Jody Blazek，2012）在 *Tax Planning and Compliance for Tax-Exempt Organizations*（《免税组织的税收筹划与合规性》）中阐明：因商品税收筹划空间较小，增值税具有税负转嫁性等特点，在西欧、南北欧、北美等经济比较发达的国家，税收筹划的主要对象是企业所得税。合理的税收筹划，能够降低企业税负，延长企业纳税期限，最大限度地集中闲置资金，科学合理地配置经济资源，投资核心项目，实现企业利润最大化。

食品制造企业具有品牌单一、产品同质、渗透性较低、缺乏高新技术等特点，又因总部整体控制力度强，高度集中，销售生产布局清晰，缩小了纳税筹划的空间与范围。食品制造企业能够运用税收筹划模型，以及因存在地域差距而享受不同税收优惠政策等方式，达到减轻税负、实现企业利润最大化的目标。食品制造企业在谋求发展的过程中，也面临着税收风险的挑战，还需要构建一套应对机制，帮助企业规避税收风险，促进企业健康持续发展。

4.1 食品制造企业税收筹划的意义

蔡晶霞和姜思宇（2024）认为，税收筹划是企业财务管理工作的重要内容，可以实现降低成本、提高经济效益的目标，能够有效地降低税负对企业利润的直接影响。黄丹（2024）认为，合理的税收筹划对企业投资经营产生重大影响，让企业经营投资更加合理、科学，让内部财务活动的开展更有序、更健康，使企业发展始终处于稳定而健康的状态。在"一带一路"倡议下，食品制造企业寻求生存与发展机会的同时，也面临着税收风险的挑战。随着大众生活水平的提高，我国食品制造行业多年来呈稳健增长态势。

相关数据显示，我国食品制造企业在2019年前三季度的营业收入达到15461.6亿元，增长率为6.4%（与上年同期相比），利润总额达到1301.4亿元，增长率为8.7%；全国食品工业企业（规模以上）的营业收入达到65584.3亿元，增长率为5.2%，利润总额达到4483.8亿元，增长率为11%。[1] 然而，在2020年（1—2月），规模以上企业的增加值均有所下降，其中，工业企业下降比例为13.5%，食品制造业的下降比例为18.2%，农副产品加工业的下降比例为16%。[2] 清华大学朱武祥教授带领研究小组，针对995家中小企业开展问卷调查，统计结果显示，在流动资金方面，34.0%的企业能够维持1个月，33.1%的企业能够维持2个月，17.91%的企业能维持3个月，仅有9.96%的企业能够维持半年以上，另外，5.03%的企业现金短缺，无法正常运营。企业在流动资金不充足的情况下，采取合理的税收筹划，能够节省税费，为企业争取更多的时间改变现状。

我国食品制造企业税收筹划的经验不足，缺少对投资经营地的税收内容

---

[1] 兴国县人民政府：《2019年1—10月食品行业运行情况》，http://www.xingguo.gov.cn/xgxxgk/xg86667/201912/597701c4ae3b4314a42db2ded9dd136c.shtml，访问日期：2024年6月4日。

[2] 国家统计局：《2020年1—2月份规模以上工业增加值下降13.5%》，https://www.stats.gov.cn/sj/zxfb/202302/t20230203_1900655.html，访问日期：2024年6月4日。

以及优惠政策的理解。通过研究食品制造企业税收筹划及风险应对，能够帮助企业节省税费开支，实现企业利润最大化，以提升食品制造企业的国际国内市场竞争力。

4.2　福建食品制造企业税收筹划的现状

4.2.1　"行业特点"限制税收筹划落实

食品制造企业主要集中在糕点类的烘焙产品，具有产品同质性高、品牌单一、渗透性低等特点。随着中国经济的高速发展，食品制造企业逐渐摒弃家庭作坊的生产方式。食品制造企业的市场逐渐集中，专营店不断走向国际。国内知名品牌的连锁烘焙企业，也放弃了"前店后厂"的经营方式，采用"中央工厂"生产、分市场销售的模式，以此形成集中生产、大规模分销的商业模式。

这种商业模式的特点：生产总部控制力度强而集中，销售线路布局清晰，总部和生产基地在同一区域，不存在税收优惠政策差异，纳税空间受到限制。

食品制造企业生产过程，仅涉及加工配料或手工填充操作等，需要人工完成，缺少核心技术，很难发展成为高新技术产业，无法享受"高科技技术"方面的税收优惠。

4.2.2　"营改增"缩小税收筹划范围

食品制造企业涉及的主要税种包括增值税和企业所得税。继"营改增"之后，我国开票系统与纳税系统在改革与升级过程中，逐渐降低税收征管风险。目前，全国执行金四开票系统与增值税纳税系统，增值税开票金额与纳税系统实行实时对接，既降低了企业违规偷税的风险，也缩小了增值税的纳税筹划空间。面对竞争日益激烈的市场，食品制造企业需要通过合理的税收筹划方式，提升企业的市场竞争力。

4.2.3 企业组织结构妨碍税收筹划实施

福建传统食品行业发展历史悠久，在当地产业结构中占有重要地位。2021年福建省公布"规上"企业数量，其中食品工业企业的数量达到2368个，食品工业（规模以上）的营业收入实现6660.48亿元，同比增长8.7%。与此同时，核心产品的产量、市场销售额、盈利水平均实现环比增长，而农产品食品的出口金额达到754.7亿元，同比增长17.4%。其中，农副食品加工业达3484.89亿元，同比增长10.4%；食品制造业达1732.39亿元，同比增长5.2%；酒、饮料和精制茶制造业达1106.15亿元，同比增长8.9%；烟草制品业达337.05亿元，同比增长8.9%。[①] 福建食品行业90%以上都是民营企业，具备家族企业特点，企业组织结构和管理职责分工有待完善。

通过实地了解，福建泉州食品制造企业管理职责分工，基本都是从自身经营特点出发，但仍存在不足之处。企业增设了电商事业部，但电商事业部的主要职责尚未明确，人员设置均未合理安排。电商事业部仅作为求新求改的项目，未真正发挥作用。组织结构的缺陷，妨碍了税收筹划的有效实施。

4.2.4 企业经营模式压缩税收筹划空间

结合实地走访了解到，福建泉州食品制造企业"××公司"的经营模式：生产和销售独立分开。生产基地负责原材料的采购、产品的研发和生产，待产品完工，直销到公司总部（公司总部与生产基地同区域）。公司总部负责产品的分销，对接全国各地产品经销商。该经验模式能够实现生产和销售分工明确，集中精力专注发展，但销售控制权过度集中，生产地和销售所在地的税收优惠政策趋于相同，压缩了税收筹划的空间，不利于税收筹划工作的开展。

---

① 当代品牌杂志：《福建食品工业发展综述》，https://baijiahao.baidu.com/s?id=1733030688849877816&wfr=spider&for=pc，访问日期：2024年6月4日。

4.3 食品制造企业税收筹划的机理与模型分析

4.3.1 税收筹划的机理

"一带一路"沿线国家的政治、经济、文化、法治状况、税收政策存在差异。食品制造企业在进行税收筹划时，需要认真考虑和分析税收对财务管理活动的影响，寻求一种既能减少因纳税导致的现金流出量，增加企业自身价值，又不违反税收法律法规的方法。刘继红（2019）通过建立双重差分模型检验公司关联前后的税负水平变化，建议财务公司协助民营企业、小规模公司降低税负。段烈珍（2020）通过抽取的14家农业上市公司样本，进行纳税效果比较分析和评价，得出研究结论：纳税筹划效果存在很大的差异性，具有发展空间。企业税收筹划通过提前统筹安排经济活动，达到节省税费开支的目的，而这一行为建立在可预见的现实基础上。合理的税收筹划，能够帮助企业降低税负，延迟纳税期间，集中闲散资金，科学合理配置企业经济资源，投资企业主要项目，实现企业价值最大化。吴文中（2016）通过分析2008—2014年沪深 A 股上市公司得出结论：税收筹划程度与高管薪酬水平显著正相关，即高管薪酬的激励有助于加深管理层进行税收筹划的程度。肖土盛等（2019）通过分析2007—2016年上市公司样本得出结论：税收筹划程度与薪酬业绩敏感性成正比。税收筹划涉及企业经营的各个层面，包括投资架构的构建、交易模式的安排、资金的筹集融通等。企业常用的税收筹划策略包括：利用公司组织结构、资本弱化、转让定价、利用投资地税收优惠政策、国际税收协定等。

4.3.2 税收筹划基本模型

税后利润是企业利润总额减去实际应纳税额。税后利润最大化模型根据企业利润总额和实际缴纳的税额来计算出税后利润，再选择税收筹划的方案。假设企业收入为I，企业成本费用为E，企业应纳所得税税额为T，企业净利润为P，则P=I-E-T。

若不考虑企业所得税调增调减的因素，企业所得税税率为t，则T=（I-E）×t（0＜t＜1）

假设利润总额为W，则W=I-E，则有P=W-W×t

假设有两个纳税方案：方案1：$P_1=W_1-W_1 \times t_1$，方案2：$P_2=W_2-W_2 \times t_2$

当$P_1 > P_2$时，则选择方案1；当$P_1 < P_2$时，则选择方案2。

基于税后利润最大化，该模型是建立在企业利润总额和应纳税税率上，计算出税后利润，以税后利润最大化原则选择税后利润最大的为最优方案。

P=I-E-T，P=W-T，假设有两个纳税方案：方案1：$W_2=W_1+\Delta W$，方案2：$T_2=T_1+\Delta T$，则：

$P_2=W_2-T_2=(W_1+\Delta W)-(T_1+\Delta T)=P_1+(\Delta W-\Delta T)$

当$\Delta W < \Delta T$，恒有$P_1 > P_2$，则选择方案1。

当$\Delta W > \Delta T$，恒有$P_1 < P_2$，则选择方案2。

这是税收筹划增量模型，此模型在分析不同税收方案时，只要分析它们不同的部分，而可以忽略其相同的部分，对相同的增量指标不予计算，只计算和比较不同的增量指标，在税后利润最大化的原则下，选择最优筹划方案，可以为纳税人减少时间和精力。

P=W-W×t=W×（1-t），W=I-E，

当I＞E，则W＞0，则P＞0　　（0＜t＜1）

当I=E，则W=0，则P=0　　（0＜t＜1）

当I＜E，则W＜0，则P＜0　　（0＜t＜1）

当企业所得税税率一定的情况下，需要通过增加收入、合理控制成本来追求税后利润最大化。当企业利润总额一定的情况下，需要选择税率较低的地区实现税后利润的增长，最终实现税后利润最大化。

4.4 食品制造企业税收筹划新思路的提出

食品制造企业产品类型单一，税收筹划空间狭窄。烘焙领域拥有较多具有知名度的品牌企业，相比于诸多中小竞争品牌，能够更好地实现差异化竞争，但以现行烘焙技术现状难以发展高新技术，需要另辟蹊径，重新规划税收筹划思路。

4.4.1 利用地区税收优惠政策实现纳税筹划

国家批准设立霍尔果斯经济开发区，财政部、国家税务总局、新疆维吾尔自治区、霍尔果斯当地政府对开发区内的新办企业，制定了一系列可以叠加享受的税收优惠政策，给予自取得第一笔生产经营收入所属的纳税年度起企业所得税五年免征，该税收优惠成为霍尔果斯最大的税收优势。为了帮助食品企业合理节约税收，在税收优惠地区，设立关联的国际商贸企业，进行税收筹划，通过运用关联方的价格定价模式，帮助企业节约增值税和企业所得税。通过O2O平台的建立，在享受当地税收优惠政策的基础上，打通关联企业国际贸易的通道，促进关联企业经济效益平稳增长，同时有利于食品制造企业可持续健康发展。这些政策的实施，已然使霍尔果斯成为中国税收最低的地方。全国共有169家高新技术开发区，分散在全国各地，处在这些特定地区内的纳税人享受更多的税收优惠。许多地方优惠区的企业税负（特区企业为15%），也比非优惠区企业（内地企业为25%）的税负轻。然而，享受优惠税率的不仅有特区内的企业。对在特定地区注册的企业，只要投资方向和具体项目符合一定要求，也可以享受优惠税率等政策。食品制造企业投资者可以综合考虑企业的性质，选择适合企业发展的注册地点，这样不仅能够节省税金支出，还能实现生产性的战略布局，具有重要的现实意义。

4.4.2 利用纳税环节的不同规定来进行纳税筹划

食品加工生产销售企业涉及的主要纳税内容包括增值税一般纳税人（13%）、增值税小规模纳税人（3%）、城建税（7%）、教育费附加（3%）、地方教育费附加（2%）、企业所得税（25%）。食品制造企业不需要缴纳消费税，只需要缴纳增值税。增值税具有不重复征税、逐环节征税、逐环节扣税的特点，最终消费者是全部税款的承担者。食品制造企业可以设立关联销售机构，以尽量减少生产企业的销售量，并使用转让定价的方式，实现降低增值税的目的。

4.4.3 利用特定企业的税收优惠实施纳税筹划

企业中雇用"四残"人员达35%以上的免征所得税，雇用"四残"人员在10%—35%的减半征税。食品制造企业生产劳动强度不大，有部分岗位适合残疾人就业，企业可以通过雇用残疾人的方式来减轻纳税负担，同时也为社会发展贡献一份力量。食品制造企业应当在投资规划的过程中，充分考虑相关税收优惠政策，或者通过创造相应的条件达到享受税收优惠政策的标准，让国家税收优惠政策落到实处，真正发挥其经济作用。

4.5 食品制造企业税收筹划成本效益分析及风险预见

税收筹划应遵循成本效益原则，不能盲目地降低税收成本。选择某一纳税较少的方案来减少应纳税额，虽然在短时间内有一定的成效，却忽视了筹划中产生的时间、货币和交易以及财务违规操作带来的行政处罚风险。税收筹划既要考虑选择此方案产生的直接成本，也要分析放弃其他方案产生的收益或选择此方案的机会成本。企业在进行税收筹划的同时，需要防范筹划的风险。

4.5.1 税收政策变化风险

赵海霞（2016）研究了税收筹划的程度与审计意见的关系，企业税收筹划行为越频繁，出具非标审计意见的可能性越大。随着经济形势的变化，国家的税收法规会不断变动。财政部、税务机关等根据具体经济情况，及时补充和修改现行的税收法规，不断废除旧的政策，实时推出新法规。例如，2017年7月1日增值税税率由17%、13%、11%、6%四档简并到17%、11%、6%三档之后，自2018年5月1日起又下调至16%、10%、6%三档，2019年又进一步调整到13%、9%、6%三档，将有利于继续推进增值税税率三档并两档。从这个角度上讲，政府的税收政策具有不定期或时效性相对较短的特点。这些规定的不断变化，可能造成因税率下调而企业未能跟上新税率导致多缴纳税款，也可能造成因税率上调企业未能适应而少缴纳税款，造成被税务机关罚款或上缴税收滞纳金。食品制造企业需要及时了解税收政策，做出相应的税收筹划，降低税收政策变化带来的风险。

4.5.2 税收筹划能力风险

由于税收筹划经常是在税收法律规定的边缘操作，稍有不慎就会违法，给企业造成难以挽回的损失。企业税收筹划方案的制定、选择和最终方案的实施，取决于筹划者的认知水平和能力水平，纳税筹划者的主观判断对纳税筹划的成功起着重要的作用。食品制造企业所聘用的财务团队，需要具备较高的专业素质，并对法律、税收、会计等政策法规有透彻的了解，以此来增加税收筹划的效益，降低税收筹划的风险。

4.5.3 税法差异风险

从客观的角度看，税收筹划风险产生的原因是企业与税务征收机关的博弈。部分企业利用现行税收立法的灰色地带进行事前筹划，但随着税收立法的不断完善，税务稽查不断加强，企业纳税筹划与税务征管在博弈之间产生了矛盾，并因此给企业带来税收风险。食品制造企业在"走出去之前"，应预先进行整体性税收筹划，避免双重征税，有效防范和控制税收风险，全面了解国内外有关税收的法律和差异，及时进行风险预测，准确处理涉税事项，合法合理进行控制管理，避免因筹划不当给企业带来风险和损失。

4.6　食品制造企业税收筹划风险应对机制构建

税收筹划的特殊目的导致其风险是客观存在的，但该风险是可以防范和控制的。面对风险，筹划者应积极有效地采取措施，通过构建一个动态的税务风险预警系统，定期对风险进行测算和评估，全面地识别潜在风险，及时采取措施来规避这些风险，做到事先防范风险，降低风险发生的可能性。

4.6.1　增强风险防范意识

目前，税务部门以金税四期平台为依托，实现与企业财务信息的对接。通过信息建设密切监控纳税人的各项财务指标变动，根据企业会计信息以及从其他政府部门传递来的信息，设置一定的风险判定指标及阈值，判断经营者的成本、收入、利润、资产是否存在异常，为之后的评估稽查工作提供良好的基础。食品制造企业在进行税收筹划的过程中，应事先了解税务机关监控的具体指标，并能在税收筹划时对相关的税务和评估的指标进行比较，如果没有超出相应指标范围，便不会产生较大的风险。反之，如果远超过指标的范围，企业需要重新制订新的税收筹划方案。企业经营者应当正视风险的客观存在，树立防患于未然的意识，事先控制并在企业的涉税事务中始终保持对筹划风险的警惕性，最大限度地减少风险的发生。

4.6.2　处理好税收筹划与避税的关系

从减少税负的角度看，税收筹划与避税有相同之处，但两者本质上是不同的。避税是企业通过生产、经营或财务会计的巧妙安排并且不违反税法的经济行为。而税收筹划的前提是不违反国家现行的税收法律，还须把握好税收政策的导向性。食品制造企业所聘用的财务团队或机构，要熟悉国家税收政策，并能够准确把握合法与不合法的边界，处理好税收筹划与避税两者的关系，防止企业陷入偷、逃、骗税的境地，减少恶意避税的嫌疑与降低企业涉税风险。

4.6.3　贯彻成本效益原则，实现互惠互利

税收筹划应遵循成本效益原则，不能盲目降低税收成本，选择某一纳税较少的方案，而忽视因该筹划方案的实施引发的其他费用的增加或收入的减少。食品制造企业在税务筹划中，既要考虑税收筹划的直接成本，也要考虑在比较选择中所放弃的方案可能带来的收益。只有实际收益大于机会成本时，该项税收筹划方案才是合理可行的。企业在筹划中，要灵活运用现行的税收政策，选择适当的税收筹划方案，确保得到当地税务机关的认可，企业战略经营可持续发展，带动当地的经济水平，实现企业与政府双赢。

4.6.4　营造良好的税企关系

由于地方税务征管的多样性，税收执法机关拥有较大的自由裁量权。能否得到当地税务机关的批准，也是税收筹划方案成功的一个重要环节。如果不能积极适应有关税务机关的管理特点，或者税收筹划方案无法得到当地主管税务部门的认可，就难以取得预期效果，会失去其估计的收益。食品制造企业在进行税收筹划之前，须充分了解当地税务征管的特点和优惠措施，处理好与税务机关的税收征纳关系，及时获取相关信息，营造良好的税企关系。

4.6.5 提升税收筹划人员的专业能力

税收筹划对专业人才的要求较高，这不仅意味着他们必须精通税收与管理会计的法律法规，还要求他们能够洞悉企业发展的脉络和政府税收政策的发展趋势，能够将这些知识与企业的实际运营状况相结合，以实现合理的税收筹划。因此，食品制造企业需要重视财务人员专业能力和职业素养的提升。为了适应税收政策的不断变动，纳税筹划人员需要更新完善自身的专业知识，以提高税收筹划的合理性与时效性。税收筹划是理财系统工程的一个高层次项目，涉及国际法律、税收、经济、财务、企业管理等多方面的知识，专业性强，涉猎范围广。在企业条件允许的情况下，建议食品制造企业聘请专业的财务团队或机构进行税收筹划，从而进一步降低企业税收筹划的风险。

4.7 结论

随着食品制造企业业务扩展到"一带一路"沿线国家，企业在走出去谋求生存和发展的同时，税收面临较大风险，税收筹划在企业发展中的重要作用日益凸显。食品制造企业在规避税收风险的同时，需要加强财务人员的专业能力和职业素养，提高税收筹划能力。在税收筹划过程中，始终贯彻成本效益原则，实现企业与政府双赢的目标。在顾全企业整体利益、注重税收筹划方案的综合性方面上，与税收执法部门营造良好的关系。企业要及时建立风险预警机制，处理好税收筹划与违法行为的关系，用长远的眼光来选择税收筹划方案。

参考文献

[1] 蔡晶霞，姜思宇.Y食品加工公司税收筹划研究[J].中国市场，2024（6）：187-190.

[2] 段烈珍.农业上市公司所得税纳税筹划有效吗？——基于因子分析法的实证研究[J].纳税，2020，14（21）：25-26.

[3] 黄丹.探析国有企业税收筹划的必要性及措施[J].今日财富，2024（10）：56-58.

[4] 刘继红，汪泓.关联财务公司与公司税收筹划[J].南开管理评论，2019，22（6）：114-126.

[5] 曲俊宇."一带一路"背景下企业涉税风险及应对策略[J].国际税收，2018（4）：76-79.

[6] 吴文中.管理层权力视角下高管薪酬与税收筹划相关性分析——基于2008-2014年沪深A股上市公司的经验证据[J].财会通讯，2016（27）：62-67.

[7] 吴治平，裴潇.基于"税收链"视角的专精特新企业税务筹划研究——以S股份有限公司为例[J].山东纺织经济，2024，41（2）：1-9.

[8] 肖土盛，孙瑞琦，岳张洋.企业税收筹划影响高管薪酬契约吗？[J].中央财经大学学报，2019（1）：67-79.

[9] 余贞珍.基于财务管理视角的医药企业税收筹划研究[J].财富生活，2023（14）：157-159.

[10] 中国政府网.国务院关于支持喀什霍尔果斯经济开发区建设的若干意见[EB/OL].（2011-10-08）[2024-07-11].https://www.gov.cn/zhengce/content/2011-10/08/content_5257.htm.

[11] 赵海霞.审计意见、审计质量与企业税收筹划行为[J].中山大学研究生学刊（人文社会科学版），2016，37（3）：112-121.

第5章 福建小微企业税负问题研究

小微企业健康发展，为我国经济发展带来"破茧成蝶"的效应。小微企业内部结构简单，合法纳税意识淡薄，其在发展过程中存在纳税成本高、企业税负重、税负不公平等现象。《小企业会计准则》的实施，为小微企业发展带来新的机遇和挑战。通过该准则的执行，帮助小微企业完善自身，规避税务风险，降低纳税成本，减轻企业税负，解决税负不公平的问题，以促进小微企业可持续健康发展与税收征管工作的顺利进行。

5.1 小微企业所得税税负问题分析

5.1.1 企业所得税征收方式

小微企业所得税征收方式有两种，即查账征收和核定征收。查账征收是指能够按照相关会计准则进行账务处理，并具备一定的财务核算能力，能正确计算和缴纳税费，财务资料保存完整的企业。在计算所得税时，根据"收入－成本＝利润"计算出企业利润总额，并在利润总额的基础上，通过自行查账形式，找出不符合税收规定的收入和费用，调整（调增、调减）应纳税所得额。应纳税所得额＝收入－成本－费用＋(－)纳税调整数。应纳所得税＝应纳税所得额×税率（25%）。核定征收是指企业能够正确计算收入，不能准确计算成本费用，或能够正确计算成本费用，无法准确确认收入。这类企业根据收入×应税所得率×税率（25%），计算应该缴纳的企业所得税税额。而应税所得率是国家根据不同行业的经营特点、盈利空间所设定的，根据福建省地方税务局2012年公布的数据，小型微利企业行业应税所得率见表5-1。

表5-1　2012年小型微利企业行业应税所得率

单位：万元

行　业	年应税收入额	年成本费用支出额	应税所得率
农、林、牧、渔业	1000	970	3%
制造业	600	570	5%
批发和零售贸易业	750	720	4%
交通运输业	429	399	7%
建筑业	375	345	8%
饮食业	375	345	8%
娱乐业	200	170	15%
其他行业	300	270	10%

资料来源：福建省地方税务局公布关于2012年小型微型企业行业应税所得率。据了解，目前福建省地税局使用上表中的数据界定企业应税所得率。

5.1.2　采用不同征收方式对企业纳税影响分析

若是同一家企业，按照不同的所得税征收方式，所缴纳的企业所得税税额不同。例如，某小微企业营业收入200万元，营业成本、营业税金、期间费用、利得或损失合计120万元（即企业利润率为40%），暂不考虑税收调整项目。按照"查账征收"方式，计算企业应纳所得税税额为：（200-120）×25%=20万元。若采用"核定征收"方式，计算企业应纳所得税税额为：200×15%×25%=7.5万元（假定应税所得率15%）。以上案例中，该企业营业利润率为40%，应税所得率为15%，营业利润率大于应税所得率。企业缴纳所得税税额差额为20-7.5=12.5万元。假定企业应税所得率为a（3%到15%），企业所得税税率25%（国家规定），营业收入为I，营业成本、营业税金、期间费用、利得或损失合计为E。则按照"查账征收"方式，计算应纳所得税税额为：(I-E)×25%；按照"核定征收"计算应纳税所得额为：I×a×25%。假定两种方式缴纳所得税额相等，则有等式：(I-E)×25%=I×a×25%→(I-E)=I×a→a=(I-E)/I，其中(I-E)/I为营业利润率。通过以上分析可知：若企业营业利润率=应税所得率，采用每种征收方式缴纳的所得税相等；若营业利润率＞核定应税率，采用"核定征收"方式缴纳企业所得税额少；若营业利润率＜核定应税率，采用"查账征收"方式缴纳企业所得税额少。

5.1.3 小微企业所得税税负调查分析

针对福州市仓山区65家小微企业，进行所得税税负的问卷调查与实地走访，包括服务型企业17家、商品流通企业22家、房地产代理公司3家、制造企业11家、建筑安装公司5家、农业养殖公司1家、个体商户6家。此次调查所涉及的服务型企业有贸易公司、传媒公司、旅行社、教育机构、金融服务、餐饮业、装饰公司、广告设计等。具体内容见表5-2。

表5-2 小微企业所得税征收方式统计

行业类型	抽样比例（%）	查账征收企业数量（家）	所占比例（%）	核定征收企业数量（家）	所占比例（%）	企业数量合计（家）
服务型企业	26.15	5	29.41	12	70.59	17
商品流通业	33.85	14	63.64	8	36.36	22
房地产代理	4.62			3	100	3
制造业	16.92	8	72.73	3	27.27	11
建筑安装业	7.69			5	100	5
农业养殖业	1.54			1	100	1
个体商户	9.23			6	100	6
合计	100	27		38		65

研究结果显示：27家企业采用"查账征收"，其中，制造企业比例最高（占比72.73%），其次是商品流通企业（占比63.64%）。通过实地走访了解到，采用查账征收的企业，具有一定规模，具备合法纳税的意识，拥有专职财务人员，具备账务处理的能力。采用查账征收的企业，具有开具增值税专用发票的资格，以及进项税额抵扣的资格，能减轻企业税负的同时，还可以提升企业市场竞争能力。采用"查账征收"的服务型企业占比29.41%，其中，技术型服务企业占比100%。据了解，该类企业财务资料保存比较完整，账簿清晰，纳税信用良好，能够享受税收优惠政策，在一定程度上减轻了企业税负。

采用"核定征收"方式，房地产代理、农业养殖业、建筑安装业、个体商户均占比100%，服务型企业占比70.59%。通过实地走访了解到，采用"核定征收"方式的企业，能够合理开具票据、准确确认收入（不排除体外循环收入）、正常纳税申报，但无法准确确认成本费用的金额，或无法获得合理合规的费用票据。根据行业特点，这些企业的利润率均高于15%，综合考虑应税所得率3%—15%（见表5-1），即利润率高于应税所得率，企业采用"核定率"征收企业所得税，可以增加企业的第三方资金收入。

如表5-3所示，所调查企业利润率均大于企业所得税核定征收率，因此采用核定征收，缴纳所得税额少。但采用"核定征收"的企业若不按规定建账，次年税务机关将根据企业实际情况，调高企业应税所得率。因此，只有按照规定建账，才能真正帮助企业减税。

表5-3 企业利润率与核定征收率统计

企业类型	企业利润率	核定征收率
服务型企业	26.25%	8%—15%
商品流通业	31.55%	4%
房地产业	44.62%	8%—12%
制造业	22.58%	5%
建筑安装业	17.26%	8%
农业养殖业	29.34%	3%
个体商户	21.68%	3%

资料来源：根据调研数据整理所得。

5.2 小微企业增值税税负问题分析

5.2.1 小微企业增值税纳税人

小微企业增值税纳税人有两种，即一般纳税人和小规模纳税人。认定标准见表5-4。

表5-4 一般纳税人与小规模纳税人认定标准

标　准	小规模纳税人	一般纳税人
年应税销售额	年应税销售额≤500万元	年应税销售额＞500万元
会计核算是否健全	否	是

资料来源：2024年注册会计师（税法）教材。[①]

5.2.2 采用不同征收方式对企业税收影响分析

小微企业增值税采用不同的征收方式，所缴纳的税收不同。例如，某家服务型小微企业营业收入500万元（福州市服务型小微企业，连续12个月累计营业收入达到500万元，税务系统自动将企业由小规模纳税人转为一般纳税人，由税务部门通知企业执行），营业成本300万元，可以抵减部分为200万元。按照一般纳税人核算，增值税税率为6%，应该缴纳的增值税为：(500-200)×6%=18万元。按照小规模纳税人核算，增值税税率为3%，应该缴纳的增值税为：500/(1+3%)×3%=14.56万元。若收入为I、可以抵减的成本为D，假定每种征收方式缴纳的增值税相同，则有：(I-D)×6%=I×3%，

[①] 中国注册会计师协会：《2024年注册会计师全国统一考试教材 税法》，北京：中国财政经济出版社，2014，第46-48页。

I=2D。当企业抵减成本占收入的50%时，每种征收方式缴纳的增值税相同；当企业抵减成本低于收入的50%时，小规模纳税人缴纳的增值税比较少；若企业抵减成本高于收入的50%时，一般纳税人缴纳的增值税比较少。服务型小微企业在经营过程中，不易取得可以抵扣的增值税发票，比如，小型餐饮业、设计公司主要是人力成本和物料成本，而确认这些成本，最大的障碍是取得相应的增值税发票（可以抵减）。

调查结果显示，服务型小微企业，基本没有企业"抵减成本"高于"收入"50%的情况。但这些企业的"实际成本"，均高于"收入"的50%。因此，企业需要完善财务核算体系，在实际成本范围内，合理取得可以抵减的增值税发票，降低企业税负，提高企业竞争力，促进企业健康发展。

5.2.3 小微企业增值税税负问题实证分析

研究表明，所得税采用"查账征收"的企业，基本都是增值税一般纳税人，进项税额可以抵扣，还能享受小微企业税收优惠政策，综合考虑减少了企业税收。所得税采用"核定征收"的企业，基本都是小规模纳税人，利润率均高于15%（核定税率低于15%），即使企业所得税纳税比较少，但增值税的进项税额不能抵扣，综合考虑税负并未降低。因此，企业增加收入的同时，还要完善财务处理，提高财务信息质量，争取获得"一般纳税人"资格，减少企业税收的同时，提升企业市场竞争力。

5.3 执行《小企业会计准则》，减轻企业税收负担

小微企业作为活跃市场经济的重要因素，在中国经济发展过程中发挥了重要作用。2011年10月，财政部颁布了《小企业会计准则》，该准则简化财务核算要求，协调会计与税法的发展，降低纳税成本，提高企业财务信息质量，促进税负公平。在完善企业自身的同时，促进小微企业可持续健康发展，

发挥其在经济发展中的作用。该准则于 2013 年 1 月正式开始执行，全国范围停止执行之前的《小企业会计制度》。

5.3.1 简化纳税流程，降低纳税成本

为了规避会计工作缺失独立性和可比性，小微企业应该做好会计与税法二者的协调。《小企业会计准则》出台之前，所得税采用"查账征收"的小微企业，需要进行纳税调整工作。由于小微企业财务人员综合能力偏低，这项工作不仅给企业增加不必要的纳税成本，还给企业正常的会计核算和税收征管工作带来不必要的麻烦。《小企业会计准则》与税法保持高度统一，减少了会计职业判断内容，降低了会计工作量纳税调整方面的会计处理难度，减少不必要的纳税成本。在企业税收方面，由税务部门对小微企业所得税征收方式以及所得税核定率进行批复。税务部门为了做出正确批复，避免企业多缴税或重复缴税，要求减少会计核算与税法的差异，保证企业财务信息的真实完整。而《小企业会计准则》在内容上，能够基本保持会计核算与税法的协调性，减少了职业判断，满足了会计信息使用者对财务信息的需求。《小企业会计准则》简化了纳税流程，避免了账目调整，节省了人力物力，从而降低了企业纳税成本。此外，还能帮助小微企业按照税务部门的规定，及时进行纳税申报，降低税收策划的难度，减少提前或延后纳税给企业带来的税收负担。小微企业如果能够掌握会计核算与税法的关联，还能在一定程度上进行纳税风险控制。

5.3.2 提高财务信息质量，减少涉税风险

新出台的《小企业会计准则》，既保持了会计核算与税法的协调性，又未违背会计确认条件和会计核算原则。《小企业会计准则》减少了会计人员的职业判断，使其在处理日常会计业务时效率更高，保证了会计信息的质量。《小企业会计准则》简化了会计核算的内容和流程，降低了职业判断的风险。例如，《企业会计准则》规定：企业可以根据历史成本、重置成本、可变现净

值、公允价值、现值等会计计量属性，并根据企业经济业务的实际情况，选择适用的计量属性。而《小企业会计准则》规定：只能采用历史成本原则确认会计要素，不考虑资产计提减值准备；长期债券投资不再要求按照公允价值计量；收入的确认不需要遵循实质重于形式原则，按照企业发出商品或提供劳务，以及取得相应货款或得到收款凭证作为确认收入的条件。关于收入金额的确定，则按照合同或协议约定的公允价值确定。因此，在风险与所得转移的界定方面，减少了会计人员的职业判断内容，降低了小微企业财务核算的难度，提高了小微企业财务信息质量，减少了"偷税漏税"的风险，降低了小微企业的融资成本。

5.3.3 降低制度适应难度，促进税负公平

《小企业会计准则》简化会计核算要求，有助于提高财务信息真实性，降低税收风险，实现税负公平。小微企业内部控制制度形同虚设，股东权力凌驾于制度之上，内部管理缺乏规范性，给会计工作带来一定影响。小微企业的可持续发展，需要健全的财务管理与核算制度。《小企业会计准则》的颁布，引导小微企业规范财务核算流程，增强税收风险防范意识。

根据《企业所得税汇算清缴管理办法》，被要求查账征收的企业，企业所得税按年计算，分期预付，年终汇算清缴。据了解，目前部分小微企业选择按季度"零申报"，年终汇算清缴。为了降低税费成本和涉税风险，纳税人应当按照税法的规定，纠正企业会计收入与成本、费用、损失和税收调整，如实申报应纳税所得额。

为了帮扶小微企业健康发展，税务部门规定：具备账务核算能力、能够准确计算应纳税所得额的小型和微型企业，按照20%的税率征收企业所得税。若不能够依法建账、合法纳税，则不能享受税收优惠税率。小微企业选择执行《小企业会计准则》，可以降低会计处理的难度，提高会计信息质量，以达到享受优惠政策的标准，降低企业税负，实现税负公平。

5.4 执行《小企业会计准则》，促进国家税收征管顺利进行

5.4.1 促进小企业建账，降低征管难度

为了满足小企业不断发展的趋势，在选择《小企业会计准则》和《企业会计准则》时，要弄清楚两者的适应范围并做好衔接工作，进一步发挥《小企业会计准则》在小企业发展中的政策效应。在衔接过程中，对于《小企业会计准则》中没有规定的部分，如果出现这些内容，可以参照《企业会计准则》的规定进行账务处理。

《小企业会计准则》的会计报告体系也相对简化，与税法更加协调，对会计职业判断和纳税调整的要求相对较低，可操作性强，也使审计、银行、税务部门的监管更加便利。小微企业规范账务处理的同时，也为满足符合"查账征收"创造了条件，继而为税务部门税收征管工作的顺利进行创造了条件。

按照国家规定建立健全的财务会计制度，做好会计核算并编制财务报告，尤其在原会计制度不健全的情况下，部分小微企业在所得税征收方面采用"核定征收"。当企业会计核算基础符合企业所得税"查账征收"条件时，可申请变更为"查账征收"方式。小微企业采用"查账征收"之后，税务部门可以扩充查账征收的范围，实现小微企业税负公平，进一步规范企业所得税的纳税管理。

5.4.2 有利于加强税收风险管理

我国税务部门进行税收征管工作的重点是加强实施税收风险管理。税收风险管理是通过技术手段，识别和区分税收风险，将税收风险归类到不同等级，再给予相应的提示信息，最后进行风险的防范和应对管理，并形成一套管理体系。该体系把纳税人作为实施对象，用纳税人的税收信息作为实施基础，从而提高纳税人对征税管理的服从度。通过科学系统、规范的税务风险的区分和识别，及时进行风险提示，继而进一步加强税务风险管理，对纳税人隐瞒的经营收入及时进行税务风险评估，对可能因此造成的损失进行有效的风险控制，提高税收征管工作的时效性和针对性。

风险管理是指通过数学模型分析特定指标，从而对企业的合法性进行预测和评估。如果企业的指标与正常指标体系偏离，说明企业存在不合理的纳税行为，存在一定的税务风险，并以此要求对纳税人进行纳税评估，以及针对企业反避税线索行为的信息来源进行检查和审计。

但这些指标分析的基础，都建立在企业会计信息资料真实性、可靠性的基础上。由于部分小微企业的企业所得税采用"核定征收"方式，企业所提供的财务信息不能全面反映生产经营状况及经营成果，税务部门无法以此作为依据，进行税务风险评估和管理。若小微企业能够执行《小企业会计准则》，并按照规定建立账簿、完善财务核算制度、保证财务资料的完整性，以满足"查账征收"的条件。小微企业若能够提供真实有效的财务信息，也有利于税务部门进行税务风险指标的分析和评价，并及时发现企业可能存在不合规定的纳税现象，促进税务部门税收征管工作的顺利进行。

5.4.3 有利于落实优惠政策

小微企业为社会经济的发展作出了重要贡献。近几年，经济的波动异常，小微企业受到不同程度的冲击，生存堪忧。国家相继出台了若干措施，扶持小微企业的持续发展，例如，给予小微企业增值税和企业所得税的优惠政策。

但税法规定，只有依法建账、合法纳税的企业，才能享受国家针对小型微利企业因业务需求，所给予的税收优惠政策和其他优惠政策。

小微企业若要享受国家给予的税收优惠政策，必须具备财务核算的能力，拥有完整的账务资料，能够准确计算税金，并按时申报纳税。通过《小企业会计准则》的执行，能够促进小微企业建账，完善财务核算流程，依法纳税，从而让小微企业能够享受到税收优惠。

另外，小微企业有了税收优惠的支持，能够拥有资金进行再投资，这样也能刺激企业做好税收策划工作，促进企业健康持续发展。

5.5 结论

继"营改增"之后，小微企业税收优惠的内容主要集中在"增值税"和"企业所得税"。以企业所得税、增值税为分析对象，阐述不同征收方式下，企业缴纳的税费不同，并通过数据实证分析，得出结论：企业拥有完善的财务核算体系、清晰的账目、完整的财务资料，能够让小微企业享受税收优惠政策，减少税费，降低税负。而《小企业会计准则》的执行，简化了企业财务核算，促进了小微企业理清账目，依法纳税，并享受税收优惠政策，同时促进了税务部门税收征管工作的顺利进行。

因为调研数据受区域范围和数量的限制，研究结论只能在一定程度上说明问题，希望今后能够在此基础上，扩大研究范围，进一步深入研究。

参考文献

［1］邓亦文.小企业会计准则实施中遇到的问题与对策探究［J］.吉林广播电视大学学报，2017（11）：1-3.

［2］纪伟.小企业会计准则下所得税财税差异［J］.现代经济信息，2019

（19）：258.

［3］李晓红，李贵芬，李国营.企业会计准则与小企业会计准则关于资产核算的差异比较［J］.石家庄铁路职业技术学院学报，2022，21（1）：63-67.

［4］雒庆华.《小企业会计准则》实施问题研究［J］.现代经济信息，2017（21）：179.

［5］吴云秋.实施《小企业会计准则》推进小微企业健康持续发展［J］.产业与科技论坛，2019，18（22）：225-226.

［6］尤敏.小企业会计准则实施中的问题与对策［J］.合作经济与科技，2018（7）：114-115.

第6章　厦门市民营企业内部控制问题及对策研究

　　随着经济的快速发展，国际国内市场竞争日益复杂，我国民营企业在追求利益最大化的同时，内部控制问题日益凸显。厦门市作为经济发展较好的城市，以此作为研究区域，具有较强的针对性。本章通过对厦门地区部分民营企业开展问卷调查，旨在了解民营企业发展过程中，面临的内部控制问题及影响因素，以探寻解决方案，促进企业高质量发展。

　　研究结果表明，民营企业的内部控制并不理想，主要面临的问题包括：管理者内部控制意识不够、内部控制制度不够完善、内部控制的模式落后、缺少规避风险的能力。结合民营企业内部组织的特点，拟提出建议：完善法人的治理结构，提高管理层的风险意识；采用共享服务模式，完善内部控制制度；启用数字化财务，优化内部控制模式，完善评估体系，提高风险规避能力。

6.1 企业内部控制的相关概述

6.1.1 内部控制定义

为了提高企业经营活动效率，实现战略发展目标，企业高层领导部门（董事会、监事会、经理层）在遵循法律法规的前提下，利用组织结构、职位分工等形式，进行相互制约、相互关联，以确保信息资料的安全和财产的完整。在此过程中，形成一套系统而严谨的程序、措施、方法，对现有岗位职能进行责任界定，并进行流程规范化、处理系统化的设定。上述高层的管理行为，即称为内部控制。

为了顺利实现战略发展目标，企业利用内部控制带来的公平性和安全感，激发员工的积极性，提升企业的运营效果与效率，规范会计行为，以便保证财务报表的可靠性，保证资产的完整与安全，保证行为符合相关的法律法规，防止相关流程中出现错误和舞弊现象。

6.1.2 内部控制的具体内容

1. 内部控制环境。在企业实施内部控制的过程中，控制环境成为必要条件和基础。控制环境主要包括组织机构设置、管理权力配置、人力资源制度、企业治理结构和企业文化等。

2. 内部控制风险评估。企业在经营活动中，对相关风险进行精准识别、系统评估和诊断，并结合企业实际情况，采取合理应对风险的措施，以实现企业内部控制目标。

3. 内部控制活动。内部控制活动是指，企业进行内部控制风险评估后，采取一系列适当的控制措施，以将风险控制在最低水平。

4. 内部控制信息与沟通。内部控制信息与沟通是指，企业与内部或外部环境之间有效沟通，确保沟通信息能够准确被收集、及时被传递。

5. 内部控制监督。内部控制监督是指，企业对内部控制制度的执行过程或实施效果，进行监督、检查、评估的过程。评价内部控制是否有效，发现内部控制存在的不足之处，应立即予以改善。

6.1.3 内部控制的作用

1. 提高会计信息质量。企业进行内部控制，能够规范企业会计信息的收集、计量、记录和报告的过程，真实地反映企业的财务状况和经营成果，及时发现企业操作失误或存在舞弊的现象，并采取纠正措施，确保会计信息的真实性、准确性、完整性、可靠性，以此提高企业会计信息的质量。

2. 保证企业经营管理的合规性。良好的内部控制，可以保证企业的经营活动等行为符合国家相关法律法规的要求，保障资产的安全与完整，同时保证财务信息的真实性、完整性、准确性，增强企业的信心。

3. 提高企业的效率和效益。内部控制可以帮助企业规范业务流程，促进资源的合理分配和使用，改善工作效率，降低经营风险，提高企业的经济效益和社会效益，提升企业的市场竞争力，让企业得到更好的发展。

6.2 厦门市民营企业内部控制现状的调查

6.2.1 调研基础

厦门民营企业保持良好的经济增长态势，经济增加值达到3417.8亿元，税收收入占比超过40%，外贸进出口总额占比约为40%。2021年，厦门市公布的民营企业数量达到74.4万户，占比为97.56%，其中，民营企业在境外上市的数量达到 81 家,占比超过 80%(全市上市企业总数)。民营经济成为厦门增进民生福祉的重要助力,全市民营企业新吸纳就业人数 91.67 万人,占全市新增办理就业登记在职人数的 83.26%。[①]

2022 年,厦门公布的数据显示,国内生产总值(GDP)为 7802.66 亿元,年增长率为 4.4%。其中,第一产业增加值 29.27 亿元,年增长率为 1.4%;第二产业增加值 3233.56 亿元,年增长率为 3.8%;第三产业增加值 4539.83 亿元,年增长率为 4.7%,产业结构比例为 0.4∶41.4∶58.2。全市万元地区生产总值耗电 430.35 千瓦时,比上年减少 36.03 千瓦时;万元地区生产总值耗水 6.08 吨,减少 0.60 吨。[②] 以上是 2022 年厦门市统计的综合数据,增长与减少关系应引起管理者的重视。

6.2.2 企业问卷调查基本情况

为了进一步了解企业实施内部控制的现状,并探寻企业在内部控制执行方面存在的问题,本研究对民营企业进行问卷调查。调查选择城市:厦门市。调查对象:企业财务会计人员。调查单位的性质:有限责任公司。调查所涉及的行业:商品流通业、餐饮旅游服务业、食品加工企业、交通运输企业、电子技术产业。调查方法:问卷调查法。

本次问卷所调查的 30 家企业中,餐饮旅游服务业 8 家、商品流通业 6 家、生产制造企业 6 家、交通运输企业 4 家,四类行业合计 24 家,其成立年限均在 3 年以上,占据调查企业数量的 80%。具体内容见表 6-1。

---

① 李晓平:《厦门民营经济撑起"半壁江山"》,https://new.qq.com/rain/a/20221102A033XS00#,访问日期:2024 年 6 月 4 日。

② 厦门市统计局:《厦门市 2022 年国民经济和社会发展统计公报》,https://tjj.xm.gov.cn/zfxxgk/zfxxgkml/tjsjzl/ndgb/202303/t20230321_2726562.htm,访问日期:2024 年 6 月 4 日。

表6-1 企业调查基本信息数据

序号	行业	数量（家）	成立年限
1	商品流通业	6	3—5年
2	餐饮旅游服务业	8	5—10年
3	交通运输企业	4	3—5年
4	生产制造企业	6	5—10年
5	电子技术产业	3	0—2年
6	其他	3	3—5年
	合计	30	

调查数据显示，有28名财务人员获得了会计从业资格证书及以上职称，占全部企业财务会计人员的93.33%，由此可见，大部分民营企业对财务人员的从业要求比较合理。取得会计从业资格证的比例为60.71%，具有初/中级会计职称的财务人员的比例为35.72%，高级会计职称人员仅占3.57%。

调查数据显示，本科及以上学历的共有15人，占比为53.57%。由以上数据分析，得出结论：民营企业财务人员的学历结构和职称等级偏低。企业需要加强财务人员的专业培训，提升财务管理水平和能力，为未来可持续发展打下坚实的基础。具体内容见表6-2。

表6-2 企业财务人员职称及学历程度调查统计

序号	财务职称	人数	职称人数比例	最高学历	人数
1	会计从业资格证	17	60.71%	本科及以上	9
2	初级会计职称	8	28.57%		4
3	中级会计职称	2	7.15%		1
4	高级会计职称	1	3.57%		1
5	注册会计师	0	0.00%		0
	合计	28	100%		15

6.3 存在的问题及因素分析

6.3.1 内部控制意识较为薄弱

民营企业具有家族企业的特色,在激烈的市场竞争中,利益相关者的主要精力集中于追求利益最大化,而忽略了财务管理的重要性。

调查结果显示,关于"结算印鉴是否分开保管"方面,有16家企业选择"是",占调查企业总数量的53.33%,46.67%的企业未选择分开保管,说明民营企业管理层财务管理意识薄弱。关于"是否存在出纳兼任会计档案保管、账目登记与审核工作的现象"方面,有14家企业选择"是",占调查企业总数量的46.67%,说明民营企业管理层设置财务岗位时,内部控制意识较为薄弱,未考虑岗位职责不相容的内容。具体内容如图6-1所示。

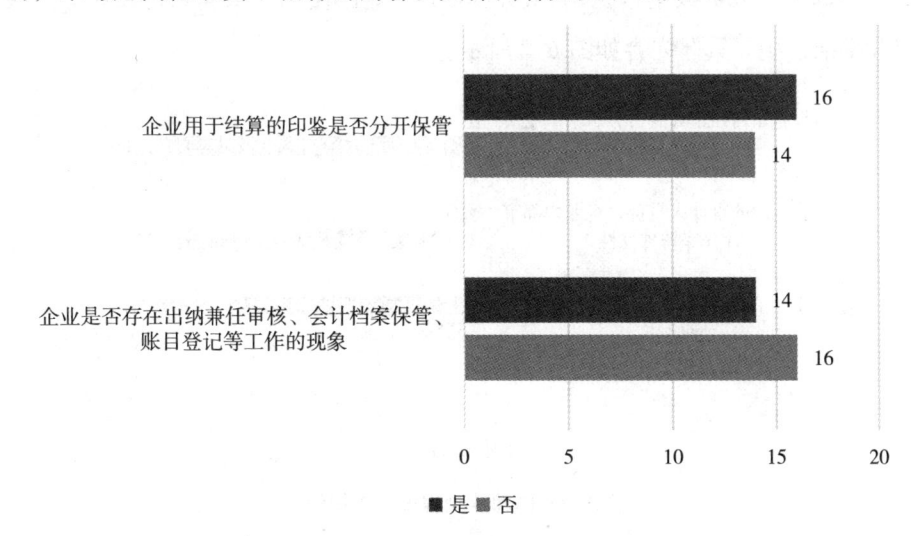

图6-1 财务模式调查统计

民营企业管理层，需要加强内部控制意识，营造良好的内部运营环境，促进企业可持续发展。

6.3.2 内部控制制度不完善

企业缺乏完善的内部控制制度，会使企业在管理决策中出现失误，在一定程度上会影响企业的盈利能力。民营企业管理层内部控制意识不够，导致部分民营企业未建立完善的内部控制制度，未设立内部审计部门，未聘请审计机构诊断企业内部控制体系。企业管理层对内部控制的重视度不够，会降低企业管理流程、业务流程的合规性，增加企业经营风险、财务风险，影响企业可持续发展。

研究结果显示，关于"是否有专门的审计人员负责企业内部审计并保持独立性"方面，仅有3家企业选择"是"，占调查企业总数量的10%。关于"是否设置了内控审计委员会、薪酬委员会等机构"方面，仅有1家企业选择"是"，占被调查总数量的3.33%。关于"建立采购与付款业务审批制度"方面，有22家企业选择"是"，占调查企业总数量的73.33%。90%以上的企业缺乏内部审计人员或内审机构，73.33%的企业已使用"采购和付款业务"授权和批准系统。具体内容如图6-2所示。

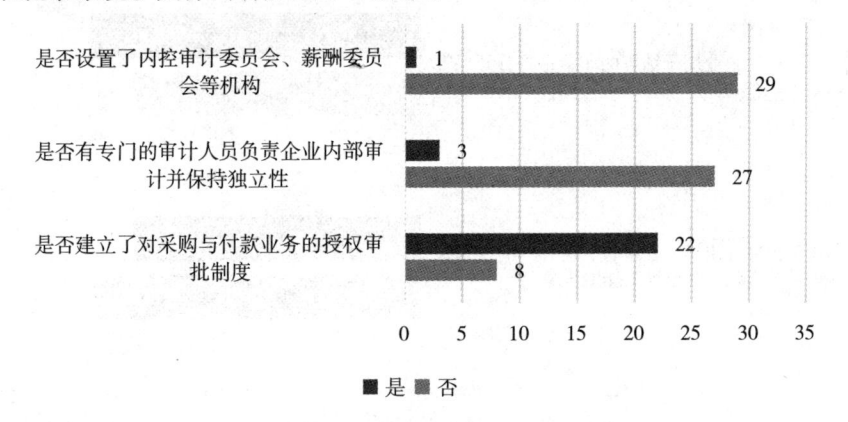

图6-2 内部控制程度调查统计

研究结果表明，大部分企业忽视了内部控制审计对于公司发展的重要性，但是对于采购付款等业务，大部分企业需要上层领导审批，才能够进行相关业务操作。民营企业管理层需要加强内部控制意识，进一步完善内部控制制度，以优化管理和运营流程，降低经营与财务风险。

6.3.3　内部控制的模式落后

民营企业的财务管理基础普遍较弱，财务管理模式较为落后。许多企业未设立财务部门，未聘用专职财务人员，直接将财务管理工作交给财税服务机构（或第三方）来操作。部分民营企业由部门主管或企业高级管理人员兼任财务相关工作。民营企业聘用专职财务会计人员的比例并不高，据了解，约50%的企业不会聘用专职的会计，而是选择聘用兼职会计，也有少部分企业选择代理记账公司。

民营企业管理层对内部控制的重视程度，直接影响企业未来的发展。

以上陈述的财务人员岗位工作设置或聘用方式，说明部分民营企业内部控制的模式已经滞后，不能充分发挥财务管理的职能和作用，抑制企业的可持续发展。

6.3.4　缺少规避风险的能力

民营企业管理层对内部控制不够重视，普通员工缺乏内部控制相关的专业知识，企业缺乏专业合作团队，不能及时有效地建立内部控制风险识别和评估体系。企业不具备识别风险的能力，导致企业不能及时规避管理和运营风险，影响企业可持续发展。

调查结果显示，关于"是否建立风险评估体系"方面，仅有两家企业选择"是"，占调查企业总数量的6.67%。关于"是否设置了专门岗位评估经营风险（来自外部的）"的问题，仅有1家企业选择"是"，占调查企业总数量的3.33%。关于"签订合同时，是否需要领导审批，以及重要条款是否经过法律顾问审核"方面，仅有3家企业选择"是"，占调查企业总数量的10%。具体内容如图6-3所示。

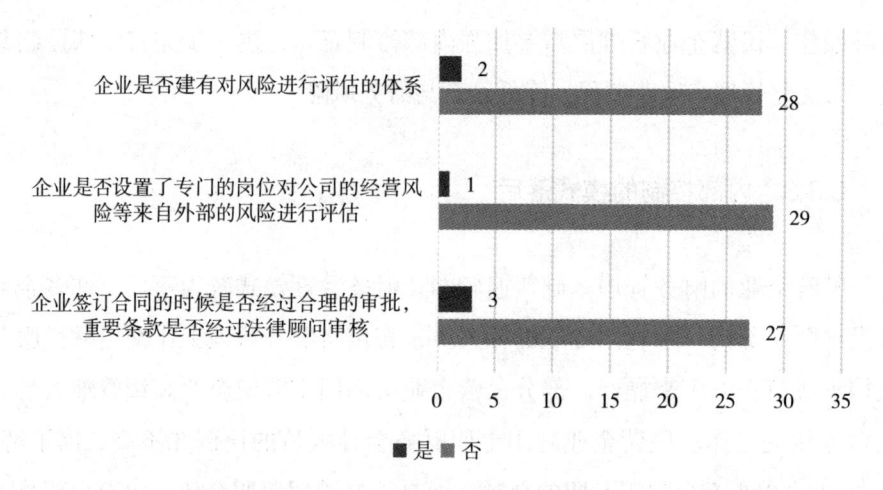

企业是否建有对风险进行评估的体系	2 / 28
企业是否设置了专门的岗位对公司的经营风险等来自外部的风险进行评估	1 / 29
企业签订合同的时候是否经过合理的审批,重要条款是否经过法律顾问审核	3 / 27

■是 ■否

图6-3 预见/规避风险调查统计

调查结果显示，90%以上的民营企业缺少预见和规避风险的能力。民营企业需要提高自身防范风险的能力，才能在市场角逐中规避失误，从而获得收益，以提高竞争能力和盈利能力。

6.4 完善民营企业内部控制的对策

6.4.1 完善法人治理结构，提高管理层风险意识

治理结构，即企业的内部框架，是依附在各种经济关系的法律实体基础。可以使公司成为法人的主体，让公司在具体履行相应义务的框架下，保护各项基本利益。公司治理结构的制定应以国家有关法律法规为依据，独立于决策机关、执行机构和监督机构。明确的职权划分，让管理者责任清晰。民营企业应该健全公司治理结构，形成监督机制，在经营权与所有权分离的情况下，加强对重点业务、人员和环节等的管控，防止大股东一人独大局面的出现。

建议：(1)民营企业的内部利益相关者，设立小型董事会，由股东和核心

管理人员组成，明确岗位职责与责任，并将相关内容列入董事会议纪要。通过责任界定、岗位制衡，增强管理层的风险意识，提高管理层的领导决策能力和风险识别能力。（2）民营企业管理层牵头，安排核心管理人员，定期参加内部控制业务培训，提高风险识别能力。

6.4.2 采用共享模式，完善内部控制制度

民营企业建立有效的内部控制制度极为重要，因为完善的内部控制制度能够规避企业各种内部矛盾和问题，提升企业核心竞争能力，促进企业健康发展。完善企业内部控制体系，符合企业长远经济发展目标。

建议:（1）经济基础比较厚实的民营企业，采用财务共享模式，打破传统的财务管理模式，实现管理与运营流程再造，完善内部控制制度，提高财务管理效率。（2）经济基础比较薄弱的民营企业，采用财务部分共享模式，例如：采购共享模式、销售共享模式、费用共享模式等。结合企业经济情况，逐步实现共享模式，优化企业业务流程，提高管理与运营效率，促进企业健康发展。

6.4.3 启用数字财务，优化内部控制模式

数字系统是处理信息流的人机集成系统，针对企业做出合理的规范和控制行为，帮助企业提高管理效率。企业使用数字系统，可以优化数据整合效率，减少重复工作。数据的集中处理，还能优化信息，辅助管理层决策。民营企业要积极建设科学规范的信息交互系统，以此确保内部控制各项工作顺利开展。数字技术已经渗透到企业管理与经营的各个方面，内部控制作为企业行为合规、资产安全、财务规范的保障措施，也会面临数字化转型带来的挑战。

建议：民营企业启用数字财务，实现企业内部控制的全面性和系统性，以此构建完善的内部控制体系，降低和控制企业经营风险，及时发现舞弊事项，纠正不正作风。

6.4.4 完善评估体系，提高风险规避能力

风险管理文化是企业文化的重要组成部分，企业应形成以提高质量为核心的风险管理文化氛围，将风险管理作为一个动态的过程融入公司的经营。综合风险是公司制定和实现未来发展战略目标所带来的各种不确定性的结果。为了有效管理内部风险，公司必须积极有效地管理所有不确定因素，以使其保持在可接受的范围内。公司高级管理层应加强企业的内部风险控制，防范企业可能遇到的整体风险。企业在经营过程中，将重点放在总体目标以及经营目标上，并据此划分企业的风险，将风险细化，确保公司决策层能合理地确定自身的风险管控指标，防范风险，优化公司资源。通过沟通协商，建立起风险评估的自测标准，形成良好的企业风险管理体系来管理公司的整体风险。

建议：民营企业借助数字技术，实施内控风险评估智能化，系统识别高风险领域的业务内容和流程，以此明确内部控制和监督的重点范围。例如，通过建立"风险矩阵"，对以往内部控制的设计和运行数据进行审查和分析，基于历史经验和数据，搭建内部控制风险库，为内部控制风险评估提供依据，以此完善内部控制评估体系，提高风险规避能力。

6.5 结论

民营企业高质量发展是国家经济增长不可或缺的因素，在提高公司竞争力方面起到了关键作用。民营企业有着自身的优势，在市场竞争中，敢于拼搏，但在内部控制方面，由于管理层风险意识较为薄弱，不重视内部控制制度建设，导致运营和财务风险增加，阻碍企业可持续发展。民营企业拥有家族企业的特点，管理权力过于集中，若管理层综合素质不高，缺乏主观能动性，不能识别和规避风险，会将企业带入困难的境地。民营企业需要加强风

险管控意识，组织专业的培训，加强财务管理人员的综合素质，完善财务管理制度，加强数字系统建设，促进企业健康可持续发展。

随着民营企业不断提高竞争力，增强内部控制，优化内部管理框架，加强人员队伍的建设，坚持发展核心竞争力，排除干扰环境的因素，以应对市场风险，实现持续发展。

总之，民营企业必须重视内部控制问题。需要加强内部业务流程的审计和监督，使之标准化、制度化，切实推进企业控制目标的实现。企业还需要建立财务共享系统，启用数字内控体系，真正实现内部控制的现代化管理。

由于调查范围存在一定局限性，研究结论并不能完全代表厦门市民营企业的内部控制现状。在未来，还需要继续深入研究，扩大研究范围，获得更加全面的数据支撑，为完善民营企业内部控制贡献力量，促进福建民营企业高质量发展。

参考文献

［1］陈美莲.民营上市公司内部控制存在的问题及对策研究［J］.中国乡镇企业会计，2019（12）：203-204.

［2］刘宝颖.民营企业内部控制的缺陷及完善措施［J］.活力，2024，42（7）：81-83.

［3］吕艳.民营上市公司内部控制存在的问题及对策［J］.当代会计，2018（4）：51-52.

［4］孙艳芬.民营集团公司内部控制问题及对策［J］.中国乡镇企业会计，2019（4）：211-213.

［5］孙宗国.民营企业内部会计控制的问题及对策——基于A公司的案例研究［D］.上海：华东理工大学，2016.

［6］谢咏梅.中国中小制造企业内部控制存在的问题与对策研究［D］.上海：华东师范大学，2016.

［7］徐婷.我国上市公司内部控制存在的问题及对策［J］.中国集体经

济，2018（30）：14-15.

[8] 张秋实. 民营上市公司内部控制存在的问题及对策探究 [J]. 全国流通经济，2020（13）：61-62.

[9] 朱晓瑛. 上市公司内部控制合规实践 [J]. 经济研究导刊，2020（19）：63-64.

03

民营企业转型升级篇

第7章 经济新常态下福州小微企业健康发展路径研究

经济新常态下，小微企业面临新的机遇和挑战。小微企业在发展过程中显得既活跃又脆弱，存在诸多问题。例如：企业竞争力不足、产业结构层次低端、融资贵、运营成本高、税收费用偏重等。本章针对小微企业在发展过程中面临的难题，探寻其影响因素，结合实际情况给出一些建议，积极有效地推动小微企业转型升级，促进可持续健康发展。

7.1 经济新常态下福州小微企业发展现状

我国小微企业无论是从数量上，还是从经济贡献上，都有新的发展和突破。截至2022年末，中国中小微企业数量已超过5200万户，占全国企业总数的99.8%[1]，福建省累计有1.67万户守信小微企业通过"银税互动"获得银行信用贷款支持[2]。若将私营纳入统计范围，则小微企业比例达到97%。小微企业有着特殊的人事结构，据了解，福州市小微企业内部管理人员，80%以

---

[1] 徐佩玉：《我国中小微企业已超5200万户》，https://www.gov.cn/lianbo/bumen/202306/content_6887257.htm，访问日期：2024年6月4日。

[2] 王永珍：《"银税互动"，福建省守信小微企业获贷340亿》，https://www.gov.cn/xinwen/2019-05/22/content_5393665.htm，访问日期：2024年6月4日。

上是企业所有者的亲戚或朋友，而财务管理人员、出纳，90%以上是企业所有者的亲戚。[①]这样的人事结构导致企业内部控制制度失效，也揭示出我国小微企业管理的薄弱之处。

小微企业在发展过程中，已对我国经济发展、社会稳定作出了一定的贡献。工信部发布的数据显示，全国50%的税收由小微企业提供，同时，还贡献了60%的GDP、70%的发明专利和80%的就业机会。[②]财政部和国家税务总局联合发布的《财政部 税务总局关于进一步支持小微企业和个体工商户发展有关税费政策的公告》（2023）中对小型微利企业的标准做了界定，提出了相应的优惠政策。国家对小微企业的税收、技术开发、公共服务给予了政策支持与扶持。经济新常态下，小微企业拥有转型升级的发展机遇，同时面临着"融资难""高成本""人才流失"等困境，帮助小微企业扫清发展过程中的障碍，促进可持续发展，已成为当地政府亟待解决的问题。

7.2 福州小微企业发展面临的问题及因素分析

7.2.1 小微企业内部结构不完善

1. 管理者综合素质不高

企业的重要决策与管理者的综合能力、文化背景和个人偏好有关。小微企业有着特殊的人事结构，具备家族企业特色，其发展与管理者的职业素养密切相关。

为了进一步了解小微企业的发展现状，笔者走访了福州市仓山区50家小微企业。调查结果显示：在企业管理者文化背景方面，"本科及本科以上学

[①] 徐佩玉：《我国中小微企业已超5200万户》，https://www.gov.cn/lianbo/bumen/202306/content_6887257.htm，访问日期：2024年6月4日。

[②] 国家工商总局全国小型微型企业发展报告课题组：《全国小型微型企业发展情况报告（摘要）》，https://www.gov.cn/xinwen/2014-03/31/content_2650031.htm，访问日期：2024年7月23日。

历"仅占18%，"大专学历"的占45%，"专科学历"的占25%，"专科及专科以下学历"的占12%。研究结果显示：小微企业管理者的文化层次有上升的趋势，但管理人员中，缺乏高学历者。

2. 企业财务制度不完善

小微企业经营规模较小，财务机构设置不充分，财务人员配备不全，财务制度不完善。调查结果显示：小微企业具备专职财务人员的比例仅占35%。

小微企业面临各种生存和发展问题，而这些问题无法通过某项制度的执行来解决。通过走访了解到，部分小微企业管理者表示："企业生存遭到冲击时，更无心关注财务问题。"为此，大部分小微企业选择聘请兼职会计，或委托代理记账公司进行账务处理和纳税申报。若代理记账公司或兼职会计的财务核算不规范，企业财务资料的正确性、真实性和及时性均会存在问题。

3. 企业人才制度存在缺陷

小微企业快速成长，使之对人才的需求增加。城市生活水平的提高、物价的上涨，导致城市生活压力越来越大。伴随新时代乡村建设的开展，部分青年选择回乡创业，城市出现了"用工荒"，人力成本不断攀升，小微企业人才缺口越来越大。在人才竞争方面，小微企业无法与大型企业相比，造成"招人难""留人难"的局面。

据了解，小微企业核心技术岗位，很难招到合适的人才，更难留住"培养"的人才。小微企业能够为应届毕业生提供锻炼的平台和培训的机会，但是大多数就业者仅把第一份工作当成岗前实习和经验积累，以此成为进入大企业的跳板。人往高处走、水往低处流，人才流失的现象，既符合人性特点，又值得理解，却伤了小微企业的心。人才流失，浪费了企业较多的时间和精力，增加了沉没成本（培训）。人才流失的原因，除了"薪资福利"不具备竞争力，还存在人才发展空间不足等问题。在一定程度上，揭示出小微企业人才管理制度存在缺陷，需要配套相应措施，有针对性地解决问题。因此，小微企业在痛失人才之时，也需要深刻思考，如何吸引人才、留住人才？

4. 评价企业诚信标准缺失

小微企业管理者即企业所有者（核心利益相关者），比较关注市场竞争方面的问题，关心企业运营状况，追求产品利润最大化。小微企业不会出现管理权和所有权分离的现象，也很少出现对外募集资金的情况。小微企业所有权者拥有绝对的管理权，为了追求投资回报率，很少有精力关注企业内部控制的问题。小微企业管理者对财务报表及时性、真实性的认知不够，容易被财务人员牵着鼻子走。

通过实地走访了解到，公司经营业绩全凭管理者的经验，财务数据成为摆设，财务报表仅作为呈现给税务机构检查的凭据。有些小微企业管理者一味追求利益最大化，不惜铤而走险，毫无顾忌地进行报表修饰，出现隐瞒收入、虚构成本、偷逃漏税等违规、违法行为。

由此得出结论：小微企业提供的财务数据和资料的真实性、准确性、及时性存在一定问题，可供参考的价值偏低，小微企业也因此损失了诚信的形象和社会的认同。

7.2.2 小微企业缺乏核心竞争力

1. 缺乏品牌文化和内涵建设

迫于竞争压力，小微企业管理者将企业发展重心放在市场开拓方面。有部分小微企业没有企业品牌，只是帮助其他企业完成某个环节的生产和组装。有些小微企业依赖国外订单生存，在国际市场环境的激烈竞争中，小微企业生存更为艰难。小微企业缺乏品牌文化，不得不将企业的寿命与产品的寿命联系在一起。而在这短暂的寿命中，更无法做到企业内涵建设。小微企业作为我国经济发展的主要参与者，在经济发展过程中，既活跃又脆弱。继我国取消企业成立资金限制之后，小微企业成长速度加快，在经济竞争加剧的同时，小微企业缺少核心竞争力，企业破产的数量将会急剧攀升。据了解，小微企业平均寿命为 2.9 年，生命周期短、市场竞争力弱，便成了小微企业明显的标记，从而阻碍了企业的健康发展。[①]

---

① 好运企业服务中心：《小微企业平均寿命仅有 2.9 年？新四板逆转乾坤》，https://m.sohu.com/a/220737720_100078717，访问日期：2024 年 7 月 23 日。

2. 产业层次与产品档次偏低

经济新常态下，小微企业发展速度加快，但与其他企业相比，规模始终偏小。近90%的小微企业属于家族企业或者家庭作坊企业。这部分企业生产水平偏低，产品结构单一，产品质量粗放，产品工艺简单，销售市场狭小。对外销售的产品，缺乏市场竞争力，缺少技术成分和产品附加值。销售收入的实现与其他企业相比偏低，无法形成规模生产。企业缺少创新研发，产业层次和产品档次偏低，导致小微企业过度依赖市场。小微企业缺少长远规划和战略定位，致使其产业结构长期处于低层次阶段，无法真正得到转型升级，影响企业的可持续发展。

3. 服务意识淡薄，管理过于粗犷

小微企业人事结构简单，缺乏核心团队，企业在经营过程中，制定的目标大多是"完成任务"。因为只有完成任务，企业才能加快收款进度，做到资金有效回笼，员工才能及时拿到工资和奖金。小微企业因自身的特点，生命力比较脆弱，承受不住资金的压力。迫于生计，开拓市场、完成订单，已成为小微企业最重要的目标。而因企业人手不够，企业在管理方面过于粗犷，也显得力不从心。由于小微企业缺少服务意识，管理不能做到精细化，在财务、生产、销售、运营、薪资、人事任用等多个方面的管理制度存在漏洞，容易导致企业流失客户，且不能在原有客户的基础上，再开发新的客户，阻碍了产品市场的开拓。而消费者购买产品的过程中，若对产品基本要求不满意，又没有较好的售后服务，消费者将会对产品失去信心。由此可见，产品得不到消费者的认同，同时也会失去市场认同，这将制约小微企业的健康发展。

7.2.3 小微企业融资渠道狭窄

研究表明：小微企业以自有资金和民间借贷作为主要的资金来源，仅有10%的企业能够得到金融机构的贷款。而80%的小微企业认为，企业不愿意向银行贷款的理由是"手续烦琐、条件多、要求高"。而金融机构普遍认为，小微企业信用风险太高，不愿意为小微企业提供贷款服务。如果小微企业顺

应政策要求，向银行贷款，银行将会对小微企业进行严格的审核，且审核周期从申请到放款，需要一定的时间。银行贷款设置门槛高，手续烦琐，让很多小微企业望而却步，不得不转向民间借贷，从而增加了企业的融资成本和风险。小微企业融资渠道狭窄，很大程度上限制了企业的可持续发展。

7.2.4　小微企业固定成本偏高

随着房价的上涨，房租越来越贵，这些因素直接影响小微企业的固定办公成本。近年政府曾出台政策，新成立企业可以选择居民住宅，作为注册地址（或办公地址），以节约租金，降低企业的办公费用。但因为环境因素，该项政策仅维持了几个月，并未真正降低小微企业的办公费用。

随着生活水平的提高，员工工资和社会福利也在不同幅度地提升。企业固定成本不断增加，迫使企业提高产品销售价格，而在激烈竞争的市场环境中，小微企业自身缺乏竞争优势，不得不与其他企业展开价格的博弈，最终低价出售产品，以达到快速回笼资金的目的。另外，小微企业在生产过程中，为了追求利润最大化，只能从节约或替换原材料着手，从而影响了产品的质量，继而又影响了销量。因此得出结论：企业固定成本过高，会迫使小微企业走进这个循环的怪圈，最终限制小微企业的健康发展。

7.2.5　企业社会保险费用偏高

当前小微企业的发展备受社会关注，国家为了促进小微企业发展，制定和出台了若干税收优惠政策。增值税：小规模纳税人的应税销售收入，适用征收率3%，减按1%征收率征收；预缴增值税项目的应税销售收入，适用预征率3%，减按1%预征率预缴（该优惠政策有效时间：2023年1月1日至2027年12月31日）。企业所得税：小型微利企业的应纳税所得额（年度），在100万—300万元（包括300万元）的部分，减按25%计算应纳税所得额，减按20%的企业所得税税率，缴纳企业所得税。增值税和企业所得税作为主要税种，对此实施优惠政策，在一定程度上减轻了小微企业的税负。

虽然小微企业享受到了税收优惠，但国家同时出台政策，要求企业提高员工的社保基数，维持社会的稳定，却增加了小微企业的负担。社会保险费每年都在上涨，企业未能按时支付的，需缴纳滞纳金。例如，一家服务型的小微企业（共3人缴纳社保），2023年第一季度，人均每月缴费1086.25元，2023年第四季度，人均每月缴费1132.81元（其他月份缴纳金额不同，涉及滞纳金），未来按照每人每月1132.81元的最低标准，每人每年1132.81×12=13593.72元。若企业员工20人，则需要缴纳271874.40元。具体内容见表7-1。

表7-1　2023年社保医保实际缴纳情况

单位：元

月份	养老保险费	生育保险费	工伤保险费	失业保险费	医疗保险费	合计数	人均缴纳	按季度人均
1	1854	83.82	46.05	77.28	1197.60	3258.75	1086.25	
2	1854	83.82	46.05	77.28	1197.60	3258.75	1086.25	3258.75
3	1854	83.82	46.05	77.28	1197.60	3258.75	1086.25	
4	1860.49	83.82	46.21	77.56	1197.60	3265.68	1088.56	
5	1854	83.82	115.11	77.28	1197.60	3327.81	1109.27	3389.64
6	2078.34	83.82	129.04	86.64	1197.60	3575.44	1191.81	
7	1855.86	88.44	115.23	77.36	1263.60	3400.49	1133.50	
8	1966.17	88.44	122.17	81.96	1263.60	3522.34	1174.11	3471.46
9	1938.36	88.44	120.35	80.80	1263.60	3491.55	1163.85	
10	1909.62	88.44	118.56	79.60	1263.60	3459.82	1153.28	
11	1881.81	88.44	116.84	78.44	1263.60	3429.13	1143.04	3429.13
12	1854	88.44	115.11	77.28	1263.60	3398.43	1132.81	
合计	22760.65	1033.56	1136.77	948.76	14767.20	40646.94	13548.98	

资料来源：企业整理提供。

在市场竞争激烈的情况下，想要提高企业利润率比较困难，社会保险费的逐年上涨，使部分小微企业未能按时支付，产生滞纳金。企业直接成本和沉没成本不断上升，导致企业净利润逐渐降低。

7.2.6 支持政策与服务体系不完善

小微企业由于自身特点,在企业竞争中处于弱势地位。小微企业又因自身的不完善,其在发展过程中需要政策的支持和引导。我国小微企业数量比较多,行业涉及广,面对当前日益复杂的国际国内市场竞争,营业成本不断提高,盈利空间逐渐缩小。小微企业的生存颇为艰难,需要政府出台支持政策,并完善服务体系,让更多小微企业感受到支持的力量、服务的温暖,进而激发内生动力。

7.3 福州小微企业健康发展的路径

7.3.1 完善企业自身,提高内部竞争力

1. 提高企业管理层素质

小微企业管理层素质包括基本素质、专业技能、管理素质。小微企业管理者需要具备良好的职业道德,拥有较好的信誉;需要有宽广的胸怀和过人的意志和自控能力;需要非常熟悉企业生产流程,同时也要具备过硬的技能;需要熟悉企业生产计划,能够组织、协调企业的生产,具备良好的谈判能力、合理启用人才的能力等。

提高小微企业管理层的素质可以通过以下四个方面开展。(1)工作中积累经验:岗位轮流,让管理者进一步了解其他部门的运作流程,职位从低到高,让管理者拓宽视野,提高处理问题的能力;任务驱动,通过安排紧急的、特殊的任务,提高管理者面临高压时解决问题的能力。(2)走出去拓宽知识:让管理者进入专业的培训机构,接受规范学习和系统训练。(3)进行专题学习:企业针对某项内容,组织内部高层管理者,进行定期专题讲座或培训,企业管理者可以在短期内提高某项技能,并且取得相互学习交流的效

果。(4) 自我修炼提升：关于管理者个人素质方面，需从自身修炼开始，修身养性，不断提升个人素养。

2. 执行《小企业会计准则》，完善财务核算体系

《小企业会计准则》适用于小微企业，该准则于 2013 年 1 月正式开始实施，同时停止执行之前的《小企业会计制度》。《小企业会计准则》颁布之前，预估可以通过该准则的执行，达到三个方面的效果：完善财务核算体系；促进企业税负公平；提高企业财务信息真实性。小微企业作为我国经济发展的重要组成部分，企业会计制度的完整、规范，与企业会计信息质量有直接关系。小微企业财务信息质量也影响企业未来的生存与发展。《小企业会计准则》实施之后，给小微企业带来了崭新的面貌，完善了小微企业会计制度，使企业账目核算清晰，企业所得税则从"核定征收"转为"查账征收"，还可以享受税收优惠政策，提升小微企业行业竞争力。

3. 改革激励机制，为企业留住人才

小微企业人事结构简单，大部分是由小作坊、个体工商户、工作室慢慢发展而来，企业经过正式经营后，只有少部分企业发展比较好，拥有好的经营理念和发展平台，运用现代化管理模式。大部分企业采用家庭式管理模式，阻碍了企业健康发展。在员工制度方面，由于小微企业管理方式粗放，尚未建立完善的薪酬制度和人事制度，员工的发展受限，人才稳定性差。随着生活水平的提高，员工对工资和福利的依赖程度越来越高。小微企业无力承担高额的薪酬和福利，面对人才流失颇为无奈。经济新常态下，为小微企业带来了新的机遇，小微企业转型升级迫在眉睫，企业转型的同时，需要有完善的人事制度和薪酬制度。鉴于此，小微企业应该顺应时势，简化程序，适当放权，对员工要有信任感，给员工创造成长的机会。

在薪酬方面，可以采用股权激励机制。小微企业在发展过程中，对自有资金的依赖程度比较高，无法支付高额的薪酬待遇。可以邀请员工共同参与企业的发展，通过股权激励机制，激发员工努力工作的动力，以此实现共赢。

4. 建立诚信标准，得到社会认可

小微企业因自身结构特点，在市场竞争中，处于弱势地位。诚信是处事之本，小微企业的发展需要诚信。企业只有拥有诚信，才能在激烈的市

场竞争中不断成长，赢得顾客的满意需要诚信的态度，拥有销售市场需要诚信的产品，取得贷款需要诚信的资料，拥有合作伙伴需要诚心诚意。由此可见，诚信对于小微企业的发展至关重要。小微企业可以从如下几点做起，建立诚信的标准。（1）奖励诚信的员工，对诚实守信的员工，给予表扬或一定的物质奖励。（2）奖励诚信的产品，产品销售后，好评度越高的，奖励越多。（3）企业高层管理者需要带头树立诚信标杆，做到不偷逃漏税、诚心对待每一位合作商、重视对员工的承诺等。（4）将诚信纳入企业文化内涵建设。让诚信成为企业为事之本，方能得到社会的认可，企业才能可持续发展。

7.3.2 转型升级，构建核心竞争力

1. 构建企业文化内涵

著名经济学家于光远认为：三流企业靠生产、二流企业拼营销、一流企业用文化。企业文化包括经营理念、企业形象、价值观等。目前，我国小微企业基本没有形成企业文化，说明对企业文化的构建不够重视。小微企业的发展，需要创建企业文化内涵，有助于企业成员的凝聚。创建企业文化内涵，尊重员工观念及行为模式，树立企业品牌形象，提高企业员工的信心，让员工时刻感受到企业的价值观，为企业的发展而努力。

2. 创立企业品牌

小微企业缺乏品牌意识，产品缺乏竞争优势。小微企业在生产环节选用低成本原材料，简单模仿，缺乏核心技术和品牌优势。面对成熟的市场，小微企业无法将品牌内涵和价值传递出去，无法保持产品的核心竞争力。经济新常态下，小微企业转型需要做好品牌建设、产品质量和服务理念转型升级以及技术创新。

据了解，小微企业品牌知名度比较低，也不具备能力进行技术创新和品牌建设。有竞争力的产品是企业可持续发展的根本，针对以上情况，建议政府部门建立补偿机制，用资金助力小微企业技术创新和品牌建设。小微企业通过技术创新、研发新产品、增加产品附加值、提高服务理念来提升自身竞

争力，逐渐得到社会和市场的认可，并在竞争中不断成长，彰显小微企业的独特优势。

品牌竞争在市场竞争中至关重要，小微企业除了技术的创新，还需要引入新技术，学习品牌的管理与输出，树立诚信理念，做好品牌宣传服务，让消费者真实感受到品牌的价值。

3. 加大产业升级转型力度

经济新常态下，我国经济发展进入了一个新的阶段，从以制造业为主转变为以服务业为主，给小微企业的转型带来新的发展契机，结合互联网技术的服务业尤为明显。小微企业转型升级面临诸多问题，如成本加大、资金紧张、用工荒等，这些问题制约小微企业的发展。为了进一步促进小微企业转型升级，政府部门大力提倡"专精特新"发展，希望通过转型升级的带动，提升小微企业的核心竞争力。小微企业应该抓住此次转型升级机会，逐渐优化产业结构，调整企业经营模式，提高产品的附加值，进而扩大企业的利润空间。

推动企业持续升级发展的关键是企业从产品制造转型到产品服务方面。产品从低端走向高端，要求企业技术创新、产品设计创新，以此提高产品设计档次，不断延伸产品附加值。企业通过产品附加值增加，提高产品使用率，增加市场竞争力，增加产品销售额，促进资金回笼，达到缓解企业资金压力的目的。

低端产品依赖劳动力生产，高端产品附加值依靠技术创新。技术创新既降低了企业生产对劳动力的依赖程度，也解决了企业"用工难"的问题。

4. 精细化管理

小微企业成长初期，社会资源和业务积累不足，自身抵抗风险能力差，生命周期短。相关数据显示，中小型企业能存活5年以上的占总数的7%左右，企业平均生命周期在2.5年左右。[1] 我国小微企业寿命远低于其他发达国家，最主要的原因是小微企业缺少技术创新和管理能力。而在管理能力方面，区别最大的是缺少精细化管理。精细化管理能够帮助企业应变不同的危机，

---

[1] 洪燕玉：《小微企业转型发展中的困境及解决路径》，《现代商业》2023年第15期，第120-123页。

做到知己知彼，百战不殆，打有准备的商战。

小微企业在发展过程中，若要做到精细化管理，可以从如下两个方面展开。（1）财务方面：精打细算，规划每一笔支出，用好每一笔钱；做好成本控制；利用好优惠政策，为企业节省税收，取得第三方收入。（2）业务方面：针对产品特点、客户喜好、消费心理，做好宣传，做有准备的销售；加强对产品的认识，熟悉产品的优势及适用人群，避免盲目销售；制定合理的价格策略，做好价格博弈准备；做好售后服务，用真诚留住每一位顾客；运用大数据智能设备，对销售数据进行分析，总结销售经验，及时发现不足。

总之，通过精细化管理能够帮助企业减少资源浪费，达到成本效益最大化，提高企业盈利水平，促进企业可持续健康发展。

7.3.3 优化企业发展外部环境

1. 降低融资门槛，拓宽筹资渠道

小微企业除了不断完善自身，还需要政府和金融机构的支持。2009年9月，中共中央和国务院印发的《国务院关于进一步促进中小企业发展的若干意见》（国发〔2009〕36号）提出，完善小企业信贷考核体系，建议我国金融机构建立专项基金针对小企业贷款风险进行补偿，需要政府部门出台更多适合小企业融资条件和形式的政策，提出完善小企业信用担保体系的措施，进一步完善小企业的金融服务体系，建立完善的小企业信用评价体系，真正帮助小企业解决融资难的问题。

影响小企业信用评价结果的是企业财务信息的质量和可信度，《小企业会计准则》的执行，让小企业在完善自身的同时，加强企业财务管理，提高行业竞争力。通过提高企业的信誉度和公信力，让银行愿意给小企业提供资金贷款，从真正意义上解决小企业贷款困难的问题。

小微企业主要的融资方式包括银行贷款、融资租赁、民间借贷、质押贷款及政府补助。小微企业银行融资获得率低，最主要的原因是银行不愿贷款给小微企业。银行以赢利为目的，对贷款风险大、收益小的借贷业务，热情度不高。若能成立和小微企业发展相关的金融机构，能做到资源合理配置，可以帮助小微企业解决融资困境。

小微企业运用"产业+金融+科技"的方式实现产业融合，打造"一链一策"的中小微企业融资模式。建议小微企业内部建立信用评价机制，改善企业与银行的关系，配合银行现场审查工作，做好预算并预留足够的时间，等待银行审批放款。若小微企业盈利能力不足，无法达到银行放贷的标准，则建议小微企业向银行申请质押贷款或抵押贷款，银行贷款评估风险小，企业更容易获得贷款。

2. 企业成本效益最大化

小微企业在发展过程中，固定成本不断增加，加大了企业资金压力。小微企业在转型升级之际，需要通过对企业成本有效管理，降低内耗，实现企业利润最大化。小微企业可以采用ERP成本管理系统，促进生产、销售、采购等环节的精细化管理，提高成本控制的精准性。提高企业资金使用价值，实现企业成本效益最大化，促进企业健康持续发展。

3. 降低企业社会保险承担比例

为了支持和帮扶小微企业发展，我国政府出台实施了一系列税收优惠政策，但目前部分小微企业仍面临着未能及时支付较高的社保费，从而产生高额滞纳金的问题。

为了促进我国小微企业健康发展，优化经济结构，保证国民经济持续增长，需要合理实施降费政策，确保降费政策设计的科学性及合理性，提高小微企业减税降费的力度，在保证企业社保费缴纳合规的前提下适当下调社保费率，采取缓交或者免交等政策，帮助确有困难的小微企业减轻负担。为了减轻企业因未能及时支付较高的社保费而负担高额滞纳金，建议对在社会保险费支付上确有困难的企业，取消滞纳金，这种改变能为企业减轻因滞纳金而产生的负担。

同时，需要加大政策扶持力度，降低小微企业社保承担比例，并落实政策执行过程，需要从中央到地方统一步调，只有逐级落实，才能让政策福利覆盖到更多小微企业，以促进平稳健康发展。

4. 完善政策服务体系

市场经济竞争日益复杂，小微企业由于自身特点，生存与发展处于比较弱势的地位。小微企业的持续发展，需要政策服务体系的支持和引导，包括金融支持体系、税收服务体系、政府服务体系等。帮助小微企业克服外部因素的影响，保障小微企业遇到问题能够得到及时解决，为小微企业参与市场竞争扫清障碍。

与此同时，当地政府需要联合行业协会，共同搭建信息共享平台，为推动小微企业积极参与市场竞争创造好的氛围和条件。并在此基础上，形成一套小微企业服务体系。另外，政府部门要对政策的实施效果进行评估分析，借鉴国内外经验，对所实施的政策进行调整，争取最大限度地惠企，真正帮助小微企业渡过难关，促进其持续发展。

7.4　结论

以经济新常态为背景，通过分析小微企业发展现状，发现福州小微企业存在内部结构不完善、缺乏核心竞争力、融资渠道狭小、固定成本过高、支持政策与服务体系不完善等问题。针对以上问题，政府部门要结合小微企业实际情况，调整相关政策。另外，小微企业需要完善企业自身、拓宽融资渠道、降低固定成本，以此提高企业核心竞争力，促进持续健康发展。

参考文献

[1] 何文曲. 供应链金融视角下中小微企业融资发展路径研究——以广西为例 [J]. 区域金融研究，2023（6）：51-60.

[2] 洪燕玉. 小微企业转型发展中的困境及解决路径 [J]. 现代商业，2023（15）：120-123.

［3］倪文嘉.小微企业减税降费政策研究［D］.济南：山东财经大学，2022.

［4］王海峰，邹瑞睿.小微企业发展难点及对策研究［J］.中外企业文化，2021（8）：6-7.

［5］张丽华.企业成本管理的问题及对策探究［J］.现代营销（上旬刊），2024（3）：143-145.

第8章　协同发展视角下福建小微企业"升规"发展路径研究

近年来，伴随全球经济形势的复杂多变，我国小微企业承受着最严峻的考验，其生存现状牵动着千万人民的就业。在市场冲击下，小微企业面临着工钱上涨、物料上涨、运营成本上涨、订单不足等经营困难，同时还出现诸多问题：内部产品缺乏竞争力，导致业绩直线下滑；没有清晰的战略方向，无法突破发展的瓶颈；利润微薄且回款困难，伴随"资金链"随时断裂的危险；企业管理层领导力欠缺，团队也没有执行力，内部协调困难，人力资源匮乏等。2022年9月，中小企业"助企纾困"落实情况调研报告发布，65.6%的企业认为政策方面连出实招对于助力服务型中小企业恢复发展具有一定的成效。增值税留抵退税、社保费缓缴和"稳岗补贴"等是企业受惠最多的政策，但仅有4.2%的企业享受到政府采购的支持，8.3%的企业享受到金融财政贴息政策。仍有44.8%的企业并不知晓如何申报兑现"助企纾困"政策，41.7%的企业未能得到行业部门指导。结果表明，"助企纾困"政策效能并未得到充分显现。受疫情反复、供应受阻、原材料价格上涨和需求萎缩等多要素交织重叠的影响，47.9%的企业2022年1—7月营业收入较去年同期下降，26%的企业营业收入减少30%以上，58.3%的企业营业成本增加，50%的企业订单量下降。近三年，福建小微企业由于订单量减少，运营成本增加，生存十分艰难，各大写字楼和商场相继出现转租和柜台展位撤走的现状。福建小微企业在一系列减负政策下，税费有所降低，但部分纳税实体的税费痛感依然存在，政府需及时出手帮助小微企业恢复正常秩序，提升企业生产经营的自信心。企业还需要政府持续引导，针对生存与发展做出正确的判断，先集中精力完善内部、提高竞争能力，再进一步扩大生产规模、转型升级。

本章通过对福建 90 家小微企业的问卷调查、走访，从企业基本情况、经营状况、融资与税收四个方面，了解福建小微企业的发展现状，并结合当前福建省扶持小微企业发展的政策，在借鉴国内外经验的基础上，以产业协同创新的视角提出相关建议，促进福建小微企业顺利转型升级发展。

8.1 调研数据统计与分析

8.1.1 基本情况

此次调研，问卷发放 100 份，涉及福建省 8 个区域，收到问卷 90 份，问卷回收率 90%。其中，福州 63 家（70%），厦门 7 家（7.78%），泉州 5 家（5.56%），三明 1 家（1.11%），宁德 2 家（2.22%），龙岩 3 家（3.33%），南平 2 家（2.22%），漳州 7 家（7.78%）。

此次调研所涉及的行业包括：13 家餐饮服务业（14.45%）、12 家零售批发业（13.33%）、5 家房地产代理服务（5.56%）、4 家生活服务业（4.44%）、3 家娱乐行业（3.33%）、8 家工程设计及装饰服务业（8.89%）、8 家生产型企业（8.89%）、1 家租赁业（1.11%）、6 家金融服务业（6.67%）、8 家咨询服务业（8.89%）、2 家酒店旅馆服务业（2.22%）、3 家外贸服务（3.33%）、8 家教育培训服务（8.89%）、9 家现代服务业（10%）。具体内容见表 8-1。

表8-1 小微企业行业调查统计

行业内容	企业数量（家）	占比（%）
餐饮服务业	13	14.45
零售批发业	12	13.33
房地产代理服务	5	5.56
生活服务业（美容美发、理疗等）	4	4.44
娱乐行业（KTV、游戏厅）	3	3.33
工程设计及装饰服务业	8	8.89
生产型企业	8	8.89
租赁业	1	1.11
金融服务业	6	6.67
咨询服务业	8	8.89
酒店旅馆服务业	2	2.22
外贸服务	3	3.33
教育培训服务	8	8.89
现代服务业（货运服务等）	9	10
参与调研的企业数量	90	100

此次调查企业选择的范围：企业注册资金在1000万元以上的有12家，占比为13.34%；501万—1000万元的有19家，占比为21.11%；100万—500万元的有21家，占比为23.33%；100万元以下的有38家，占比为42.22%。具体内容见表8-2。

表8-2 企业注册资金统计

注册资金	企业数量（家）	占比（%）
A.1000万元以上	12	13.34
B.501万—1000万元	19	21.11
C.100万—500万元	21	23.33
D.100万元以下	38	42.22
合计	90	100

此次调查企业选择的规模：28家企业规模为50—100人，占比为31.11%；11家企业规模为30—50人，占比为12.22%；18家企业规模为10—30人，占比为20%；10人以下规模的有33家企业，占比为36.67%。具体内容见表8-3。

表8-3　企业经营规模统计

员工人数	企业数量（家）	占比（%）
A.50—100人	28	31.11
B.30—50人	11	12.22
C.10—30人	18	20
D.10人以下	33	36.67
合计	90	100

此次调查企业经营年限：22家企业经营年限在10年以上，占比为24.45%；31家企业经营年限在5—10年，占比为34.44%；19家企业经营年限在3—5年，占比为21.11%；18家企业经营年限在3年以下，占比为20%。具体内容见表8-4。

表8-4　企业经营年限统计

企业经营年限	企业数量（家）	占比（%）
A.10年以上	22	24.45
B.5—10年	31	34.44
C.3—5年	19	21.11
D.3年以下	18	20
合计	90	100

8.1.2　企业经营现状的调查

此次调查企业经营模式的分布情况：36家企业为线下经营模式，占比为40%；11家企业采用线上经营模式，占比为12.22%；39家企业采用线下＋线上结合模式，所占比例为43.33%；4家企业选择其他经营模式，所占比例为4.45%。线上经营的企业主要集中在外贸服务和批发零售业（网络批发零售服装、鞋类产品），采用线下经营模式的企业主要集中在设计工程公司、生产型企业、房产代理公司、货运服务等，采用线上+线下结合模式的企业主要集中在餐饮公司、生活服务业、咨询服务、教育培训服务、金融服务、酒店旅游服务、娱乐行业等，采用其他经营模式的主要是个体工商户。具体内容如图8-1所示。

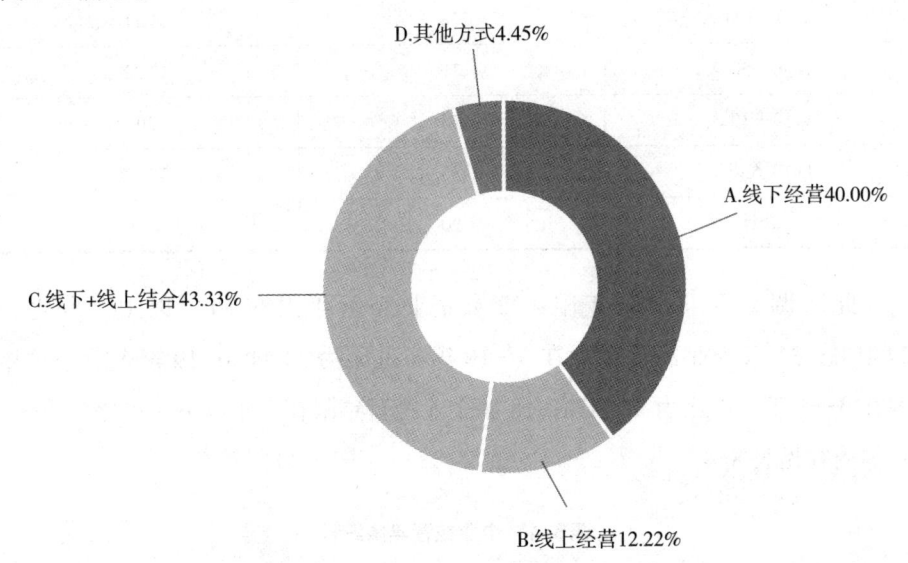

图8-1　企业经营模式分布情况

针对福建小微企业营业现状的调查中，28.89%的企业营业收入递增（连续3年），27.78%的企业营业收入持平（连续3年），11.11%的企业营业收入递减（连续3年），32.22%的企业营业收入不稳定。调查结果显示：资金充足的企业19家（21.11%），资金比较充足的企业15家（16.67%），资金基本能够满足运营的企业38家（42.22%），资金不足的企业18家（20%）。

近三年企业的经营现状，能够正常营业，基本不受影响的企业15家（16.67%），有营业而订单减少的企业63家（70%），有营业而无新订单的企业10家（11.11%），无法营业而准备转让的企业2家（2.22%）。具体内容见表8-5。

表8-5 企业经营现状统计

企业经营现状	企业数量（家）	占比（%）
A.正常营业，不受影响	15	16.67
B.有营业，订单减少	63	70
C.有营业，无新订单	10	11.11
D.无法营业，准备转让	2	2.22
合计	90	100

调查结果显示：金融服务业（37.5%）正常营业的比例最高；参与调研的企业存在订单减少的比例（≥50%），其中最为明显的是：租赁业（100%）、房产代理服务（80%）、咨询服务业（80%）、娱乐行业（75%）、餐饮业（71.43%）、生产型企业（70%）；有营业、无新增订单的企业比例（≤50%），其中，酒店旅馆服务业（50%）、生活服务业（25%）、零售批发业(23.08%)、工程设计（22.22%）居多；无法营业、准备转让的企业比例（≤25%），其中，娱乐行业（25%）、教育培训服务行业（11.11%）表现明显。具体内容如图8-2所示。

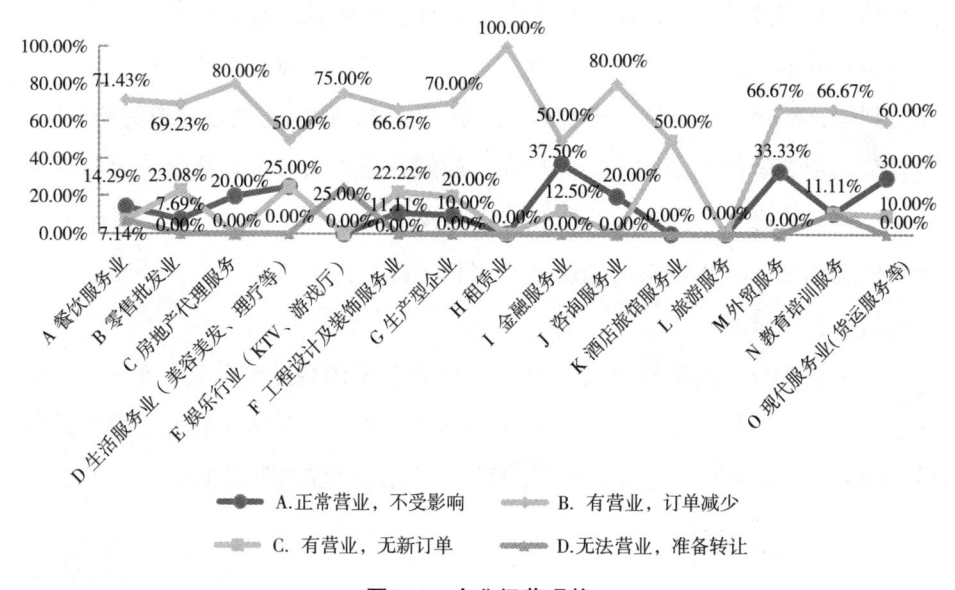

图8-2 企业经营现状

通过走访进一步了解到：福建小微企业具有家族企业的特性，大部分企业缺少核心竞争力，缺乏稳定的市场，基本都是单打独斗。通过各种家族人脉、朋友关系抢夺市场，没有打通上下游企业协同发展的通道，抗击风险能力弱。另外，企业缺乏稳定的人才队伍，招聘有经验的员工，留不住，招聘应届毕业生，企业也不愿意为其他大型企业培养人才。

8.1.3 企业融资现状的调查

此次调查的 90 家小微企业中，21.11% 的企业资金充足，16.67% 的企业资金比较充足，42.22% 的企业资金基本持恒，20% 的企业资金短缺。

通过实地走访了解到：资金充足的企业，所处行业利润较高，前期资金积累充足，运营成本低，主要集中在人力成本和房租。而人力成本中，大部分企业采取业务提成制度，即使在市场暂时不好的情况下，也能将企业运营成本降到最低。企业资金短缺主要集中在工程公司、生产企业和餐饮公司。工程公司资金短缺的原因主要表现在：工程进度没按时完成，无法按期结算工程款，还需按月支付房租、员工工资、社会保险及医疗保险等。生产型企业资金短缺的原因主要表现在：货款无法及时收回，原材料和生产工人无法及时到位，部分订单被暂停或取消，交货不及时，面临违约赔款或解约风险。餐饮公司资金短缺的原因主要表现在：前期开业投入成本较高，主要包括店面转让费、装修费、设备采购费等，年初投入成本还未收回，还要面临 3—5 个月的空档期，收入锐减的情况下，房租不减，为了留住员工，还需要正常支付员工工资和福利。

关于企业采取的融资方式，37.78% 的企业采用企业经营贷，5.56% 的企业采用企业抵押贷，12.22% 的企业采用个人抵押贷，7.78% 的企业采用民间借贷的方式，36.66% 的企业没有融资计划。具体内容如图 8-3 所示。

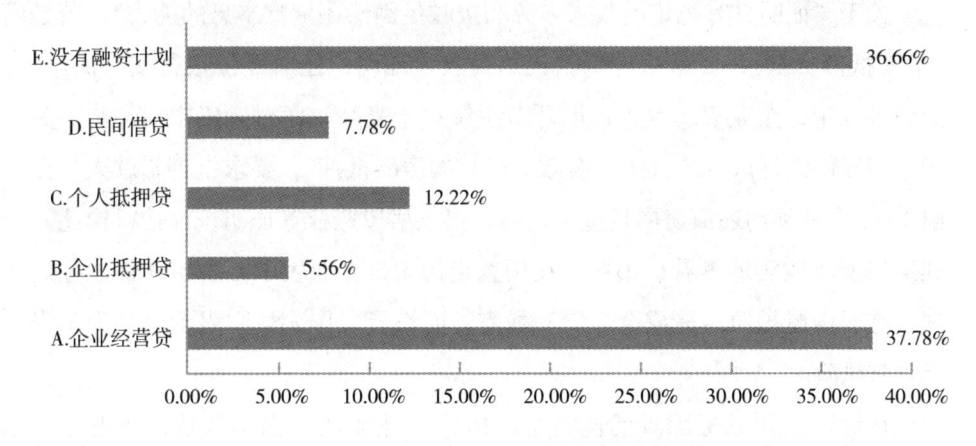

第 8 章 协同发展视角下福建小微企业"升规"发展路径研究

```
E.没有融资计划  ████████████████████ 36.66%
D.民间借贷      ████ 7.78%
C.个人抵押贷    ███████ 12.22%
B.企业抵押贷    ███ 5.56%
A.企业经营贷    █████████████████████ 37.78%
              0.00%  5.00% 10.00% 15.00% 20.00% 25.00% 30.00% 35.00% 40.00%
```

图 8-3　企业融资方式

采取企业经营贷款的企业，前期具备较好的盈利能力，纳税情况良好。采取抵押贷款的企业主要集中在生产型企业和个别工程公司，运用设备进行抵押贷款。采用个人抵押贷的企业主要集中在服务型的小微企业，企业没有资产或项目作为抵押，只能以法定代表人的个人产权作为抵押，获取相对低的利息贷款。采取民间借贷的企业主要集中在个体工商户，主要追求的是贷款程序简单，放款速度快。12.22%的企业采用个人抵押贷，主要集中在服务型小微企业，企业没有资产抵押，经营效益一般，利润累积不够。只能将法定代表人的个人房产作为抵押物换取银行贷款，而个人抵押贷款的过程相对复杂，时间较长。

据了解，个人申请"房屋抵押贷款"的条件：（1）年龄在 18 周岁及以上，但不超过 65 周岁的自然人；（2）需要具有完全民事行为能力，有明确的贷款用途和还款意愿；（3）需要具备稳定的收入来源，并具备良好的信用记录，能够按时、足额偿还贷款的本金和利息；（4）需要具有身份证明（合法有效）、户籍证明（或有居住证明）、婚姻状况证明（已婚证明或未婚证明）。

若借款人是外国人或港、澳、台居民，需要在中国境内拥有固定住所和职业，在中国境内居住时间超过 12 个月（含），且同时满足以上自然人借款的条件。

另外，需要承诺贷款的用途合法且合规，不得用于证券、期货、股本权益性投资,不得用于房地产投资以及其他非法牟利项目。

关于"证明具有稳定的收入来源和按时足额偿还贷款本息的能力",若是"个人抵押贷款",要求抵押贷款人出具收入证明,还需提供银行交易流水。走访过程中,企业表示收入证明环节手续过于复杂,面对融资望而却步。关于"能提供银行认可的合法、有效、可靠的房屋抵押",要求抵押贷款人,提前1—2个月预约还清房屋贷款。之后,提供房屋产权等证明,评估机构还要到房屋所属地实地查看、拍照。在调查走访中,企业表示:房屋评估过程烦琐,查看房屋拍照,造成个人隐私暴露。而银行工作人员则表示这是为了降低贷款风险。

在针对企业融资困难的调查中,26家企业无法提供抵押物,所占比例为28.89%;51家企业认为融资手续复杂,占比为56.67%;43家企业认为贷款额度偏低,占比为47.78%;34家企业反映贷款绑定附加条件,占比为37.78%。抵押贷款的手续相对复杂一些,需要进行产权认定、资产评估等。事实上,在抵押贷款环节,贷款利率、贷款额度、贷款期限,以及最后的还款方式等方面,各家银行不尽相同。某些银行贷款条件相对宽松,但要求贷款企业购买相关的理财产品,或开通银行某些收费的服务,企业也会因这些额外的绑定业务放弃贷款。具体内容见表8-6。

表8-6　企业融资困难因素统计

企业融资困难因素(多选)	企业数量(家)	占比(%)
A. 无法提供抵押物	26	28.89
B. 融资手续复杂	51	56.67
C. 贷款额度较低	43	47.78
D. 贷款绑定附加条件	34	37.78
参与调研的企业数量	90	

在针对是否了解金融政策的调查中,14家企业表示对金融扶持政策有所了解,所占比例为15.56%;56家企业表示有关注,但不够了解,占比为62.22%;20家企业表示没有关注,占比为22.22%;39家企业通过电视新闻

了解金融政策，占比为43.33%；71家企业通过互联网信息推送了解金融政策，占比为78.89%；21家企业通过银行工作人员介绍，占比为23.33%；21家企业通过亲朋好友告知，占比为23.33%。具体内容见表8-7。研究数据显示：互联网推送金融政策，企业比较容易接受，这也比较符合互联网时代的特征。

表8-7　企业了解融资政策渠道统计

企业了解融资政策渠道（多选）	企业数量（家）	占比（%）
A.电视新闻	39	43.33
B.互联网信息推送	71	78.89
C.银行工作人员介绍	21	23.33
D.亲朋好友告知	21	23.33
参与调研的企业数量	90	

此次调查的企业中，仅有28家企业享受到了融资优惠政策，占比为31.11%；62家企业没有享受过融资优惠政策，占比为68.89%。

针对当前金融政策的评价：13家企业对当前金融政策持满意态度，占比为14.44%；50家企业持基本满意的态度，占比为55.56%；18家企业持不满意的态度，认为当前金融政策有待完善，占比为20%；9家企业表示不关注，也不评价，占比为10%。

针对完善金融政策的建议：60家企业建议适当降低利息，占比为66.67%；53家企业建议简化贷款手续，占比为58.89%；38家企业建议适当提高贷款额度，占比为42.22%；35家企业建议还款方式多样性，占比为38.89%；26家企业建议延长贷款年限3—5年，占比为28.89%；25家企业建议贷款形式多样化，占比为27.78%；1家企业不发表建议，占比为1.11%。具体内容见表8-8。

表8-8　完善金融政策的建议统计

完善金融政策的建议（多选）	企业数量（家）	占比（%）
A. 适当降低利息	60	66.67
B. 简化贷款手续	53	58.89
C. 适当提高贷款额度	38	42.22
D. 还款方式多选择	35	38.89
E. 贷款年限延长3—5年	26	28.89
F. 贷款形式多样化	25	27.78
G. 没有建议	1	1.11
参与调研的企业数量	90	

8.1.4　企业财务及税收现状的调查

关于企业财务人员配备的情况，39家企业聘请专职会计，占比为43.33%，主要集中在工程公司、生产企业、房产代理公司、物流货运公司、酒店旅游企业；24家企业聘用兼职会计，占比为26.67%，主要集中在零售批发、教育培训、外贸服务等企业；17家企业聘请代理记账公司，占比为18.89%，主要集中在咨询服务、金融服务、餐饮服务等企业；10家企业采用共享财务（几家企业共用一个会计），占比为11.11%，主要集中在生活服务业，有部分是关联企业。通过数据分析显示，初具规模的小微企业聘用专职会计；不具规模的小微企业聘用兼职会计或代理记账；生活服务业，采用连锁门店或开分店的形式运营，一般选择共享会计。

关于企业所得税征收方式的调查中，34家企业采用查账征收，占比为37.78%；16家企业采用核定征收，占比为17.78%；20家企业采用定额征收，占比为22.22%；20家企业采用其他方式征收，占比为22.22%。具体内容见表8-9。

表8-9　企业所得税征收方式

征收方式	企业数量（家）	占比（%）
A.查账征收	34	37.78
B.核定征收（定率）	16	17.78
C.定额征收	20	22.22
D.其他征收方式	20	22.22
合计	90	100

采用查账征收的企业，主要集中在工程公司、生产企业、物流货运、房产代理、外贸服务公司。采用核定征收的企业，主要集中在娱乐行业、金融服务、咨询服务等。采用定额征收的企业，主要集中在教育培训、餐饮服务等（有些企业没弄明白核定征收和定额征收的区别，在做该项选择时，会略有偏差）。采用其他方式征收的企业，主要集中在合伙企业，采用个人所得税申报方式。

在税收优惠方面，65家企业表示享受到税收优惠政策，占比为72.22%；25家企业表示未享受税收优惠政策，占比为27.78%。其中，61家企业享受到增值税优惠政策，占比为67.78%；46家企业享受到企业所得税优惠政策，占比为51.11%；32家企业享受到附加税优惠政策，占比为35.56%；16家企业享受到防洪费、印花税、残疾人保障金等优惠政策，占比为17.78%；36家企业享受到医疗保险、社保减免政策，占比为40%。具体内容见表8-10。

表8-10　企业享受税收优惠内容

税收优惠内容（多选）	企业数量（家）	占比（%）
A.增值税优惠政策	61	67.78
B.企业所得税优惠政策	46	51.11
C.附加税优惠政策	32	35.56
D.防洪费、印花税、残疾人保障金等优惠政策	16	17.78
E.医疗保险、社保减免政策	36	40
参与调研的企业数量	90	

在涉税过程中，60%的企业表示对财税优惠政策理解不够，50%的企业表示涉税风险防控意识不够，44.44%的企业表示内部控制流程不够完善，33.33%的企业表示政策推送信息查阅遗漏，26.67%的企业表示财务信息反馈不及时。具体内容如图8-4所示。

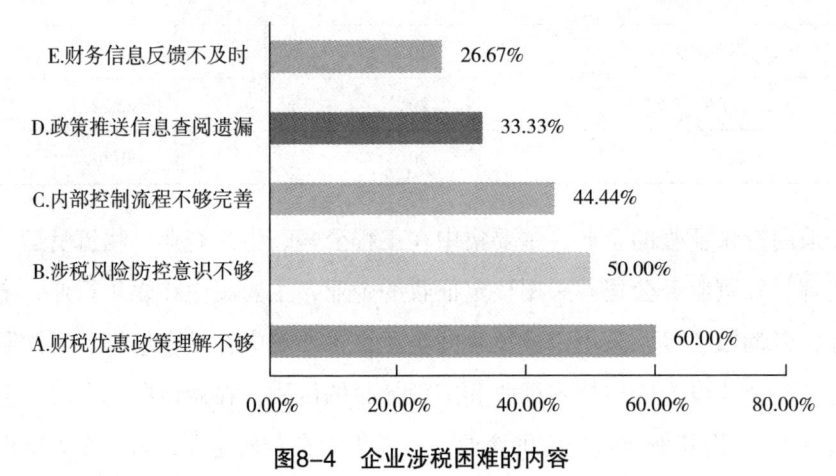

E.财务信息反馈不及时　26.67%
D.政策推送信息查阅遗漏　33.33%
C.内部控制流程不够完善　44.44%
B.涉税风险防控意识不够　50.00%
A.财税优惠政策理解不够　60.00%

图8-4　企业涉税困难的内容

47家企业表示需要设置小微企业服务窗口（52.22%）；57家企业表示需要简化小微企业涉税流程（63.33%）；54家企业提出政策执行灵活、特事特办（60%）；37家企业提出需要加强涉税业务辅导（41.11%）。具体内容见表8-11。

表8-11　需要提升企业服务的内容

需要提升企业服务的内容（多选）	企业数量（家）	占比（%）
A.设置小微企业服务窗口	47	52.22
B.简化小微企业涉税流程	57	63.33
C.政策执行灵活，特事特办	54	60
D.加强涉税业务辅导	37	41.11
参与调研的企业数量	90	

18家企业表示了解税收优惠政策，占比为20%；65家企业表示有关注，但不够了解，占比为72.22%；7家企业表示没关注，占比为7.78%。

47家企业通过电视新闻了解税收优惠政策，占比为52.22%；71家企业通过互联网信息推送了解税收优惠政策，占比为78.89%；32家企业通过税务工作人员介绍，占比为35.56%；19家企业通过亲朋好友告知，占比为21.11%。具体内容如图8-5所示。

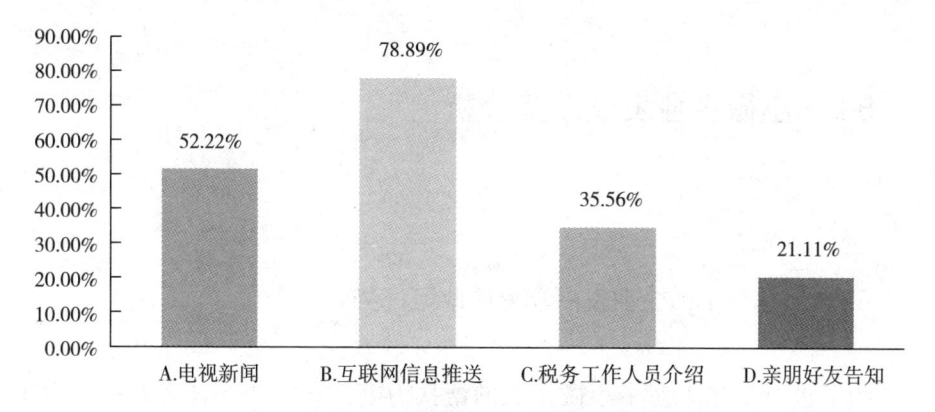

图8-5　企业了解税收优惠政策的渠道

在对税收优惠政策的评价方面，10家企业持满意态度，占比为11.11%；58家企业持基本满意态度，占比为64.44%；14家企业持不满意的态度，建议优惠的内容有待完善，占比为15.56%；8家企业表示，不关注不评价，占比为8.89%。

关于涉税方面的建议：57家企业建议扩大税收优惠的范围，占比为63.33%；37家企业建议按年度缴纳企业所得税，占比为41.11%；28家企业建议按年度缴纳印花税和防洪费，占比为31.11%；22家企业建议重新制定企业所得税核定征收行业利润率，占比为24.44%；41家企业建议降低小规模纳税人增值税，占比为45.56%。具体内容见表8-12。

表8-12　税收优惠政策建议

税收优惠政策建议（多选）	企业数量（家）	占比（%）
A.扩大税收优惠范围	57	63.33
B.按年度缴纳企业所得税	37	41.11
C.按年缴纳印花税和防洪费	28	31.11
D.重新制定企业所得税核定征收行业利润率	22	24.44
E.降低小规模纳税人增值税	41	45.56
参与调研的企业数量	90	

8.2 小微企业发展政策分析

8.2.1 福建小微企业发展享有的政策优势

为了进一步加大对中小微企业的帮扶力度，2022年福建省政府出台了28条措施，包括十个方面，以帮助企业解决难题，激发企业发展活力，促进企业持续发展。为了更好地督促商业银行或金融机构单列小微企业信贷计划（惠普型），开展小微企业金融服务监管评价。为了丰富小微企业融资渠道，支持应收账款融资，福建中小企业通过应收账款，获得年化融资额≤1%，省级财政部分对供应链核心部分的企业，给予不高于200万元的奖励。为了帮助中小企业获得投资支持，福建鼓励企业对接国家基金，按照实际到账投资额度，对获得国家制造业转型升级基金的企业，给予5%的奖励，对获得中小企业发展基金或其一级子基金股权投资支持的企业，给予1%的奖励，另外，依据"免申即享"的原则，给予最高100万元奖励。[①]

8.2.2 福建小微企业融资享有多重福利

为了帮助疫情防控重点企业或受疫情影响严重的小微企业平稳渡过难关，福建政府出台相关配套措施，加大信贷支持力度，并鼓励金融机构向小微企业提供信用贷款。政策强调，金融机构不得对遭受疫情影响严重的中小微企业采取断贷、压贷、提高无还本续贷比例或盲目抽贷的措施。另外，针对有发展前景、暂时困难的中小微企业，政策要求政府性融资担保公司最大限度

---

① 林侃：《福建省出台28条措施 加大对中小企业纾困帮扶力度》，http://www.cinic.org.cn/index.php？a=show&c=index&catid=44&id=1224182&m=content，访问日期：2024年6月4日。

地发挥"增信作用",取消反担保要求,并减免担保费。与此同时,政策支持金融机构创新"供应链融资"、提供"线上自助贷款"等多种融资方式,以加大资金投放市场的力度,保障中小微企业发展的资金需求。

8.2.3 福建小微企业享受融资成本优惠扶持

政府加大了"技改基金"对中小微企业的财政贴息力度,以降低融资成本,解决融资贵的问题。重点保障企业可向当地财政部门申请贴息支持(新增贷款业务),对新增项目或已入库项目,福州市"技改基金"的年利息下降1%(由4.5%到3.5%)。同时,政策要求市属金融机构,包括融资租赁、典当、保理等金融企业,减免金融服务费用,以降低中小微企业融资负担。

8.2.4 福建小微企业享受减费降税福利

为了减轻中小微企业的经营负担,福建政府配套政策减免中小微企业的房租费用。政策规定,若因灾难(疫情等原因),导致企业遭受重大损失,企业经营活动受阻程度较大,可向当地税务部门申请城镇土地使用税和房产税的减免。若因受灾严重,无法按期缴纳税费的企业,可以向所属地税务部门申请延期纳税。若因受灾严重,无法按期缴纳社会保险费用的企业,可以申请延期缴纳,不得加收滞纳金。对在受灾期间未裁员(或少裁员)的企业,给予失业保险费返还的奖励。针对保障民生物资需求的商贸配送企业或生产企业,政府给予一次性"稳就业"的政策奖励。

8.3 国外经验借鉴

8.3.1 美国支持小微企业发展

美国中小企业所占比例为 99%，科技型小微企业具有较强的创新能力，50% 的产值都是由小微企业创造的。美国 50% 的小微企业的流动资金，依靠企业积累，流动资产普遍不足。为了解决小微企业资金困难，美国鼓励投资财团（私人）对小微企业提供资金帮扶，并提出专门针对小微企业的税收和贷款的优惠政策（1980 年初），要求金融机构简化融资流程、缩短审批周期，为小微企业融资扫清障碍。另外，美国政府成立小微企业管理部门，为小微企业的融资提供信用担保。该部门会针对具有创新能力、市场前景较好的小微企业，进行商业评估，并为其提供专项发展贷款。与此同时，在企业发展过程中，该部门会引导投资机构，为小微企业提供资金支持（或投资）。

在税收方面，美国按照个人所得税税率对小微企业收入征税，没有起征点的要求，每个企业都需要纳税，纳税金额作为后期税费返还的基础，以减轻小微企业的流动资金压力。

为了鼓励科技型小微企业的创新发展，美国政府出台了相应的资金支持政策。政府提供专项基金支持和配套财政补贴。例如，小微企业承担重大开发任务的，研发前期费用，全部由政府承担，以减轻企业资金压力，让企业集中精力研发新产品、新科技；研发后期费用，根据研发进度，给予财政补贴，从而保障小微企业资金需求，进行低成本运营。

8.3.2 日本支持小微企业发展

日本小微企业具有自有资本少、利润率低等特点。资金匮乏，贷款困难，制约企业的发展。在政府融资支持方面，日本融资政策主要依赖于较为完备的中小微企业融资服务体系。地方银行建立小微企业信用担保体系，加大对小微企业（破产）的帮扶力度和融资支持，避免企业因资金链断裂停止发展。20世纪90年代后，日本对中小微企业的扶持有了很大的转变。鼓励小微企业科技创新，实现多元化发展目标，激发企业发展潜力，提高发展质量。并为促进小微企业的持续发展，开创事业扶持计划，进行财政支持（利息补助、地方财政补助）。与此同时，日本政府加大对小微企业的技术支持，引导小微企业与研发机构合作，进一步推进"产学研"一体化，以快速推进研究成果市场化。

另外，日本政府建立专项资源库，搭建信息共享平台，为小微企业提供技术支持和信息资源。同时，还为小微企业提供专业人才培养、技术合作等服务。

8.3.3 企业协同发展经验启示

1. 案例企业基本情况

福建"餐创空间"是福建首个专注于餐饮链创业者的综合服务赋能平台，为餐饮产业链的创业者提供包括供应链"直采"、线上商城、项目孵化、资源对接、金融服务、创业投资、咨询培训、品牌加速、集中引流等综合服务，赋能入驻企业。具备包括线上、线下五种核心能力——力量加持、资源聚合、餐饮创投、招商合作、培训咨询服务，保障上下游创业者（餐饮产业）对流动资金、企业成长、经营场地、市场影响和宣传流量的需求。

2. 企业协同发展的背景

近年来，福州市冻品市场比较饱和，多数客户已经被拦截在终端，外来公司作为后来者，在企业选址方面遇到的问题：选择批发市场租金成本高，与产品收入不能成正比；选套房档次太低，选写字楼太贵；选市中心太贵，选郊区太偏，招人难，留人难。在企业运营方面遇到的问题：市场信息难判断、人力成本太贵、财税问题难理清、技术专业不够等。如何打通上下游企业协同发展的通道，帮助企业"降本增效"，已成为企业"升规"发展亟须解决的难题。

3. 供应链协同的相关理论依据

供应链上下游协同，以"降本增效"为目标，共同达成整个供需链条的通畅，促成多方合作供应的局面。具体内容如下。

（1）树立"共赢"意识，供应链上下游企业将原先各自为营的个体关系，发展为协同发展的合作关系，满足不同客户个性需求，以提高供应链的业务绩效。

（2）构建交易信息平台，打通供应链各个节点，以优化业务流程为目标，进行协同决策，以提高整体业务绩效。

（3）建立合作联络点，疏通供应链上下游各个环节的内外联系，实现"你中有我，我中有你"的紧密合作关系，形成融合发展的有机整体。

（4）重构协同发展关系，供应链上下游企业可以相互借力，增强企业核心竞争力，提高客户满意度，抢占市场份额，以提升整体盈利能力。

4. 供应链协同发展的实施

福建"餐创空间"为餐饮产业链的创业者，对接各方所需的资源与服务，在人才与信息共享方面，展开多维度的综合赋能服务，旨在打造良好的产业服务载体，先后推出服务供应链和产品供应链。服务供应链：顶层设计、品牌策划、全案设计、VISI 设计、商标注册、寻找商铺、商铺装修、新品研发、收银系统、人才招聘、新媒体运营、外卖代运营、营销策划、财税记账、法务服务、共享厨房、广告推广等。产品供应链：装修材料供应、设备供应、原物料供应、仓库冷链、物流配送等。聚合餐饮服务商和产品供应商企业，推动餐饮服务供应链和产品供应链协同落地，为企业协同发展发挥更大的作用。

5. 案例经验总结

（1）信息资源共享：上下游企业发挥各自优势，资源共享，优势互补，相互赋能。（2）长期深度合作：通过长期合作，建立稳定的系统关系，而非追求短期利益。（3）运营团队对接：组建好专业度高的运营团队，协助经营者进行整体方案的落地与执行。（4）线上系统对接：通过线上与线下资源的融合，打破企业间的孤岛壁垒。

8.4 协同发展视角下推动福建小微企业"升规"发展路径

鉴于福建小微企业发展现状，福建省必须大力推行政策支持，实现上下游企业协同发展，充分发挥智慧金融和财税服务机构的作用，打造人才和技术共享体系，促进福建小微企业"升规"发展。在充分吸收、借鉴国内外政策、经验启示后，提出以下建议。

8.4.1 狠抓落实，降低企业成本，实现绿色转型

1. 推动上下游协同转型，实现降本提质

发挥行业优势，推动上下游协同转型，支持福州优势产业、龙头企业充分发挥"头雁效应"，依托福建工业互联网平台与产业链上下游中小微企业深度互联，实现企业降本提质、高质量转型。

2. 打造小微企业产创空间，实现降本增效

发挥产业集群优势，打造小微企业产创空间，协同创新，充分发挥主观能动性，突出产业特色、品牌创新，共享区域集中办公、共享资源、共享技术、共享服务、共享人才，实现企业降本增效、低碳绿色转型。

在强化科技创新、科教兴城上发力。按照行业的归类，将所属同类产品的科技型小微企业、生产批发零售型小微企业、服务型小微企业聚集，共建产创空间，并由政府部门给予引导，并提供政策支持和帮扶，有效促进产业协同创新。

共享空间：产业结构相近的小微企业联合聚拢，共享办公场所和网络平台，节省办公租金和其他开支。

共享资源：产业结构相近的小微企业联合发展，共享行业信息、共享客户资源和原材料，做到开源节流，资源不浪费。

共享技术：生产型小微企业、科技型小微企业协同开发新技术、新产品，促进协同创新发展。

共享服务：服务型小微企业向产业结构相近的企业提供共享服务，包括共享法律咨询服务、共享培训服务、共享品牌策划服务、共享商标注册服务、共享招商服务、共享流程服务等，为小微企业经济业务的顺利开展提供保障。

共享人才：产业结构相近的小微企业共享财务人员，促进账务处理的规范性。共享人事招聘部门，帮助小微企业招贤纳士。具体内容如图 8-6 所示。

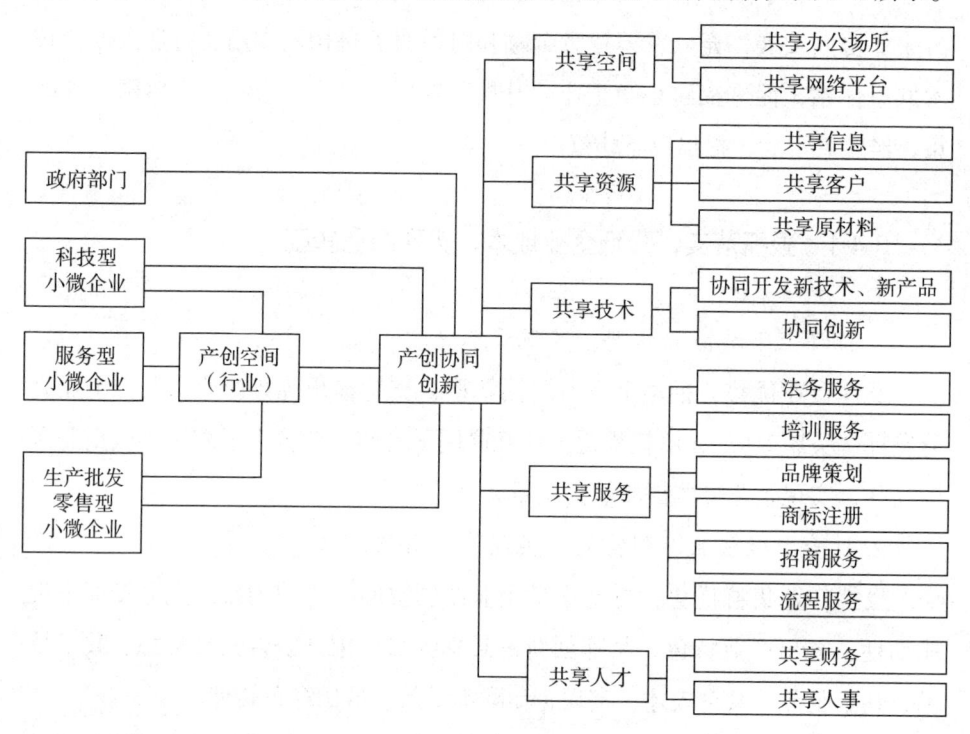

图8-6 小微企业产业协同创新结构

8.4.2 充分利用智慧金融，落实小微企业融资政策

1. 实施数据联网，聚焦融资对象

实施银行、税务数据联网，进行融资需求数据分析，聚焦融资对象，理清小微企业融资目的，跟踪监管资金流向，保障融资资金发挥最大效用，降低银行信贷风险。

2. 结合惠普金融，拓宽融资渠道

鼓励商业银行之间合作，加强资源优化，为小微企业量身开发知识产权质押、应收账款质押、票据、信托等金融产品。扩大抵押物范围,实现SOHO 和商业店面也能用于融资贷款。提高小微企业融资获得率,助推小微企业平稳升级为"规上"企业。

3. 加强"线上"融资业务,落实简化手续

商业银行需要进一步加强资源整合,拓展小微企业服务领域和规模。鼓励商业银行和互联网金融机构合作,结合小微企业特点,加强"线上融资"业务,落实融资简化手续,满足小微企业贷款需求。在房产评估方面建议:银行通过联网房屋产权登记机构,核实房屋的结构和产权交易情况。通过银行之间联网,了解产权人房屋贷款的偿还以及个人征信情况,并运用大数据分析相同小区、相同户型房屋近 3 个月交易的平均价格,最后由系统给出产权人房屋的评估价格。在一定程度上保护房屋产权人的隐私,也缩短抵押贷款的时间,提高抵押贷款的效率。在收入证明方面建议:采用个人所得税纳税证明,替代收入证明和银行流水。个人所得税,由单位代扣代缴,在一定程度上,能证明个人收入和完税情况。另外,个人可以直接到个人所得税 App 上查询和打印。如果抵押贷款方是企业,建议提供企业完税证明。

4. 加大"线上"融资宣传,提高服务质量

鼓励商业银行利用公众号、微信视频号等,宣传小微企业融资政策,解析融资条件和融资流程,普及融资知识和风险防控。实现"企业懂政策、企业能融资、企业会避险",保障小微企业转型升级发展的资金需求和安全。建议金融机构加大互联网推送政策的力度,让更多企业能够在线了解金融资讯。

8.4.3 发挥财税服务机构的作用,落实降税减费

发挥福建财税服务机构的作用,"政企"联合打造"小微企业"财税服务热线、线上咨询平台,帮助小微企业了解优惠政策、会用优惠政策、能享优惠政策。引导小微企业重视财务处理的合理性,对企业聘用会计服务公司和共享会计实施补贴政策,促进小微企业规范账务处理和纳税申报,提高企业纳税诚信,减少企业涉税风险,降低企业财税成本,实现财税绿色转型。

8.4.4 "政校企"协同,保障小微企业人才力量

1. 出台小微企业人才保障政策

鼓励高校招生就业中心服务小微企业人才招聘,给予荣誉奖励政策;鼓励高校毕业生就业小微企业,匹配一次性奖励政策和租房补贴政策;鼓励小微企业录用高校毕业生,实施社会保险费用补贴政策;鼓励人才服务平台服务小微企业,给予服务费用补贴政策。层层递进,政策多管齐下,保障小微企业人才力量。

2. 鼓励高校教师参与企业"智库"建设

当地中小企业发展促进会牵头,联合高校打造"小微企业"咨询服务智囊团队,为企业发展献策献计;当地社科联牵头,联合高校成立"小微企业"发展研究中心,实现科研成果有效转化;大学生创新创业指导中心牵头,联合高校开展创新创业项目成果转化,增补小微企业技术创新,实现"产学研"协同发展。

3. 引导企业打破人才录用常规

引导小微企业打破传统人才录用规格,灵活运用技术入股、专利入股、团队入股、项目入股、人才入股等多规格的灵活聘用形式,实现人才"招得到""用得好""留得住"。

8.4.5 发挥数字化转型优势,推动小微企业升级发展

1. 发挥大数据平台效应,实施精准指导

通过大数据平台,从企业规模、经营业绩、税收、行业特点等方面,筛选符合转型升级的小微企业,进行精准指导和跟踪服务,实现"能转则转"、条件不够"培育再转"的梯度转型效应。

2. 联动数字化转型机构,实施精准服务

政府牵头联合数字化转型服务机构,为小微企业数字化转型搭建服务平台,提供转型前的诊断服务、转型中的政策指导服务、转型后的效益评价服

务。执行转型精准服务，实现小微企业"想转""会转""敢转"。

3.鼓励行业协会牵头，打造转型"加油站"

鼓励中小企业行业协会牵头，营造积极的转型升级氛围，派发转型服务"红包"，打造转型"加油站"，促进小微企业升级发展。

8.4.6 加大小微企业政策扶持力度

坚持创新引领、产业强市。小微企业的健康平稳发展，需要政府帮扶纾困解难、支持企业融资、加大财政支持。小微企业在逆境中求生存，需要先着力于恢复元气，再进一步扩大生产规模，实现转型升级。完善培育体系，确保培育企业"活下来""上得去"；优化成长环境，确保"升规"企业"留得住"；实施精准服务，确保"升规"企业"长得好"。

8.5 结论

在市场环境日益复杂的情况下，我国小微企业面临着较为严峻的考验。本章基于协同发展视角，通过对福建小微企业发展现状进行调研，发现福建小微企业在发展过程中存在诸多问题，影响企业持续发展。从企业生存与发展、融资与税收政策支持方面，提出推动上下游协同转型、打造小微企业产创空间、政校企协同、加大配套政策的扶持力度等建议，以促进企业顺利转型升级，实现高质量发展。

参考文献

［1］陈璐.扎实推动制造业提质增效［N］.中国社会科学报，2022-01-19（3）.

［2］李凤文.小微企业纾困政策应及时落实到位［N］.中国城乡金融报，2020-02-28（A3）.

［3］李锦清.福州市税务部门出台措施扶持中小微企业［N］.福州晚报，2020-02-18（8）.

［4］李芃达.产业转移拓展制造业新空间［N］.经济日报，2022-02-08（1）.

［5］李旭红.发挥税收与金融政策联动效应［N］.经济日报，2020-04-27（6）.

［6］李渝铭.金融科技支持中小微企业发展的新趋势分析［J］.商讯，2021（32）：70-72.

［7］陆岷峰.关于我国中小微企业健康生态培育与数字化应用研究［J］.兰州学刊，2022（3）：52-61.

［8］吴秋余.增强中小企业"免疫力"［N］.人民日报，2020-04-27（18）.

［9］郑宇飞.协同发力让创业梦想照进现实［N］.北京日报，2020-04-24（9）.

［10］邹松霖.中小微企业遭遇生死大考［J］.中国经济周刊，2020（7）：17-20.

附录：

关于福建小微企业发展的问卷调查

一、企业基本情况

1. 贵单位所属地区？（　　）[单选题]

选项	小计	比例
A. 福州	63	70%
B. 厦门	7	7.78%
C. 泉州	5	5.56%
D. 三明	1	1.11%
E. 宁德	2	2.22%
F. 龙岩	3	3.33%
G. 南平	2	2.22%
H. 漳州	7	7.78%
本题有效填写人次	90	

2. 贵单位所属行业？（　　）[单选题]

选项	小计	比例
A. 餐饮服务业	13	14.45%
B. 零售批发业	12	13.33%
C. 房地产代理服务	5	5.56%
D. 生活服务业（美容美发、理疗等）	4	4.44%
E. 娱乐行业（KTV、游戏厅）	3	3.33%
F. 工程设计及装饰服务业	8	8.89%
G. 生产型企业	8	8.89%
H. 租赁业	1	1.11%
I. 金融服务业	6	6.67%
J. 咨询服务业	8	8.89%
K. 酒店旅馆服务业	2	2.22%
M. 外贸服务	3	3.33%
N. 教育培训服务	8	8.89%
O. 现代服务业（货运服务等）	9	10%
本题有效填写人次	90	

3. 贵单位注册资金？（　　）[单选题]

选项	小计	比例
A. 1000 万元以上	12	13.34%
B. 501 万—1000 万元	19	21.11%
C. 100 万—500 万元	21	23.33%
D. 100 万元以下	38	42.22%
本题有效填写人次	90	

4. 贵单位经营规模？（　　）[单选题]

选项	小计	比例
A.50—100 人	28	31.11%
B.30—50 人	11	12.22%
C.10—30 人	18	20%
D.10 人以下	33	36.67%
本题有效填写人次	90	

5. 贵单位经营年限？（　　）[单选题]

选项	小计	比例
A.10 年以上	22	24.45%
B.5—10 年	31	34.44%
C.3—5 年	19	21.11%
D.3 年以下	18	20%
本题有效填写人次	90	

6. 贵单位采用的经营模式？（　　）[单选题]

选项	小计	比例
A. 线下经营	36	40%
B. 线上经营	11	12.22%
C. 线下+线上结合	39	43.33%
D. 其他方式	4	4.45%
本题有效填写人次	90	

二、企业融资现状

1. 贵单位目前现金流是否充足？（　　）[单选题]

选项	小计	比例
A. 充足	19	21.11%
B. 比较充足	15	16.67%
C. 基本能满足运营	38	42.22%
D. 有点短缺，需要补充	18	20%
本题有效填写人次	90	

2. 贵单位目前采取的主要融资方式？（　　）[单选题]

选项	小计	比例
A. 企业经营贷	34	37.78%
B. 企业抵押贷	5	5.56%
C. 个人抵押贷	11	12.22%
D. 民间借贷	7	7.78%
E. 没有融资计划	33	36.66%
本题有效填写人次	90	

3. 贵单位是否享受融资优惠政策？（　　）[单选题]

选项	小计	比例
A. 有	28	31.11%
B. 无	62	68.89%
本题有效填写人次	90	

4. 贵单位遇到的融资困难有哪些？（　　）[多选题]

选项	小计	比例
A. 无法提供抵押物	26	28.89%
B. 融资手续复杂	51	56.67%
C. 贷款额度较低	43	47.78%
D. 贷款绑定附加条件	34	37.78%
本题有效填写人次	90	

三、企业财务及税收现状

1. 贵单位的营业现状？（　　）[单选题]

选项	小计	比例
A. 营业收入连续3年递增	26	28.89%
B. 营业收入连续3年持平	25	27.78%
C. 营业收入连续3年递减	10	11.11%
D. 不稳定	29	32.22%
本题有效填写人次	90	

2. 贵单位的经营现状？（　　）[单选题]

选项	小计	比例
A. 正常营业，不受影响	15	16.67%
B. 有营业，订单减少	63	70%
C. 有营业，无新订单	10	11.11%
D. 无法营业，准备转让	2	2.22%
本题有效填写人次	90	

3. 贵单位财务人员配备现状？（　　）[单选题]

选项	小计	比例
A. 专职会计	39	43.33%
B. 兼职会计	24	26.67%
C. 代理记账公司	17	18.89%
D. 共享财务	10	11.11%
本题有效填写人次	90	

4.贵单位企业所得税采用的征收方式？（　　）[单选题]

选　项	小　计	比　例
A.查账征收	34	37.78%
B.核定征收（定率）	16	17.78%
C.定额征收	20	22.22%
D.其他征收方式	20	22.22%
本题有效填写人次	90	

5.贵单位是否享受到税收优惠政策？（　　）[单选题]

选　项	小　计	比　例
A.有	65	72.22%
B.否	25	27.78%
本题有效填写人次	90	

6.贵单位享受的税费优惠政策包括哪些？（　　）[多选题]

选　项	小　计	比　例
A.增值税优惠政策	61	67.78%
B.企业所得税优惠政策	46	51.11%
C.附加税优惠政策	32	35.56%
D.防洪费、印花税、残疾人保障金等优惠政策	16	17.78%
E.医社保减免政策	36	40%
本题有效填写人次	90	

7. 贵单位在涉税过程中遇到的困难包括哪些？（　　）[多选题]

选项	小计	比例
A. 财税优惠政策理解不够	54	60%
B. 涉税风险防控意识不够	45	50%
C. 内部控制流程不够完善	40	44.44%
D. 政策推送信息查阅遗漏	30	33.33%
E. 财务信息反馈不及时	24	26.67%
本题有效填写人次	90	

8. 贵单位需要政府帮忙解决的问题有哪些？（　　）[多选题]

选项	小计	比例
A. 设置小微企业服务窗口	47	52.22%
B. 简化小微企业涉税流程	57	63.33%
C. 政策执行灵活，能特事特办	54	60%
D. 加强涉税业务辅导	37	41.11%
本题有效填写人次	90	

四、企业对扶持政策的评价

1. 您是否了解金融扶持政策？（　　）[单选题]

选项	小计	比例
A. 了解	14	15.56%
B. 有关注但不够了解	56	62.22%
C. 没关注	20	22.22%
本题有效填写人次	90	

2. 您了解金融扶持政策的渠道主要包括哪些？（　　）[多选题]

选项	小计	比例
A. 电视新闻	39	43.33%
B. 互联网信息推送	71	78.89%
C. 银行工作人员介绍	21	23.33%
D. 亲朋好友告知	21	23.33%
本题有效填写人次	90	

3. 您对当前金融政策的评价是？（　　）[单选题]

选项	小计	比例
A. 满意	13	14.44%
B. 基本满意	50	55.56%
C. 不满意，有待完善	18	20%
D. 不关注、不评价	9	10%
本题有效填写人次	90	

4. 针对完善金融政策，您的建议是（　　）。[多选题]

选项	小计	比例
A. 适当降低利息	60	66.67%
B. 简化贷款手续	53	58.89%
C. 适当提高贷款额度	38	42.22%
D. 还款方式多选择	35	38.89%
E. 贷款年限延长 3—5 年	26	28.89%
F. 贷款形式多样化	25	27.78%
G. 没有建议	1	1.11%
本题有效填写人次	90	

5.您是否了解税收优惠政策？（　　）[单选题]

选项	小计	比例
A.了解	18	20%
B.有关注但不够了解	65	72.22%
C.没关注	7	7.78%
本题有效填写人次	90	

6.您了解税收优惠政策的渠道包括哪些？（　　）[多选题]

选项	小计	比例
A.电视新闻	47	52.22%
B.互联网信息推送	71	78.89%
C.税务工作人员介绍	32	35.56%
D.亲朋好友告知	19	21.11%
本题有效填写人次	90	

7.您对当前税收优惠政策的评价是（　　）。[单选题]

选项	小计	比例
A.满意	10	11.11%
B.基本满意	58	64.44%
C.不满意，有待完善	14	15.56%
D.不关注、不评价	8	8.89%
本题有效填写人次	90	

8. 针对企业涉税方面的建议，您的选择是（　　）。[多选题]

选项	小计	比例
A. 扩大税收优惠范围	57	63.33%
B. 按年度缴纳企业所得税	37	41.11%
C. 按年缴纳印花税和防洪费	28	31.11%
D. 重新制定企业所得税核定征收行业利润率	22	24.44%
E. 降低小规模纳税人增值税	41	45.56%
本题有效填写人次	90	

第9章 推进福建中小微企业向"专精特新"发展的路径研究

中小微企业作为经济发展的重要力量,其经济价值不容忽视。我国60%的工业总产值[①]、57%的业务收入、40%的税收、75%的城镇就业机会,都来自中小微企业的贡献。当前,国际形势日益复杂化,市场竞争环境异常恶劣。如何保障中小微企业平稳发展、顺利转型升级、逐步实现高质量发展,已成为各省经济发展面临的重要任务和挑战。通过培育"专精特新"企业,为中小微企业的发展树立标杆,营造积极发展的氛围,带动中小微企业转型升级,实现可持续发展,以推动民营经济高质量发展。

9.1 专精特新相关政策

2012年4月,国务院首次提出"专精特新"概念,支持创新型小微企业走"专精特新"发展道路,并加快向创新驱动转变。2020年7月,工信部等部门印发《关于健全支持中小企业发展制度的若干意见》,明确支持中小企业向"专精特新"发展,并完善相关配套机制。2021年,财政部、工

---

① 刁艳:《小微企业内部控制和财务管理存在的问题及对策》,《经济研究导刊》2018年第3期,第116-117页。

业和信息化部联合印发《关于支持"专精特新"中小企业高质量发展的通知》，启动中央财政支持"专精特新"中小企业高质量发展政策。2021年3月，东莞市工业和信息化局公布了东莞市"专精特新"中小企业培育工作实施方案，制定八项政策及奖励支持、三项保障措施，旨在推动该市"专精特新"企业数量和质量的"双提升"。[1]董永德阐述了中小企业在大浪淘沙的市场中，要想崭露头角，必须走"专精特新"之路，不断提升企业的核心竞争力，必须注重创新人才队伍的培养建设，充分激发各类人才的创新活力和潜力。2021年11月，国务院印发《为"专精特新"中小企业办实事清单》，列出31项具体任务，并印发《提升中小企业竞争力若干措施》，提出34条精准支持政策，支持"专精特新"企业发展。2021年12月，中央经济工作会议强调："要提升制造业核心竞争力，激发涌现一大批专精特新企业。"2022年，《政府工作报告》首次将"专精特新"写入其中。全国各地积极响应，先后推出专项政策，提供精准服务，多方面发力，支持"专精特新"企业发展。总之，从相关概念的初次提出，到配套制度的逐渐成熟，再到政策体系的不断完善，明确了我国政府支持"专精特新"企业发展的思路。

按照"双创小微企业"—"成长型小微企业"—"规上"企业—"专精特新企业"—"小巨人企业"（领航企业）—"冠军企业"的梯度培育市场主体，2023年12月，福建省工业和信息化厅等八部门联合印发《福建省培育专精特新中小企业促进高质量发展行动计划（2024—2026年）》，提出到2026年的发展目标，力争培育有效期内创新型中小企业10000家以上、省级专精特新中小企业5000家以上、专精特新"小巨人"企业450家以上，省级制造业单项冠军350家以上，培育一批国家制造业单项冠军。[2]

---

[1] 东莞市工业和信息化局：《关于印发〈东莞市专精特新中小企业培育工作实施方案〉的通知》，https://im.dg.gov.cn/gkmlpt/content/3/3491/mpost_3491841.html#368，访问日期：2024年7月23日。
[2] 福建省工业和信息化厅：《〈福建省培育专精特新中小企业促进高质量发展行动计划（2024—2026年）〉政策解读》，https://gxt.fujian.gov.cn/jdhy/zcjd/bmzcwjjd/202401/t20240102_6370850.htm，访问日期：2024年6月4日。

9.2 调研过程[①]

9.2.1 调研基本情况

针对推进福建中小微企业向"专精特新"发展的主题，2023年3—6月，本课题组通过实地走访和电子问卷的形式，调研了福建地区的中小企业，共发放142份问卷，收回有效问卷130份，问卷有效率为91.55%。样本主要包括福建省的九个市，具有一定的代表性。

调研企业涉及的区域：福州74家（56.92%）、厦门22家（16.92%）、泉州17家（13.08%）、漳州6家（4.62%）、龙岩3家（2.31%）、莆田3家（2.31%）、宁德3家（2.31%）、南平2家（1.54%）。

调研企业涉及的行业：餐饮服务业16家（12.31%）、零售批发业21家（16.15%）、科技服务业13家（10%）、生活服务业5家（3.85%）、互联网技术业11家（8.46%）、建筑业6家（4.62%）、生产制造业11家（8.46%）、融资租赁业2家（1.54%）、金融服务业12家（9.23%）、咨询服务业4家（3.08%）、旅游服务1家（0.77%）、外贸服务2家（1.54%）、设计、装饰3家（2.31%）、交通运输业2家（1.54%）、房地产业3家（2.31%）、其他行业18家（13.85%）。

参与调研的企业注册资金1000万元以上的42家（32.31%），501万—1000万元的20家（15.38%），100万—500万元的37家（28.46%），100万元以内的31家（23.85%）。企业经营规模100人以上的35家（26.92%），51—100人的26家（20%），20—50人的36家（27.69%），20人以下的33家（25.38%）。经营年限10年以上的44家（33.85%），5—10年的33家（25.38%），3—5年的31家（23.85%），3年以下的22家（16.92%）。

[①] 数据统计说明：由于四舍五入关系，数据统计误差≤0.02%。

9.2.2 福建中小微企业发展现状

1. 福建中小微企业的经营现状

针对营业收入，45家企业连续三年递增，占比为34.62%；26家企业连续三年持平，占比为20%；13家企业连续三年递减，占比为10%；46家企业不稳定，占比为35.38%。具体内容如图9-1所示。

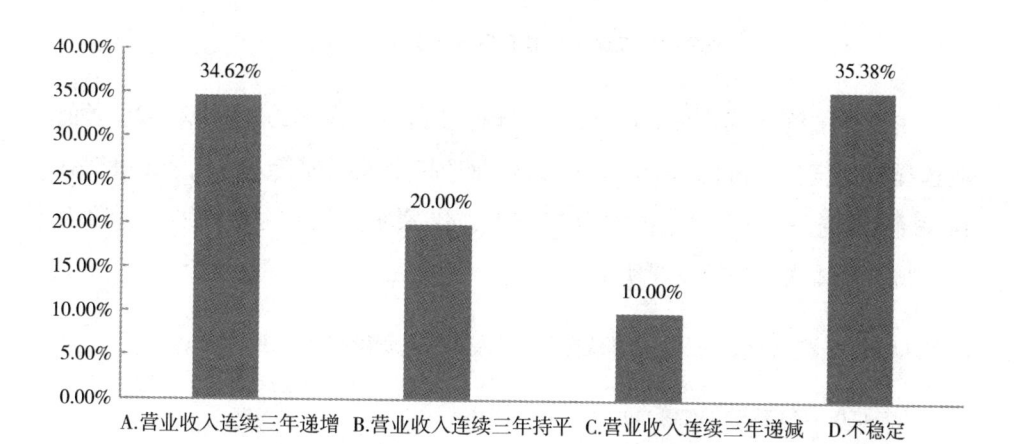

图9-1 福建中小微企业连续三年营业收入情况

关于经营模式，50家企业采用线下经营模式，占比为38.46%；13家企业采用线上经营模式，占比为10%；52家企业采用"线上+线下"结合的模式，占比为40%；选择其他经营模式的企业有15家，占比为11.54%。关于近三年业务现状，49家企业订单增加，占比为37.69%；55家企业订单减少，占比为42.31%；22家企业无新订单，占比为16.92%；4家企业运营受阻，占比为3.08%。

2. 福建中小微企业的融资现状

18家企业现金流非常充足，占比为13.85%；30家企业现金流比较充足，占比为23.08%；54家企业现金流基本能满足运营，占比为41.54%；28家企业现金需要补充，占比为21.54%。具体内容如图9-2所示。

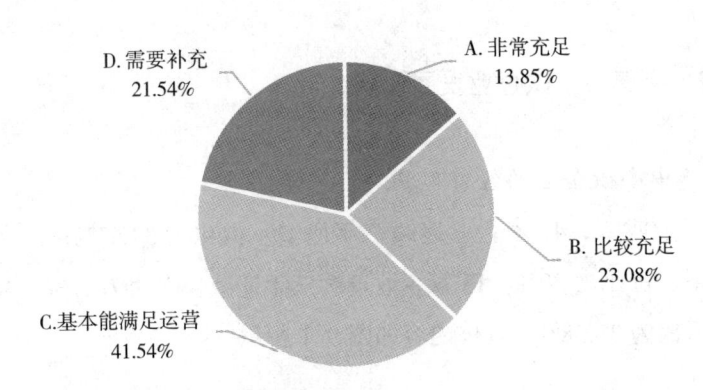

图9-2 福建中小微企业现金流需求现状

在选择融资方式方面，62家企业选择经营贷，占比为47.69%；26家企业选择抵押贷款，占比为20%；18家企业选择个人抵押贷，占比为13.85%；14家企业选择民间借贷，占比为10.77%；47家企业没有融资计划，占比为36.15%。具体内容如图9-3所示。

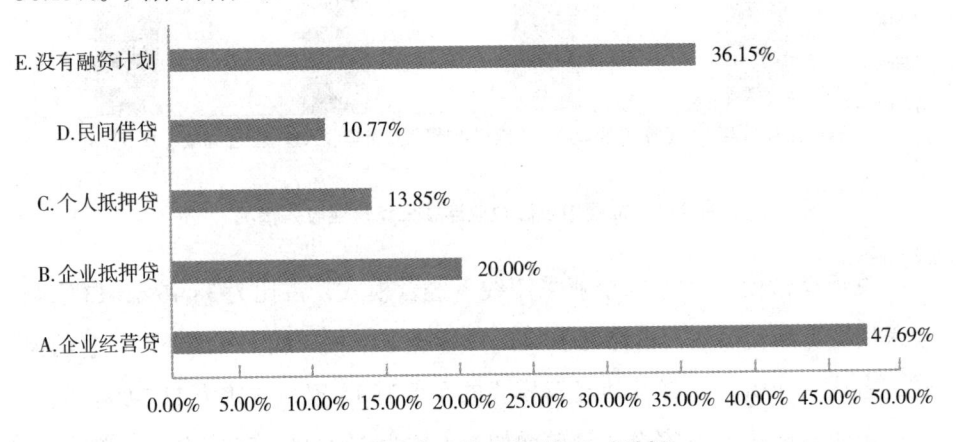

图9-3 福建中小微企业融资方式选择

针对融资过程的调查，数据显示，43家企业享受到融资优惠政策，占比为33.08%；87家企业表示未享受到融资优惠政策，占比为66.92%。27家企业无法提供抵押物，占比为20.77%；26家企业认为还款方式不够合理，占比为20%；53家企业认为贷款额度较低，占比为40.77%；28家企业认为贷款绑定了附加条件，占比为21.54%；52家企业没有具体意见，占比为40%。具体内容如图9-4所示。

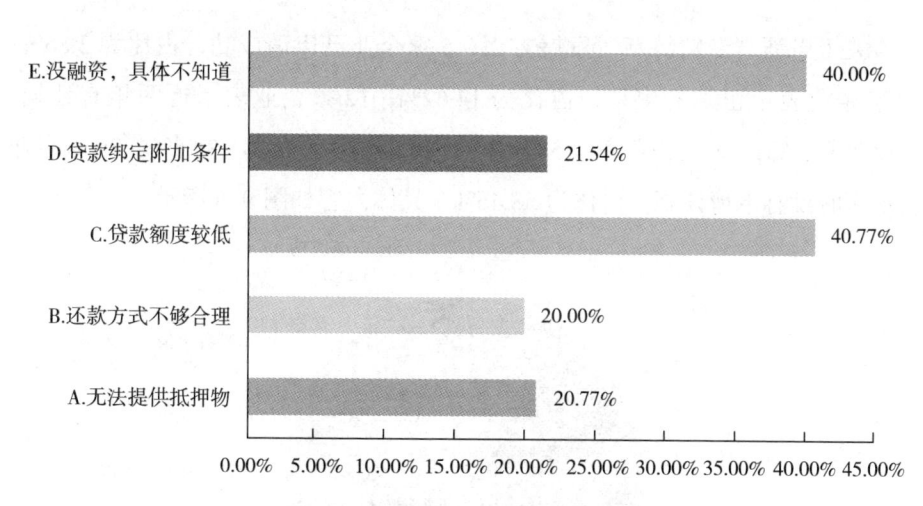

图9-4 福建中小微企业融资困境

3. 福建中小微企业向专精特新转型的现状

关于"专精特新"政策的了解情况，15家企业表示非常了解，占比为11.54%；23家企业表示比较了解，占比为17.69%；48家企业表示了解不多，占比为36.92%；44家企业表示不了解，占比为33.85%。36家企业符合专业化，占比为27.69%；12家企业符合精细化，占比为9.23%；9家企业符合特色化，占比为6.92%；9家企业符合新颖化，占比为6.92%；64家企业暂时不符合，需要转型升级，占比为49.24%。具体内容如图9-5所示。

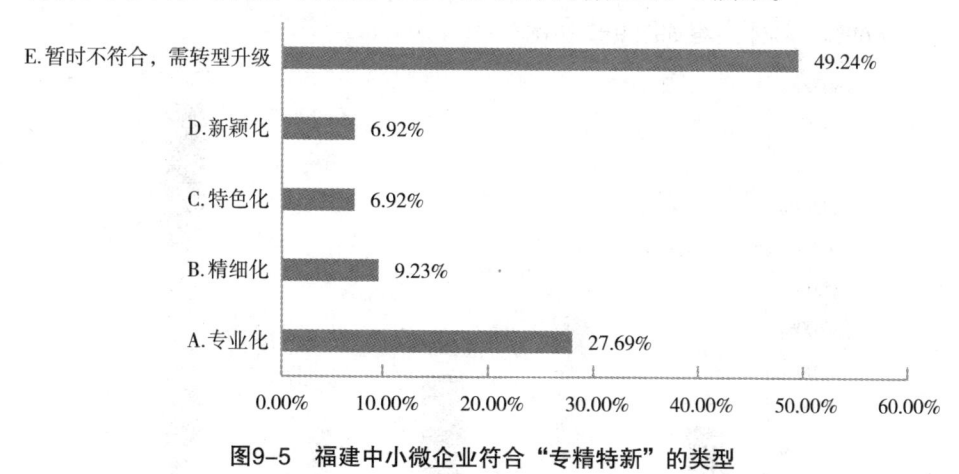

图9-5 福建中小微企业符合"专精特新"的类型

41家企业计划聘请服务机构协助申请"专精特新"，占比为31.54%；89家企业表示没有计划，占比为68.46%。

关于申请"专精特新"发展方面，5家企业已申请成功，占比为3.85%；19家企业表示正筹备申请，占比为14.62%；12家企业表示近两年有计划，占比为9.23%；18家企业表示5年内会考虑申请，占比为13.85%；76家企业表示暂时没有申请计划，占比为58.46%。具体内容如图9-6所示。

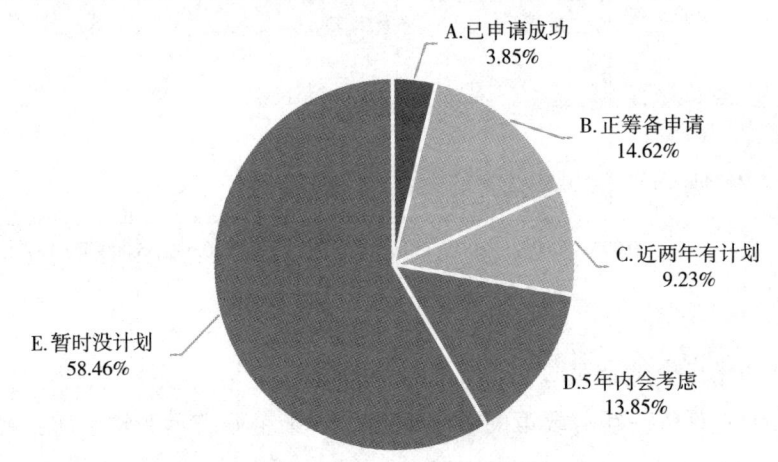

图9-6 福建中小微企业"专精特新"发展计划

关于数字化转型现状方面，10家企业转型成功，占比为7.69%；28家企业准备转型，占比为21.54%；18家企业处于转型初期，占比为13.85%；12家企业处于转型适应期，占比为9.23%；62家企业暂时没有转型计划，占比为47.69%。具体内容如图9-7所示。

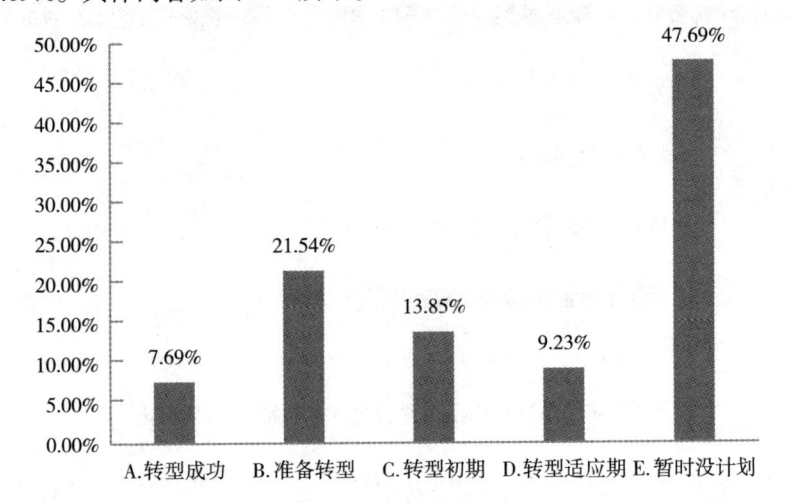

图9-7 福建中小微企业数字化转型现状

9.3 调研数据分析

9.3.1 信度分析

"信度"用来表示内部数据的相合性,是反映被测数据真实程度的重要指标。一般用于研究定量数据,尤其是态度量表题的可靠性和准确性。本研究运用 SPSS 软件进行信度分析,得到分析结果:信度系数值为 0.832,大于 0.8,说明调研数据的信度质量较高,可以被用于进一步分析研究。具体内容见表 9-1、表 9-2。

表9-1 专精特新发展的调研数据信度分析

可靠性统计	
克隆巴赫 Alpha	项数
0.832	11

注:Alpha 标准值为 0.7,大于 0.7 则信度较好。

表9-2 专精特新发展的调研数据11项总统计

选项	删除项后的标度平均值	删除项后的标度方差	修正后的项与总计相关性	删除项后的克隆巴赫 Alpha
1.贵单位注册资金?	25.82	40.085	0.596	0.810
2.贵单位经营规模?	25.75	39.772	0.642	0.806
3.贵单位经营年限?	26.02	41.434	0.544	0.815
4.贵单位近三年营业现状?	25.80	39.122	0.592	0.811
5.贵单位近三年业务现状?	26.41	46.119	0.325	0.832
6.目前企业现金流是否充足?	25.55	43.288	0.485	0.821
7.贵单位是否享受融资优惠政策?	26.59	47.716	0.367	0.831

续表

选　　项	删除项后的 标度平均值	删除项后的 标度方差	修正后的项与 总计相关性	删除项后的 克隆巴赫 Alpha
8. 贵单位是否了解"专精特新"政策？	25.33	41.107	0.650	0.807
9. 贵单位有计划向"专精特新"发展吗？	24.18	39.961	0.546	0.816
10. 贵单位未来是否有计划聘请服务机构协助申请"专精特新"？	26.58	47.393	0.424	0.829
11. 贵单位是否有计划进行数字化转型？	24.58	39.252	0.498	0.823

9.3.2　效度分析

效度分析采用"因子分析"方法，用于分析检测项目的合理性和价值度。效度分析借助"KMO 值""方差解释率值""共同度""因子载荷系数值"等指标，进行综合分析，验证被测验数据的效度水平。其中，"KMO 值"代表数据信息提取的合适程度，"方差解释率值"说明数据信息的提取水平，"共同度"用于排除合理选项，"因子载荷系数"衡量因子（维度）和选题的对应关系。

运用 SPSS 软件进行效度分析，结果显示：除"贵单位是否享受融资优惠政策"选项外，其他项目对应的共同度值均大于 0.5，说明问卷所列项目的数据信息可以被有效提取。

另外，KMO 值为 0.831，大于 0.6，说明所列项目的数据信息，可以被有效提取。3 个因子的方差解释率值（旋转后）分别是：因子 1（22.870%）、因子 2（21.126%）、因子 3（17.283%）。累积方差解释率（旋转后）为 61.279%，大于 50%，说明所列项目的数据信息可以有效提取使用。具体内容见表 9-3。

表9-3 专精特新发展的调研数据效度分析结果

名称	因子载荷系数 因子1	因子2	因子3	共同度（公因子方差）
1.贵单位注册资金？（ ）	0.204	0.858	0.098	0.788
2.贵单位经营规模？（ ）	0.237	0.840	0.156	0.786
3.贵单位经营年限？（ ）	0.147	0.716	0.241	0.593
4.贵单位近三年营业现状？（ ）	0.353	0.316	0.592	0.575
5.贵单位近三年业务现状？（ ）	-0.029	0.050	0.837	0.704
6.目前企业现金流是否充足？（ ）	0.150	0.206	0.772	0.661
7.贵单位是否享受融资优惠政策？（ ）	0.493	0.221	0.030	0.293
8.贵单位是否了解"专精特新"政策？（ ）	0.568	0.345	0.362	0.573
9.贵单位有计划向"专精特新"发展吗？（ ）	0.808	0.139	0.128	0.688
10.贵单位未来是否有计划聘请服务机构协助申请"专精特新"？（ ）	0.738	0.044	0.034	0.548
11.贵单位是否有计划进行数字化转型？（ ）	0.697	0.183	0.115	0.532
特征根值（旋转前）	4.278	1.355	1.108	—
方差解释率（旋转前）	38.887%	12.321%	10.071%	—
累积方差解释率（旋转前）	38.887%	51.208%	61.279%	—
特征根值（旋转后）	2.516	2.324	1.901	—
方差解释率（旋转后）	22.870%	21.126%	17.283%	—
累积方差解释率（旋转后）	22.870%	43.996%	61.279%	—
KMO值	0.831			
巴特球形值	457.924			
df	55			
P值	0.000			

9.3.3 差异性检验

1. 基于政策了解的非参数检验

本研究将是否了解"专精特新"政策分为非常了解、比较了解、了解不多和不了解四组，从表9-4可知，"是否了解'专精特新'政策"基于平均值的莱文统计，即F值为15.266，显著性为0.000，小于0.05，认为方差不齐，不能进行独立样本T检验，进行非参数检验。

表9-4 基于政策了解的方差齐性检验

		莱文统计	自由度1	自由度2	显著性
2.贵单位有计划向"专精特新"发展吗？（ ）	基于平均值	15.266	3	126	0.000
	基于中位数	9.358	3	126	0.000
	基于中位数并具有调整后自由度	9.358	3	97.990	0.000
	基于剪除后平均值	17.495	3	126	0.000

从表9-5、表9-6可知，130家企业参与本次实验。对政策非常了解（N=15）、对政策比较了解（N=23）、对政策了解不多（N=48）和对政策不了解（N=44）分别被测是否有计划向专精特新发展。由表中数据可知p=0.000，小于0.05，说明对政策非常了解、对政策比较了解、对政策了解不多和对政策不了解四组的向专精特新发展的计划之间存在显著差异。

表9-5 基于政策了解的秩

	1.贵单位是否了解"专精特新"政策？（ ）	N	秩平均值
2.贵单位有计划向"专精特新"发展吗？（ ）	1	15	35.27
	2	23	39.48
	3	48	67.53
	4	44	87.19
	总计	130	

表9-6 基于政策了解的检验统计[a, b]

	2.贵单位有计划向"专精特新"发展吗？（ ）
克鲁斯卡尔-沃利斯H	44.562
自由度	3
渐近显著性	0.000

a. 克鲁斯卡尔-沃利斯检验
b. 分组变量：1.贵单位是否了解"专精特新"政策？（ ）

2. 基于机构聘请的非参数检验

本研究将是否有计划聘请服务机构协助申请"专精特新"分为有计划和没计划两组，从表9-7可知，"是否有计划聘请服务机构协助申请'专精特新'"基于平均值的莱文统计，即F值为15.600，显著性为0.000，小于0.05，认为方差不齐，不能进行独立样本T检验，进行非参数检验。

表9-7 基于机构聘请的方差齐性检验

		莱文统计	自由度1	自由度2	显著性
2.贵单位有计划向"专精特新"发展吗？（ ）	基于平均值	15.600	1	128	0.000
	基于中位数	16.022	1	128	0.000
	基于中位数并具有调整后自由度	16.022	1	117.985	0.000
	基于剪除后平均值	16.836	1	128	0.000

从表9-8、表9-9可知，130家企业参与本次实验。有计划聘请机构（N=41）和没计划聘请机构（N=89）分别被测是否有计划向"专精特新"发展。由表中数据可知p=0.000，小于0.05，说明有计划聘请机构和没计划聘请机构两组的向"专精特新"发展的计划之间存在显著差异。

表9-8　基于机构聘请的秩

	4.贵单位未来是否有计划聘请服务机构协助申请"专精特新"？（　）	N	秩平均值	秩的总和
2.贵单位有计划向"专精特新"发展吗？（　）	1	41	42.84	1756.50
	2	89	75.94	6758.50
	总计	130		

表9-9　基于机构聘请的检验统计[a]

	2.贵单位有计划向"专精特新"发展吗？（　）
曼-惠特尼U	895.500
威尔科克森W	1756.500
Z	-5.225
渐近显著性（双尾）	0.000

a. 分组变量：4.贵单位未来是否有计划聘请服务机构协助申请"专精特新"？（　）

3. 基于资金状况的非参数检验

本研究将单位资金状况分为非常充足、比较充足、基本能满足运营和需要补充四组，从表9-10、表9-11可知，"单位资金状况"基于平均值的莱文统计，即F值为8.685，显著性为0.000，小于0.05，认为方差不齐，进一步检验发现数据不符合正态性，不能进行独立样本T检验，进行非参数检验。

表9-10　基于资金状况的方差齐性检验

		莱文统计	自由度1	自由度2	显著性
2.贵单位有计划向"专精特新"发展吗？（　）	基于平均值	8.685	3	126	0.000
	基于中位数	2.042	3	126	0.111
	基于中位数并具有调整后自由度	2.042	3	100.346	0.113
	基于剪除后平均值	7.657	3	126	0.000

表9-11 基于资金状况的正态性检验

	3.目前企业现金流是否充足？( )	柯尔莫戈洛夫－斯米诺夫[a]			夏皮洛－威尔克		
		统计	自由度	显著性	统计	自由度	显著性
2.贵单位有计划向"专精特新"发展吗？( )	1	0.167	18	0.197	0.893	18	0.043
	2	0.394	30	0.000	0.678	30	0.000
	3	0.384	54	0.000	0.669	54	0.000
	4	0.364	28	0.000	0.706	28	0.000

a. 里利氏显著性修正

从表9-12可知，130家企业参与本次实验，资金状况为非常充足（N=18）、比较充足（N=30）、基本能满足运营（N=54）和需要补充（N=28）分别被测是否有计划向专精特新发展。

表9-12 基于资金状况的秩

	3.目前企业现金流是否充足？( )	N	秩平均值
2.贵单位有计划向"专精特新"发展吗？( )	1	18	43.72
	2	30	64.82
	3	54	72.88
	4	28	66.00
	总计	130	

由表9-13中数据可知p=0.017，小于0.05，说明资金状况为非常充足、比较充足、基本能满足运营和需要补充四组的向专精特新发展的计划之间存在显著差异。

表9-13 基于资金状况的检验统计[a, b]

	2.贵单位有计划向"专精特新"发展吗？( )
克鲁斯卡尔－沃利斯H	10.209
自由度	3
渐近显著性	0.017

a. 克鲁斯卡尔－沃利斯检验

b. 分组变量：3.目前企业现金流是否充足？( )

4. 基于融资优惠政策的独立样本 T 检验

本研究将"是否享受融资优惠政策"分为享受和没享受两组，从表9-14、表9-15可知，"是否享受融资优惠政策"基于平均值的莱文统计，即F值为3.512，显著性为0.063，大于0.05，认为方差齐性，且样本量大于30，可进行独立样本 T 检验。

表9-14　基于融资优惠政策的方差齐性检验

		莱文统计	自由度1	自由度2	显著性
2.贵单位有计划向"专精特新"发展吗？（　）	基于平均值	3.512	1	128	0.063
	基于中位数	4.795	1	128	0.030
	基于中位数并具有调整后自由度	4.795	1	122.467	0.030
	基于剪除后平均值	3.998	1	128	0.048

表9-15　基于融资优惠政策的组统计

	6.贵单位是否享受融资优惠政策？（　）	个案数	平均值	标准差	标准误差平均值
2.贵单位有计划向"专精特新"发展吗？（　）	1	43	3.56	1.351	0.206
	2	87	4.34	1.150	0.123

由表9-16数据可知 p=0.001，小于0.05，说明享受、没享受融资优惠政策两组的向"专精特新"发展的计划之间存在显著差异。

表9-16　基于融资优惠政策的独立样本检验

		莱文方差等同性检验		平均值等同性 t 检验					
		F	显著性	t	自由度	显著性（双尾）	平均值差值	标准误差差值	差值95%置信区间	
									下限	上限
2.贵单位有计划向"专精特新"发展吗？（　）	假定等方差	3.512	0.063	-3.461	128	0.001	-0.787	0.227	-1.236	-0.337
	不假定等方差			-3.278	72.903	0.002	-0.787	0.240	-1.265	-0.308

5. 基于数字化转型计划的非参数检验

本研究将"贵单位是否有计划进行数字化转型"分为转型成功、准备转型、转型初期、转型适应期和暂时没计划五组,从表 9-17、表 9-18 可知,"贵单位是否有计划进行数字化转型"基于平均值的莱文统计,即 F 值为 12.086,且显著性为 0.000,小于 0.05,认为方差不齐,进一步检验发现数据不符合正态性,不能进行独立样本 T 检验,进行非参数检验。

表9-17 基于数字化转型计划的方差齐性检验

		莱文统计	自由度1	自由度2	显著性
2.贵单位有计划向"专精特新"发展吗?( )	基于平均值	12.086	4	125	0.000
	基于中位数	12.377	4	125	0.000
	基于中位数并具有调整后自由度	12.377	4	119.581	0.000
	基于剪除后平均值	12.913	4	125	0.000

表9-18 基于数字化转型计划的正态性检验

	3.贵单位是否有计划进行数字化转型?( )	柯尔莫戈洛夫 – 斯米诺夫[a]			夏皮洛 – 威尔克		
		统计	自由度	显著性	统计	自由度	显著性
2.贵单位有计划向"专精特新"发展吗?( )	1	0.215	10	0.200*	0.821	10	0.026
	2	0.216	28	0.002	0.874	28	0.003
	3	0.263	18	0.002	0.807	18	0.002
	4	0.296	12	0.005	0.787	12	0.007
	5	0.491	62	0.000	0.446	62	0.000

*.这是真显著性的下限

a.里利氏显著性修正

从表 9-19 可知,130 家企业参与本次实验,数字化转型计划为转型成功(N=10)、准备转型(N=28)、转型初期(N=18)、转型适应期(N=12)和暂时没计划(N=62)分别被测是否有计划向"专精特新"发展。

表9-19 基于数字化转型计划的秩

	3.贵单位是否有计划进行数字化转型？（ ）	N	秩平均值
2.贵单位有计划向"专精特新"发展吗？（ ）	1	10	40.75
	2	28	42.27
	3	18	58.81
	4	12	61.42
	5	62	82.72
	总计	130	

由表9-20中数据可知p=0.000，小于0.05，说明数字化转型计划为转型成功、准备转型、转型初期、转型适应期和暂时没计划五组的向专精特新发展的计划之间存在显著差异。

表9-20 基于数字化转型计划的检验统计[a, b]

	2.贵单位有计划向"专精特新"发展吗？（ ）
克鲁斯卡尔-沃利斯H	36.070
自由度	4
渐近显著性	0.000
a.克鲁斯卡尔-沃利斯检验	
b.分组变量：3.贵单位是否有计划进行数字化转型？（ ）	

9.3.4 多项选择分析

1.多重响应频率分析

根据多重响应频率分析表（1）显示，分析项：贵单位转型升级方面存在最大的困难（A.产品缺乏市场竞争力；B.转型升级资金不足；C.转型升级人才缺少；D.转型升级方向不明确；E.转型升级内动力不足）的卡方拟合优度检验的P值为0.660，大于0.05。当 α=0.05时，不呈现显著性（水平上），即接受原假设，说明问卷所列项目的选择比例，呈现比较均匀，未出现显著性差异。具体内容见表9-21。

表9-21 多重响应频率分析表（1）

多选题题项	N（计数）	响应率（%）	普及率（%）	X^2	P
A.产品缺乏市场竞争力	60	21.505	46.154	2.416	0.660
B.转型升级资金不足	46	16.487	35.385		
C.转型升级人才缺少	59	21.147	45.385		
D.转型升级方向不明确	59	21.147	45.385		
E.转型升级内动力不足	55	19.713	42.308		
总计	279	100	214.615		

注：***、**、* 分别代表1%、5%、10%的显著性水平。

根据多重响应频率分析表（2）显示，分析项：贵单位需要得到政府哪方面的支持（A.低息资金帮扶 B.提供专业培训 C.出台政策，稳定人才队伍 D.提供转型平台，打通业务链接 E.提供免费转型"智慧"服务）的卡方拟合优度检验的P值为0.187，大于0.05。当 α=0.05时，不呈现显著性（水平上），即接受原假设，说明问卷所列项目的选择比例，呈现比较均匀，未出现显著性差异。具体内容见表9-22。

表9-22 多重响应频率分析表（2）

多选题题项	N（计数）	响应率（%）	普及率（%）	X^2	P
A.低息资金帮扶	71	22.977	54.615	6.162	0.187
B.提供专业培训	52	16.828	40		
C.出台政策，稳定人才队伍	62	20.065	47.692		
D.提供转型平台，打通业务链	72	23.301	55.385		
E.提供免费转型"智慧"服务	52	16.828	40		
总计	309	100	237.692		

注：***、**、* 分别代表1%、5%、10%的显著性水平。

2. 多重响应频率交叉分析

通过多重响应频率交叉分析，结果显示，卡方检验 P 值为 0.994，大于 0.05。在 α=0.05 时，不呈现显著性（水平上），即接受原假设，说明贵单位转型升级方面存在最大的困难（A.产品缺乏市场竞争力；B.转型升级资金不足；C.转型升级人才缺少；D.转型升级方向不明确；E.转型升级内动力不足）在贵单位需要得到政府哪方面的支持（A.低息资金帮扶；B.提供专业培训；C.出台政策，稳定人才队伍；D.提供转型平台，打通业务链接；E.提供免费转型"智慧"服务）的选择上不具有显著性差异。具体内容见表9-23。

表9-23 多重响应频率交叉分析表

分组题项	A.低息资金帮扶	B.提供专业培训	C.出台政策，稳定人才队伍	D.提供转型平台，打通业务链接	E.提供免费转型"智慧"服务	总数	X^2	P
A.产品缺乏市场竞争力	37（25%）	25（16.892%）	30（20.27%）	33（22.297%）	23（15.541%）	148	5.331	0.994
B.转型升级资金不足	31（22.794%）	24（17.647%）	30（22.059%）	28（20.588%）	23（16.912%）	136		
C.转型升级人才缺少	40（24.096%）	28（16.867%）	40（24.096%）	33（19.88%）	25（15.06%）	166		
D.转型升级方向不明确	35（20.115%）	30（17.241%）	35（20.115%）	38（21.839%）	36（20.69%）	174		
E.转型升级内动力不足	31（19.872%）	25（16.026%）	33（21.154%）	36（23.077%）	31（19.872%）	156		
总计	174	132	168	168	138	780		

9.3.5 相关性分析

相关性分析的结果，见表9-24。KP（贵单位是否了解"专精特新"政策）、HI（贵单位未来是否有计划聘请服务机构协助申请"专精特新"）、SF（目前企业现金流是否充足）、EP（贵单位是否享受融资优惠政策）、DT（贵单位是否有计划进行数字化转型）与 PT（贵单位有计划向"专精特新"发展吗）的相关性系数分别为 0.566、0.451、0.211、0.293、0.506，系数为正，且显著相关，说明 KP（贵单位是否了解"专精特新"政策）、HI（贵单位未来是否有计划聘请服务机构协助申请"专精特新"）、SF（目前企业现金流是否充足）、EP（贵单位是否享受融资优惠政策）、DT（贵单位是否有计划进行数字化转型）与 PT（贵单位有计划向"专精特新"发展吗）的相关关系均是显著且正向的。

表9-24 相关性分析

项目	KP	HI	SF	EP	DT	PT
KP	1					
HI	0.305**	1				
SF	0.435**	0.173*	1			
EP	0.299**	0.262**	0.144	1		
DT	0.391**	0.400**	0.228**	0.252**	1	
PT	0.566**	0.451**	0.211*	0.293**	0.506**	1

注：① KP（贵单位是否了解"专精特新"政策）、HI（贵单位未来是否有计划聘请服务机构协助申请"专精特新"）、SF（目前企业现金流是否充足）、EP（贵单位是否享受融资优惠政策）、DT（贵单位是否有计划进行数字化转型）、PT（贵单位有计划向"专精特新"发展吗）。
② **、* 分别代表 1%、5% 的显著性水平。

9.3.6 回归分析

设定因变量（Y）：企业"专精特新"（Specialization, Refinement, Distinctiveness and Innovation，SRDI）的申请计划（Application Plan of SRDI），将"已申请成功""正筹备申请""近两年有计划申请""近五年会考虑申请"等选项，设定为"1"，将选项"没计划申请"设定为"0"；设定自变量（X1）：对"专精特新"政策了解程度（knowledge of policy），将"非常了解""比较了解"设定为"1"，将选项"了解不多""不了解"设定为"0"；设定自变量（X2）：聘请服务机构（Hire services agency，Hire SA），将选项"有"设定为"1"，将选项"否"设定为"0"；设定自变量（X3）：享受优惠政策（Enjoy preferential policies，EPP），将选项"是"设定为"1"，将选项"否"设定为"0"；设定自变量（X4）：充足的资金流（Sufficient funds），将选项"非常充足"设定为"1"，将选项"比较充足""基本能满足运营""需要补充资金"设定为"0"。选取样本量130个，采用STATA分析工具，进行二元回归分析。研究结果1：对政策了解的程度与"专精特新"申请计划呈正相关，且结果显著（P值为0.000，小于0.001），即企业对"专精特新"政策越了解，"专精特新"申请的意愿越强烈，越容易实现计划。研究结果2：聘请服务机构与"专精特新"申请计划呈正相关，且结果显著（P值为0.001，小于0.01），即企业聘请专业服务团队，能够帮助企业实现"专精特新"申请计划。研究结果3：享受优惠政策与"专精特新"申请计划呈正相关，且结果显著（P值为0.014，小于0.05），即享受优惠政策能够推进企业申请"专精特新"的计划。研究结果4：充足的资金与"专精特新"申请计划呈正相关，但不显著，即企业推进"专精特新"的申请计划，不一定要求具备充足的资金流，资金比较充足或基本能满足运营的企业也可能会参与"专精特新"的申请计划。具体内容见表9-25。

表9-25 "专精特新"申请计划的二元回归分析

变量	专精特新申请计划					
	系数	标准差	t值	显著性	95% 置信区间	区间
对政策的了解	0.3606579	0.0871609	4.14	0.000***	0.1881556	0.5331601
聘请服务机构	0.2861127	0.0826741	3.46	0.001***	0.1224904	0.4497349
享受优惠政策	0.2011722	0.0807998	2.49	0.014**	0.0412593	0.3610852
充足的资金流	0.0357662	0.1108072	0.32	0.747	−0.183535	0.2550675
常数	0.1482322	0.048274	3.07	0.003 ***	0.0526919	0.2437725
观测量	130					
R^2	0.3572					
调整后 R^2	0.3366					

* p＜0.05，** p＜0.01，***p＜0.001

9.4 福建中小微企业向"专精特新"发展面临的问题

9.4.1 福建中小微企业对政策了解不够

福建中小微企业以家族企业或家庭作坊为主，企业的生存和发展关系家族利益。在复杂多变的市场竞争环境中，对政策内容的感知，对企业发展战略的选择，基本出自利益核心成员，这也将影响企业的发展方向。本研究二元回归分析结果显示：福建中小微企业对政策的了解与申请"专精特新"计划呈正相关。调查结果显示：36.92%的企业表示对政策了解不多，33.85%的企业表示不了解相关政策，导致58.46%的企业暂时没有"专精特新"申请计划（见图9-6），45.38%的企业转型方向不明确。为了促进福建中小微企业向"专精特新"发展，加强政策的宣传和培训显得格外重要。

9.4.2 福建中小微企业缺少专业技术人才

福建中小微企业的市场适应能力较强，运营机制灵活，能够抓住缝隙市场，充分发挥"小而专""小而精""小而特""小而新"的优势，不断提高技术和产品质量，提高产品市场竞争力，逐渐发展壮大。但由于福建中小微企业综合实力缺乏优势，在技术人才的招聘和留用方面，显得力不从心，导致缺乏高级的管理人才和专业技术人才，无法实现产品和技术的创新。本研究二元回归分析结果显示：聘请服务机构与"专精特新"申请计划呈正相关。调查结果显示：福建中小微企业在转型升级的发展过程中，45.38%的企业缺少专业技术人才。为此，若要推动福建中小微企业向"专精特新"发展，亟待补充专业技术人才。

9.4.3　福建中小微企业转型资金不充分

福建中小微企业的自有资金（留存收益），只有在应收账款良好的情况下，才能充实企业的流动资金，这将导致扩大生产和产品研发需要的流动资金，在很大程度上依赖外部融资（银行）。由于中小微企业市场竞争力不够，盈利能力不足，偿债能力不佳，在申请银行贷款时容易被拒绝。中小微企业筹资能力偏弱，一旦资金链出现问题，破产的概率随之增加。本研究二元回归分析结果显示：充足的资金与"专精特新"申请计划正相关，但结果不显著，说明企业只要具备正常运营的资金（或稍有盈余），就存在申请"专精特新"发展计划的可能。调研结果显示：在资金需求方面，仅有 13.85% 的企业资金充足，21.54% 的企业需要补充资金，40.77% 的企业表示贷款额度偏低，21.54% 的企业表示融资绑定附加条件（见图 9-4）；在转型升级困难方面，35.38% 的企业表示转型资金不足。为此，若要推动更多的中小微企业向"专精特新"发展，需要福建当地金融机构进一步完善融资服务体系、拓展融资渠道。

9.4.4　福建中小微企业转型内动力不足

《中国中小企业生存现状报告，2022》显示，中国中小企业数量 4881 万家（截至 2021 年），增长率 8.5%，但中小企业注册与注销比，2021 年降到历史最低，企业活跃度也在下降（中国中小微企业经营现状研究，2021）。福建中小微企业近几年生存现状也受到不同程度的冲击，大部分企业只能维持运营，盈利空间缩小，生存艰难，转型内动力凸显不足。本研究二元回归分析结果显示：享受优惠政策与"专精特新"申请计划呈正相关。调研结果显示：在经营现状方面，仅有 37.69% 的企业的订单增加（近三年），34.62% 的企业营业收入持续增加（近三年）；在享受优惠政策方面，仅有 33.08% 的企业享受到优惠政策，66.92% 的企业未享受；在转型升级方面，46.15% 的企业产品缺乏市场竞争力，42.31%的企业转型升级内动力不足。因此，若要引导中小微企业向"专精特新"升级发展，则需要发挥福建行业协会的作用，搭建产业链融合发展平台，需要当地政府落实优惠政策。

9.5 国际经验借鉴

9.5.1 德国中小企业发展经验启示

"隐形冠军"企业规模小、公共知名度小，但在市场细分领域占据重要地位，具有显著的专业优势。在经营状况方面，西蒙（Simon）认为，"隐形冠军"企业年销售额低于50亿美元，且经营规模满足中小企业界定标准；欧盟经济研究中心认为，"隐形冠军"企业的销售额在国际市场中的比重需要超过50%，连续五年销售增长率超过10%，且员工人数低于一万人。"隐形冠军"企业在德国的经济发展中扮演重要角色，德国政府重视"隐形冠军"企业的发展，出台相关政策，促进企业数量持续增长，从39家（1989年）增长到1537家（2020年），约占全球"隐形冠军"数量（3406家）的45.13%，跃居世界第一。在德国，"隐形冠军"企业主要在机械制造（22.6%）和电子行业（10.5%），87.5%的"隐形冠军"企业营业收入低于10亿欧元，58.2%的企业人数低于1000人[1]。

德国出台全生命周期政策，精简项目申请和审批流程，支持中小企业创新和成长，鼓励中小企业参与数字化，走向国际化，降低生存风险。具体内容包括：①鼓励创新创业政策，引导创新型企业设立企业，为企业改善融资条件、提供激励措施等，促进企业实现创新的想法和商业模式；②中小企业数字化政策，支持创新产业集群参与数字化，提升产品研发能力和效率，促

---

[1] 孙金钰、任浪：《从德日经验看"专精特新"中小企业发展》，https://baijiahao.baidu.com/s?id=1757226944787284454&wfr=spider&for=ps&searchword=Hidden%20Champion%20in%20the%20Chinese%20Century，访问日期：2024年7月23日。

进创新领域知识与技术的更新；③专业技术转化政策，帮助中小企业技术应用转化，并重视知识产权的保护；④贴近市场的创新政策，若中小企业研发的项目，在投放市场过程中未获得好的市场收益（前期评估具备好的市场前景），政府会提供资金支持，帮助企业渡过难关，避免企业因资金不足而破产，同时也为好的研发项目争取了修正并再次投放市场的机会。

德国行业协会设有专门部门，为中小企业发展为"隐形冠军"保驾护航，具体内容包括：①提供技术支持，行业协会的核心科研机构（由科学家、发明家组成），为中小企业提供具有商业价值的技术支持；②提供低息贷款，行业协会制定行业标准，邀请"隐形冠军"加入，并为其与银行协调，获得低息贷款；③获得政府经费支持，行业协会设定价格限制，避免过度竞争，争取政府经费支持；④营造良性竞争环境，行业协会营造良性竞争氛围，促进中小企业创新和技术水平持续提升；⑤谋划"大中小"企业融合发展局面，大企业形成配套产业集群，主导产业链上下游进行专业分工和融合发展，促进产业链整体效率提升，并为中小企业发展为"隐形冠军"提供生长空间和环境。

德国金融市场助力"隐形冠军"企业发展，具体内容包括：①推行间接融资体系，为"隐形冠军"等中小企业打造外部融资环境。例如，德国复兴银行提供直接贷款时，给予贷款贴息，降低中小企业融资成本，同时通过转贷方式，为中小企业提供间接贷款；②开发多层次资本市场（夹层融资、中小企业资产证券化、天使投资等新型融资工具），促进中小企业融资渠道多样化，助力企业研发投入能力持续提升；③成立高科技初创基金，科创公司成立初期（前3年）和后续发展过程中，分别能够获得100万欧元和300万欧元的资金支持。若处于加速发展期或成长期，每年能够获得2000万—6000万欧元的资金支持。

9.5.2　日本中小企业发展经验启示

日本"专精特新"企业采用"利基战略"，悄无声息地进入缝隙市场（小众市场），提供特色鲜明的产品和服务，再用"关键技术"和"高质量服务"跻身世界领军行业。日本政府从政策执行、资金支持、奖励措施三个方面，保护和支持"专精特新"中小企业发展。主要内容包括：①逐级落实政策，日本政府从国家—地方政府—社会层面三个层面，自上而下设立执行机构体系，逐级落实中小企业扶持政策，帮助中小企业提高生产效率、提升专业技术水平，助力中小企业开拓海外业务渠道、改善经营环境等，促进可持续发展；②提供资金补助，日本政府为具有潜力的中小企业（经过评选后）提供技术研发补助金、提供知识产权保护的法律援助资金，以鼓励和支持中小企业创新；③提供相关的税收减免，日本政府发布中小企业补助金支付纲要，并提供相关的税收减免措施，以促进中小企业可持续发展。

9.6 福建中小微企业向"专精特新"发展的建议

9.6.1 联动行业协会，加大政策宣传与培训

行业协会是联动政府和企业的桥梁，调研结果显示：40%的企业希望得到专业培训。建议发挥福建中小企业行业协会的作用，成立政策宣讲和培训部门，加强"专精特新"政策的辅导和宣传力度，落实转型提升中小企业核心竞争力的专项行动。通过"专精特新"申请经验交流、"专精特新"发展案例分享、进入优秀企业现场观摩等活动，增强中小微企业申请"专精特新"计划的行动意愿。通过聘请专业机构培训师或高校专家，开设"专精特新"专项讲座，提升中小微企业管理层对政策的理解和掌握，增加企业申请"专精特新"发展的信心。

9.6.2 打造专家服务团队，提供专业技术服务

中小微企业转型升级发展需要技术人才的支撑。调研结果显示：47.69%的企业希望出台稳定人才队伍的政策。但与大企业相比，中小微企业不具备人才竞争优势。建议由福建政府牵头，行业协会负责执行落实，组建"专精特新"专家团队，为中小微企业的发展，提供专业咨询、技术服务、技术鉴

定、技术评估等服务，并为"专精特新"企业后续的发展，提供战略布局、财务管理、市场规划、品牌塑造等管理咨询服务，助力"专精特新"企业提升精益生产和管理水平，促进可持续发展。

9.6.3 开发多层次资本市场，优化外部融资服务

近年来，国家出台若干政策，给予中小微企业资金支持，但真正受益的企业数量并不多。调查结果显示：54.62%的企业希望得到低息资金帮扶。建议福建当地银行开发多层次资本市场，优化外部融资环境。通过不同银行之间的转贷，为中小微企业提供间接贷款，拓宽融资渠道，增加贷款额度；行业协会为优质的中小微企业提供融资推荐，争取银行低息贷款；地方银行需要简化融资手续、取消绑定融资附加条件，进一步优化外部融资服务体系；政府可以联合金融机构，实行"一户一策"的措施，为中小微企业提供定制化的信贷服务，以促进中小微企业向"专精特新"发展。

9.6.4 逐级落实帮扶政策，提高升级发展内动力

中小微企业通过介入缝隙市场，与大型企业建立密切的协作关系，以开辟生存与发展空间。调研结果显示，55.38%的企业希望打通业务渠道，40%的企业希望得到"智慧"服务。建议由福建省相关政府部门牵头，行业协会落实执行，鼓励优秀的大型企业，结合人才优势、技术优势和市场优势，带领更多中小企业共同发展。打造企业业务信息共享平台，增加中小微企业的业务量，提高营业收入和营业利润，实现"大中小企业"融通发展；加大"专精特新"优惠政策力度，并逐级落实政策内容，提高升级发展的内动力，促进更多中小微企业向"专精特新"发展。

9.7 结论

中小微企业的升级发展，是地方经济发展的关键。中小微企业向"专精特新"的发展过程中面临诸多问题，"政府+行业协会"帮助中小微企业增加业务订单、提高营业收入、加大产品研发、提高生产效率、实现精细化管理，从而提升核心竞争力，增加转型升级自信心。"金融机构+行业协会"，让中小微企业更容易获得低息贷款与资金支持。政府出台的优惠政策和激励措施，激发了中小微企业升级发展的内动力。总之，推动中小微企业向"专精特新"发展，需要当地政府、金融机构、行业协会通力配合，共同发力。

参考文献

［1］财政部等两部门：发文支持"专精特新"中小企业高质量发展［J］.中国食品，2021（5）：55-56.

［2］东莞市专精特新中小企业培育工作实施方案［N］.东莞日报，2021-04-07（A08）.

［3］董永德.中小企业要走"专精特新"之路［N］.晋中日报，2021-04-19（1）.

［4］江苏省工商联课题组，顾万峰，刘聪.江苏省中小企业"专精特新"发展的现状、问题与路径分析［J］.江苏省社会主义学院学报，2023，24（4）：62-68.

［5］李锦清.福州市税务部门出台措施扶持中小微企业［N］.福州晚报，2020-02-18（8）.

［6］潘海蔚.打造发展具有淮安特色的"专精特新"中小企业对策研究

[J].中国市场,2024(12):19-22.

[7]宋新.财政助推"专精特新"中小企业高质量发展[J].今日科技,2021(3):30.

[8]吴秋余.增强中小企业"免疫力"[N].人民日报,2020-04-27(18).

[9]徐晓炎,马哲.专精特新中小企业的数字化转型策略[J].华东科技,2024(1):57-59.

[10]郑宇飞.协同发力让创业梦想照进现实[N].北京日报,2020-04-24(9).

附录：

关于推进福建中小微企业向"专精特新"发展的问卷调查

一、企业基本情况

1.贵单位所属区域？(　　)[单选题]

选项	小计	比例
A.福州	74	56.92%
B.厦门	22	16.92%
C.泉州	17	13.08%
D.漳州	6	4.62%
E.龙岩	3	2.31%
F.莆田	3	2.31%
G.宁德	3	2.31%
H.三明	0	0%
I.南平	2	1.54%
J.外省	0	0%
本题有效填写人次	130	

第 9 章 推进福建中小微企业向"专精特新"发展的路径研究 | 181

2. 贵单位所属行业？（　　）[单选题]

选 项	小 计	比 例
A. 餐饮服务业	16	12.31%
B. 零售批发业	21	16.15%
C. 科技服务业	13	10%
D. 生活服务业	5	3.85%
E. 互联网技术业	11	8.46%
F. 建筑业	6	4.62%
G. 生产制造业	11	8.46%
H. 融资租赁业	2	1.54%
I. 金融服务业	12	9.23%
J. 咨询服务业	4	3.08%
K. 酒店服务业	0	0%
L. 旅游服务	1	0.77%
M. 外贸服务	2	1.54%
N. 设计、装饰	3	2.31%
O. 交通运输业	2	1.54%
P. 房地产业	3	2.31%
Q. 其他行业	18	13.85%
本题有效填写人次	130	

3. 贵单位注册资金？（　　）[单选题]

选 项	小 计	比 例
A.1000 万元以上	42	32.31%
B.501 万—1000 万元	20	15.38%
C.100 万—500 万元	37	28.46%
D.100 万元以下	31	23.85%
本题有效填写人次	130	

4.贵单位经营规模？（ ）[单选题]

选项	小计	比例
A.100 人以上	35	26.92%
B.51—100 人	26	20%
C.20—50 人	36	27.69%
D.20 人以下	33	25.38%
本题有效填写人次	130	

5.贵单位经营年限？（ ）[单选题]

选项	小计	比例
A.10 年以上	44	33.85%
B.5—10 年	33	25.38%
C.3—5 年	31	23.85%
D.3 年以下	22	16.92%
本题有效填写人次	130	

6.贵单位采用的经营模式？（ ）[单选题]

选项	小计	比例
A.线下经营	50	38.46%
B.线上经营	13	10%
C.线下+线上结合	52	40%
D.其他方式	15	11.54%
本题有效填写人次	130	

二、企业发展现状

1. 贵单位近三年营业现状？（　　）[单选题]

选项	小计	比例
A. 营业收入连续三年递增	45	34.62%
B. 营业收入连续三年持平	26	20%
C. 营业收入连续三年递减	13	10%
D. 不稳定	46	35.38%
本题有效填写人次	130	

2. 贵单位近三年业务现状？（　　）[单选题]

选项	小计	比例
A. 正常营业，订单增加	49	37.69%
B. 有营业，订单减少	55	42.31%
C. 有营业，无新订单	22	16.92%
D. 运营受阻，准备转让	4	3.08%
本题有效填写人次	130	

3. 目前企业现金流是否充足？（　　）[单选题]

选项	小计	比例
A. 非常充足	18	13.85%
B. 比较充足	30	23.08%
C. 基本能满足运营	54	41.54%
D. 需要补充	28	21.53%
本题有效填写人次	130	

4. 贵单位目前采取的融资方式？（　　）[多选题]

选项	小计	比例
A. 企业经营贷	62	47.69%
B. 企业抵押贷	26	20%
C. 个人抵押贷	18	13.85%
D. 民间借贷	14	10.77%
E. 没有融资计划	47	36.15%
本题有效填写人次	130	

5. 贵单位融资过程中遇到哪些困难？（　　）[多选题]

选项	小计	比例
A. 无法提供抵押物	27	20.77%
B. 还款方式不够合理	26	20%
C. 贷款额度较低	53	40.77%
D. 贷款绑定附加条件	28	21.54%
E. 没融资，具体不知道	52	40%
本题有效填写人次	130	

6. 贵单位是否享受融资优惠政策？（　　）[单选题]

选项	小计	比例
A. 有	43	33.08%
B. 无	87	66.92%
本题有效填写人次	130	

三、企业转型升级现状

1. 贵单位是否了解"专精特新"政策？（ ）[单选题]

选项	小计	比例
A. 非常了解	15	11.54%
B. 比较了解	23	17.69%
C. 了解不多	48	36.92%
D. 不了解	44	33.85%
本题有效填写人次	130	

2. 贵单位有计划向"专精特新"发展吗？（ ）[单选题]

选项	小计	比例
A. 已申请成功	5	3.85%
B. 正筹备申请	19	14.62%
C. 近两年有计划	12	9.23%
D. 5年内会考虑	18	13.85%
E. 暂时没计划	76	58.45%
本题有效填写人次	130	

3. 贵单位目前的情况比较符合"专精特新"的哪一项？（ ）[单选题]

选项	小计	比例
A. 专业化	36	27.69%
B. 精细化	12	9.23%
C. 特色化	9	6.92%
D. 新颖化	9	6.92%
E. 暂时不符合，需转型升级	64	49.23%
本题有效填写人次	130	

4.贵单位未来是否有计划聘请服务机构协助申请"专精特新"？（　　）
[单选题]

选项	小计	比例
A.有	41	31.54%
B.否	89	68.46%
本题有效填写人次	130	

5.贵单位在转型升级方面存在最大的困难？（　　）[多选题]

选项	小计	比例
A.产品缺乏市场竞争力	60	46.15%
B.转型升级资金不足	46	35.38%
C.转型升级人才缺少	59	45.38%
D.转型升级方向不明确	59	45.38%
E.转型升级内动力不足	55	42.31%
本题有效填写人次	130	

6.贵单位需要得到政府哪方面的支持？（　　）[多选题]

选项	小计	比例
A.低息资金帮扶	71	54.62%
B.提供专业培训	52	40%
C.出台政策，稳定人才队伍	62	47.69%
D.提供转型平台，打通业务链接	72	55.38%
E.提供免费转型"智慧"服务	52	40%
本题有效填写人次	130	

四、企业数字化转型现状

1. 贵单位是否了解"数字化"转型政策？（ ）[单选题]

选项	小计	比例
A. 非常了解	15	11.54%
B. 比较了解	41	31.54%
C. 了解不多	41	31.54%
D. 不了解	33	25.38%
本题有效填写人次	130	

2. 贵单位了解"专精特新""数字化转型"等政策的途径？（ ）[单选题]

选项	小计	比例
A. 政府平台推送	22	16.92%
B. 互联网资讯	43	33.08%
C. 报纸、杂志	9	6.92%
D. 培训、会议	10	7.69%
E. 朋友告知	11	8.46%
F. 没有关注、不清楚	35	26.92%
本题有效填写人次	130	

3. 贵单位是否有计划进行数字化转型？（ ）[单选题]

选项	小计	比例
A. 转型成功	10	7.69%
B. 准备转型	28	21.54%
C. 转型初期	18	13.85%
D. 转型适应期	12	9.23%
E. 暂时没计划	62	47.69%
本题有效填写人次	130	

4.贵单位数字化转型的目的?（　　）[多选题]

选项	小计	比例
A.顺应发展趋势	56	43.08%
B.提高产品竞争力	58	44.62%
C.优化决策	45	34.62%
D.降本增效	49	37.69%
E.改善企业形象	30	23.08%
F.增加客户体验	40	30.77%
G.不清楚为啥转、怎么转	39	30%
本题有效填写人次	130	

5.贵单位目前采取的数字化转型的内容?（　　）[多选题]

选项	小计	比例
A.财务数字化	65	50%
B.供应链数字化	40	30.77%
C.生产数字化	34	26.15%
D.运营管理数字化	38	29.23%
E.人力资源数字化	36	27.69%
F.还没参与数字化转型	39	30%
G.仓储管理数字化	18	13.85%
本题有效填写人次	130	

6.贵单位数字化转型的模式?（　　）[多选题]

选项	小计	比例
A.新数字业务模式	36	27.69%
B.新技术嵌入	42	32.31%
C.内部数字化运营	51	39.23%
D.还没开始数字化转型	53	40.77%
本题有效填写人次	130	

7. 贵单位是否考虑入驻数字化转型平台？（　　）[单选题]

选项	小计	比例
A. 有	49	37.69%
B. 无	81	62.31%
本题有效填写人次	130	

8. 贵单位在转型过程中是否考虑聘请数字化转型服务机构？（　　）[单选题]

选项	小计	比例
A. 有	47	36.15%
B. 无	83	63.85%
本题有效填写人次	130	

9. 贵单位对企业数字化转型现有政策的评价？（　　）[单选题]

选项	小计	比例
A. 对企业帮助很大	19	14.62%
B. 对企业有帮助	45	34.62%
C. 政策执行效果一般	16	12.31%
D. 没关注、不清楚	50	38.46%
本题有效填写人次	130	

10. 贵单位希望政府给予哪方面的帮扶？（　　）[多选题]

选项	小计	比例
A. 出台政策支持数字化人才的引进	82	63.08%
B. 搭建数字化转型服务平台	84	64.62%
C. 加大数字化转型方面培训力度	80	61.54%
D. 加强数字信息安全管理	61	46.92%
E. 加大数字化转型方面的宣传力度	57	43.85%
本题有效填写人次	130	

11. 贵单位对企业数字化转型的建议？（　　）[多选题]

选项	小计	比例
A. 企业加强数据治理	77	59.23%
B. 企业加强数字系统建设	74	56.92%
C. 企业提升员工数字化适应能力	75	57.69%
D. 企业组织架构调整与流程机制完善	76	58.46%
E. 企业优化商业模式	59	45.38%
F. 大企业带动中小企业一起转型	58	44.62%
本题有效填写人次	130	

第10章 福建"专精特新"制造企业数字化转型路径研究

在国家步入高质量发展的新阶段，必须加快推进制造企业数字化转型的进程，降低产品的市场试错成本，提升企业的核心竞争力，促进企业向精细化发展方向转变。"专精特新"作为制造企业中的优质企业，其在转型过程中还存在缺乏系统规划、设备数据应用转化困难、员工数字化能力不匹配、资金保障不充分、数据安全隐患等问题。通过调查研究，本章分析福建"专精特新"制造企业数字化转型的现状，并提出若干措施，为进一步推动制造企业高质量发展提供新思路。

10.1 "专精特新"企业发展相关政策

2023年12月，福建省工业和信息化厅等八部门印发了《福建省培育专精特新中小企业促进高质量发展行动计划（2024—2026年）》，共提出十项重点任务，概括如下。

一是遵循梯度培育机制，坚持"储备"—"培育"—"提升"的原则，分批次进行；构建中小企业培育体系，包括：创新型中小企业—"专精特新"中小企业—专精特新"小巨人"企业—制造业"单项冠军"。

二是加大对创新的支持力度，通过激励措施鼓励企业增加对研发的投入；推动产学研之间的协同创新；支持并鼓励实施技术改造项目。

三是加强知识产权服务，为符合条件的专精特新中小企业提供相关的知识产权公共服务，加大对知识产权的保护力度。

四是全面提高品牌质量标准，推动中小企业品牌质量提升专项行动，提高行业整体品牌质量水平。

五是加快推进智改数转，推进中小企业数字化赋能行动，促进中小企业"上云用数赋智"。

六是促进绿色低碳发展，鼓励专业机构开发符合"专精特新"企业的绿色发展方案，开展节能诊断服务、能源资源计量服务，提升绿色化服务能力。

七是鼓励企业直接进行融资，加大对信贷支持力度，以便畅通融资渠道，加强资金保障。

八是引导全省优质中小企业入驻平台，组织优质中小企业开展国际市场拓展等相关业务培训，助力企业多元化市场的开拓。

九是加快人才引进培育，建立"专精特新"企业与高校、行业协会的长效合作机制，对经营管理人员及专业技术人才进行层层培训，实现人才培训全覆盖。

十是加快健全完善中小企业公共服务体系，鼓励各类服务机构为中小企业提供研发创新、数字化转型、融资支持、市场开拓等方面的优质高效服务，提高精准服务水平。

10.2 福建"专精特新"制造企业数字化转型现状

10.2.1 调研基本情况

2023年3—6月，通过实地走访和电子问卷的形式，调研了福建地区的"专精特新"制造企业，共发放74份问卷，收回有效问卷67份，问卷有效率为90.54%。样本包括福建省9个市区和平潭综合试验区，具有一定的代表性。参与调研的企业包括：8家新能源、新材料（11.94%），7家生物医药（10.45%），5家高端设备（7.46%），5家纺织业、服饰业（7.46%），7家农副食品加工业（10.45%），2家酒、饮料和精制茶制造业（2.99%），3家家具制造业（4.47%），1家化学原料和化学制品制造业（1.49%），2家造纸和纸制品业（2.99%），27家其他食品制造企业等（40.30%）。规模：500人以上的17家（25.37%），规模201—500人的19家（28.36%），规模100—200人的11家（16.42%），规模100人以内的20家（29.85%）。企业经营年限：10年以上的46家（68.66%），5—10年的14家（20.89%），3—5年的5家（7.46%），3年以下的2家（2.99%）。

10.2.2 福建"专精特新"制造企业数字化转型现状

此次调研中，30家企业刚参与转型，占比44.78%；23家企业处于转型适应期，占比34.33%；5家企业转型受阻，占比7.46%；9家企业转型成功，占比13.43%。通过数据交叉分析发现：规模500人以上且经营年限10年以上的企业，25%转型成功，56%处于转型适应期；规模201—500人且经营年限10年以上的企业，7%转型成功，33%处于转型适应期；规模100人以内且经营年限在5—10年的企业，71%刚开始转型；规模100人以内且经营年限10年以上的企业，33%转型受阻；规模100人以内且经营年限在3—5年的企业，50%转型受阻。具体内容如图10-1所示。

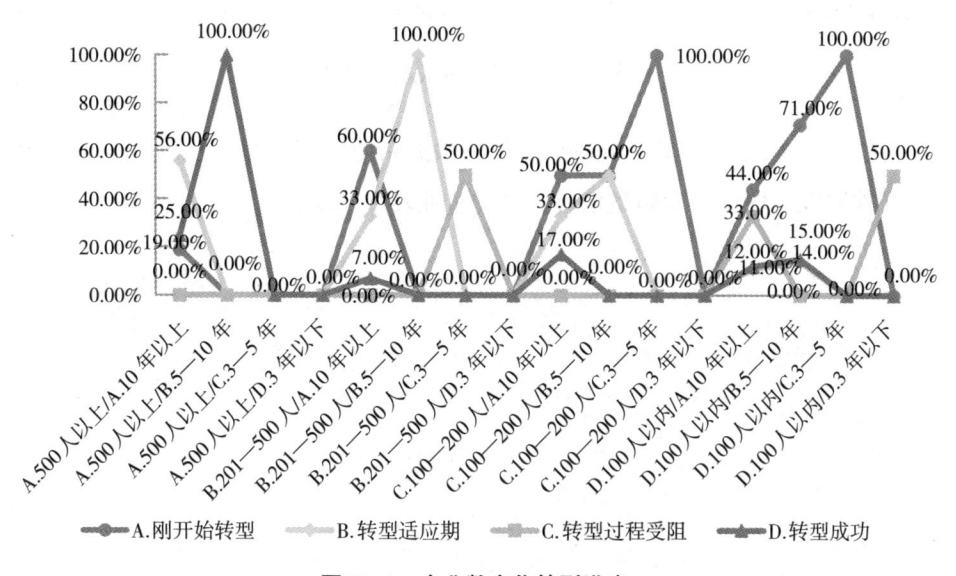

图10-1 企业数字化转型进度

针对企业转型状态调查，7.46%的企业转型顺利，55.22%的转型遇到困难且能解决，34.33%的转型需要第三方帮助，2.99%的转型困难无法解决。

通过数据交叉分析发现：转型顺利的企业，主要集中在福州（10%）、厦门（11%）、龙岩（17%）；转型遇到困难且能解决的企业，主要集中在莆田（100%）、宁德（100%）、南平（100%）、平潭（83%）、福州（63%）、厦门（33%）、泉州（33%）；转型需要第三方帮助的企业，主要集中在漳州（100%）、龙岩（83%）、泉州（50%）、厦门（44%）、福州（27%）、平潭地区（17%）；转型困难无法解决的企业，主要集中在厦门（12%）和泉州地区（17%）。具体内容如图10-2所示。

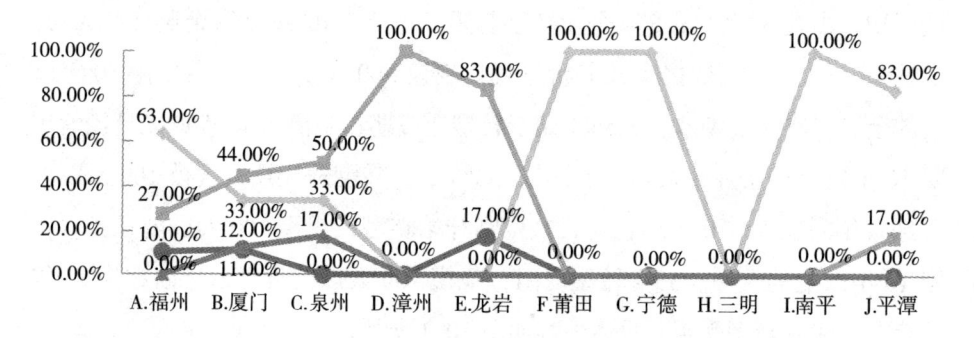

图10-2 企业数字化转型状态

针对以上现象，需要当地政府部门根据企业转型过程中出现的问题，出台帮扶政策，增强企业转型信心，帮助企业转型成功。

10.3 调研数据分析

10.3.1 信度分析

信度分析结果显示，信度系数值为 0.639，大于 0.6，表明问卷信度尚可，可用于进一步分析。具体内容见表 10-1。

表10-1 信度分析

有效问卷	项目数	Cronbach 系数
67	11	0.639

10.3.2 效度分析

运用 SPSS 分析工具进行效度分析，其分析结果显示：问卷所列选项对应的共同度均大于 0.4，说明所列选项的数据信息，可以被有效提取。另外，KMO 值为 0.644，大于 0.6，说明所列选项的数据信息，能够被有效提取。

表 10-2 显示，4 个因子的方差解释率值（旋转后）分别为：因子 1（24.24%）、因子 2（19.62%）、因子 3（14.23%）、因子 4（10.20%）。累积方差解释率（旋转后）达到 68.28%，大于 50%。说明研究项的信息，可以被有效提取使用。

表10-2 效度分析

项　目	因子 1	因子 2	因子 3	因子 4	共同度
1. 贵单位注册资金？	0.02	0.87	-0.07	-0.07	0.768
2. 贵单位经营规模？	0.17	0.84	0.07	-0.16	0.771
3. 贵单位经营年限？	0.21	0.65	-0.18	0.26	0.575
4. 目前贵单位进行数字化转型的情况？	-0.24	-0.11	-0.00	0.85	0.794

续表

项　　目	因子1	因子2	因子3	因子4	共同度
5. 贵单位是否考虑入驻数字化转型平台？	0.10	-0.24	0.82	0.01	0.739
6. 贵单位在转型过程中是否聘请数字化转型服务机构？	0.02	0.08	0.86	0.02	0.749
7. 贵单位数字化转型过程是否顺利？	0.83	-0.03	-0.09	-0.15	0.725
8. 贵单位认为数字化转型成功率有多少？	0.82	0.02	0.05	-0.13	0.699
9. 贵单位还会持续低碳绿色转型吗？	0.66	0.19	0.00	0.07	0.474
10. 贵单位是否了解数字化转型的相关政策？	0.61	0.21	0.27	-0.12	0.502
11. 贵单位对企业数字化转型现有政策评价？	0.59	0.32	0.15	0.49	0.716
特征根值（旋转前）	3.21	1.88	1.34	1.08	—
方差解释率（旋转前）	29.22%	17.09%	12.14%	9.83%	—
累积方差解释率（旋转前）	29.22%	46.31%	58.45%	68.28%	—
特征根值（旋转后）	2.67	2.16	1.57	1.12	—
方差解释率（旋转后）	24.24%	19.62%	14.23%	10.20%	—
累积方差解释率（旋转后）	24.24%	43.85%	58.08%	68.28%	—
KMO值	0.644				—
巴特球形值	208.424				—
df	55.000				—
P值	—				

10.3.3　差异性分析

1. 基于数字化转型情况的非参数检验

本研究将贵单位进行数字化转型的情况分为刚开始转型、转型适应期、转型过程受阻和转型成功四组，从表10-3、表10-4可知，"贵单位进行数字化转型的情况"基于平均值的莱文统计，即F值为4.339，显著性为0.008，小于0.05，认为方差不齐，进一步检验发现数据不符合正态性分布，不能进行独立样本T检验，进行非参数检验。

表10-3 基于数字化转型情况的方差齐性检验

		莱文统计	自由度1	自由度2	显著性
1.贵单位数字化转型过程是否顺利?( )	基于平均值	4.339	3	63	0.008
	基于中位数	2.119	3	63	0.107
	基于中位数并具有调整后自由度	2.119	3	54.961	0.108
	基于剪除后平均值	4.515	3	63	0.006

表10-4 基于数字化转型情况的正态性检验

	1.目前贵单位进行数字化转型的情况?( )	柯尔莫戈洛夫–斯米诺夫[a]			夏皮洛–威尔克		
		统计	自由度	显著性	统计	自由度	显著性
1.贵单位数字化转型过程是否顺利?( )	1	0.301	30	0.000	0.821	30	0.000
	2	0.459	23	0.000	0.551	23	0.000
	3	0.231	5	0.200*	0.881	5	0.314
	4	0.471	9	0.000	0.536	9	0.000

*.这是真显著性的下限
a.里利氏显著性修正

从表10-5可知，67家企业参与本次实验，数字化转型情况为刚开始转型（N=30）、转型适应期（N=23）、转型过程受阻（N=5）和转型成功（N=9）分别被测数字化转型过程是否顺利。

表10-5 基于数字化转型情况的秩

	1.目前贵单位进行数字化转型的情况?( )	N	秩平均值
1.贵单位数字化转型过程是否顺利?( )	1	30	38.32
	2	23	31.83
	3	5	44.50
	4	9	19.33
	总计	67	

由表10-6中数据可知 p=0.015，小于0.05，说明数字化转型的情况为刚开始转型、转型适应期、转型过程受阻和转型成功四组的数字化转型过程是否顺利之间存在显著差异。

表10-6　基于数字化转型情况的检验统计[a, b]

	1.贵单位数字化转型过程是否顺利？（　）
克鲁斯卡尔-沃利斯H	10.507
自由度	3
渐近显著性	0.015

a. 克鲁斯卡尔-沃利斯检验

b. 分组变量：1.目前贵单位进行数字化转型的情况？（　）

2. 基于政策了解的非参数检验

本研究将贵单位是否了解数字化转型的相关政策分为非常了解、了解一些、有听说但了解不多和不知道四组，从表10-7可知，"贵单位是否了解数字化转型政策"的正态性检验P小于0.05，数据不符合正态性分布，不能进行独立样本T检验，进行非参数检验。

表10-7　基于政策了解的正态性检验

	1.贵单位是否了解数字化转型的相关政策？（　）	柯尔莫戈洛夫-斯米诺夫[a] 统计	自由度	显著性	夏皮洛-威尔克 统计	自由度	显著性
1.贵单位是否了解数字化转型的相关政策？（　）	1	0.319	6	0.056	0.683	6	0.004
	2	0.370	41	0.000	0.758	41	0.000
	3	0.324	18	0.000	0.751	18	0.000
	4	0.260	2	—	—	—	—

a. 里利氏显著性修正

从表10-8可知，67家企业参与本次实验，数字化转型政策了解情况为非常了解（N=6）、了解一些（N=41）、有听说但了解不多（N=18）和不知道（N=2）分别被测数字化转型过程是否顺利。

表10-8　基于政策了解的秩

1.贵单位数字化转型过程是否顺利？（　）	1.贵单位是否了解数字化转型的相关政策？（　）	N	秩平均值
	1	6	13.50
	2	41	32.79
	3	18	43.03
	4	2	39.00
	总计	67	

由表10-9中数据可知p=0.003，小于0.05，说明数字化转型政策了解情况为非常了解、了解一些、有听说但了解不多和不知道四组的数字化转型过程是否顺利之间存在显著差异。

表10-9　基于政策了解的检验统计[a, b]

	1.贵单位数字化转型过程是否顺利？（　）
克鲁斯卡尔－沃利斯H	13.649
自由度	3
渐近显著性	0.003

a. 克鲁斯卡尔－沃利斯检验
b. 分组变量：1.贵单位是否了解数字化转型的相关政策？（　）

3. 基于政策评价的非参数检验

本研究将贵单位对企业数字化转型现有政策的评价分为对企业帮助很大、对企业有些帮助、效果不明显和没作用四组，从表10-10、表10-11可知，"贵单位对企业数字化转型现有政策的评价"基于平均值的莱文统计，即F值为3.918，显著性为0.025，小于0.05，认为方差不齐，进一步检验发现数据不符合正态性分布，不能进行独立样本T检验，进行非参数检验。

表10-10 基于政策评价的方差齐性检验[a]

		莱文统计	自由度1	自由度2	显著性
1.贵单位数字化转型过程是否顺利？（ ）	基于平均值	3.918	2	63	0.025
	基于中位数	2.474	2	63	0.092
	基于中位数并具有调整后自由度	2.474	2	58.677	0.093
	基于剪除后平均值	3.800	2	63	0.028

a. 当3.贵单位对企业数字化转型现有政策的评价？（ ）=4时，1.贵单位数字化转型过程是否顺利？（ ）是常量，已将其省略。

表10-11 基于政策评价的正态性检验[b]

	3.贵单位对企业数字化转型现有政策的评价？（ ）	柯尔莫戈洛夫–斯米诺夫[a]			夏皮洛–威尔克		
		统计	自由度	显著性	统计	自由度	显著性
1.贵单位数字化转型过程是否顺利？（ ）	1	0.362	26	0.000	0.733	26	0.000
	2	0.303	28	0.000	0.798	28	0.000
	3	0.235	12	0.067	0.886	12	0.106

a. 里利氏显著性修正

b. 当3.贵单位对企业数字化转型现有政策的评价？（ ）=4时，1.贵单位数字化转型过程是否顺利？（ ）是常量，已将其省略。

从表10-12可知，67家企业参与本次实验，对企业数字化转型现有政策的评价情况为对企业帮助很大（N=26）、对企业有些帮助（N=28）、效果不明显（N=12）和没作用（N=1），它们分别被测数字化转型过程是否顺利。

表10-12 基于政策评价的秩

	3.贵单位对企业数字化转型现有政策的评价？（ ）	N	秩平均值
1.贵单位数字化转型过程是否顺利？（ ）	1	26	27.35
	2	28	37.63
	3	12	38.29
	4	1	54.00
	总计	67	

由表 10-13 中数据可知 p=0.068，大于 0.05，说明对企业数字化转型现有政策的评价为对企业帮助很大、对企业有些帮助、效果不明显和没作用四组的数字化转型过程是否顺利之间不存在显著差异。

表10-13　基于政策评价的检验统计[a, b]

	1.贵单位数字化转型过程是否顺利？（　）
克鲁斯卡尔－沃利斯 H	7.127
自由度	3
渐近显著性	0.068

a. 克鲁斯卡尔－沃利斯检验
b. 分组变量：3.贵单位对企业数字化转型现有政策的评价？（　）

4. 基于数字化转型成功率的非参数检验

本研究将"贵单位认为数字化转型成功率有多少"分为 100%、80%、50% 和 20% 四组，从表 10-14 可知，"贵单位认为数字化转型成功率有多少"的正态性检验 P 小于 0.05，数据不符合正态性分布，不能进行独立样本 T 检验，进行非参数检验。

表10-14　基于数字化转型成功率的正态性检验

	4.贵单位认为数字化转型成功率有多少？（　）	柯尔莫戈洛夫－斯米诺夫[a] 统计	自由度	显著性	夏皮洛－威尔克 统计	自由度	显著性
1.贵单位数字化转型过程是否顺利？（　）	1	0.385	3	0.000	0.750	3	0.000
	2	0.401	22	0.000	0.661	22	0.000
	3	0.329	36	0.000	0.711	36	0.000
	4	0.407	6	0.002	0.640	6	0.001

a. 里利氏显著性修正

从表 10-15 可知，67 家企业参与本次实验，数字化转型成功率为 100%（N=3）、80%（N=22）、50%（N=36）和 20%（N=6）分别被测数字化转型过程是否顺利。

表10-15　基于数字化转型成功率的秩

	4.贵单位认为数字化转型成功率有多少？（　）	N	秩平均值
1.贵单位数字化转型过程是否顺利？（　）	1	3	10.00
	2	22	26.18
	3	36	36.75
	4	6	58.17
	总计	67	

由表10-16中数据可知p=0.000，小于0.05，说明认为数字化转型成功率为100%、80%、50%和20%四组的数字化转型过程是否顺利之间存在显著差异。

表10-16　基于数字化转型成功率的检验统计[a, b]

	1.贵单位数字化转型过程是否顺利？（　）
克鲁斯卡尔－沃利斯H	22.810
自由度	3
渐近显著性	0.000
a.克鲁斯卡尔－沃利斯检验	
b.分组变量：4.贵单位认为数字化转型成功率有多少？（　）	

5.基于注册资金的非参数检验

本研究将贵单位注册资金分为1000万元以上、501万—1000万元、100万—500万元和100万元以下四组，从表10-17、表10-18可知，"贵单位注册资金"基于平均值的莱文统计，即F值为0.464，显著性为0.708，大于0.05，认为方差齐性，但通过进一步正态性检验发现数据不符合正态性分布，不能进行独立样本T检验，进行非参数检验。

表10-17 基于注册资金的方差齐性检验

		莱文统计	自由度1	自由度2	显著性
1.贵单位数字化转型过程是否顺利？（ ）	基于平均值	0.464	3	63	0.708
	基于中位数	0.350	3	63	0.790
	基于中位数并具有调整后自由度	0.350	3	58.206	0.790
	基于剪除后平均值	0.378	3	63	0.769

表10-18 基于注册资金的正态性检验

	3.贵单位注册资金？（ ）	柯尔莫戈洛夫－斯米诺夫[a]			夏皮洛－威尔克		
		统计	自由度	显著性	统计	自由度	显著性
1.贵单位数字化转型过程是否顺利？（ ）	1	0.370	41	0.000	0.758	41	0.000
	2	0.371	8	0.002	0.724	8	0.004
	3	0.332	11	0.001	0.756	11	0.002
	4	0.214	7	0.200*	0.858	7	0.144

*.这是真显著性的下限

a.里利氏显著性修正

从表10-19可知，67家企业参与本次实验，注册资金为1000万元以上（N=41）、501万—1000万元（N=8）、100万—500万元（N=11）和100万元以下（N=7），它们分别被测数字化转型过程是否顺利。

表10-19 基于注册资金的秩

	3.贵单位注册资金？（ ）	N	秩平均值
1.贵单位数字化转型过程是否顺利？（ ）	1	41	32.79
	2	8	40.13
	3	11	38.77
	4	7	26.57
	总计	67	

由表 10-20 中数据可知 p=0.345，大于 0.05，说明注册资金为 1000 万元以上、501 万—1000 万元、100 万—500 万元和 100 万元以下四组的数字化转型过程是否顺利之间不存在显著差异。

表10–20　基于注册资金的检验统计[a, b]

	1.贵单位数字化转型过程是否顺利？（　）
克鲁斯卡尔 - 沃利斯 H	3.320
自由度	3
渐近显著性	0.345

a. 克鲁斯卡尔 - 沃利斯检验
b. 分组变量：3.贵单位注册资金？（　）

6. 基于经营年限的非参数检验

本研究将贵单位经营年限分为 10 年以上、5—10 年、3—5 年和 3 年以下四组，从表 10-21 可知，"贵单位经营年限"的正态性检验 P 小于 0.05，数据不符合正态性分布，不能进行独立样本 T 检验，进行非参数检验。

表10–21　基于经营年限的正态性检验

	5.贵单位经营年限？（　）	柯尔莫戈洛夫 - 斯米诺夫[a]			夏皮洛 - 威尔克		
		统计	自由度	显著性	统计	自由度	显著性
1.贵单位数字化转型过程是否顺利？（　）	1	0.356	46	0.000	0.787	46	0.000
	2	0.312	14	0.001	0.758	14	0.002
	3	0.473	5	0.001	0.552	5	0.000
	4	0.260	2	—	—	—	—

a. 里利氏显著性修正

从表 10-22 可知，67 家企业参与本次实验，经营年限为 10 年以上（N=46）、5—10 年（N=14）、3—5 年（N=5）和 3 年以下（N=2）分别被测数字化转型过程是否顺利。

表10-22　基于经营年限的秩

	5.贵单位经营年限？( )	N	秩平均值
1.贵单位数字化转型过程是否顺利？( )	1	46	31.20
	2	14	37.50
	3	5	48.00
	4	2	39.00
	总计	67	

由表 10-23 中数据可知 p=0.157，大于 0.05，说明经营年限为 10 年以上、5—10 年、3—5 年和 3 年以下四组的数字化转型过程是否顺利之间不存在显著差异。

表10-23　基于经营年限的检验统计[a, b]

	1.贵单位数字化转型过程是否顺利？( )
克鲁斯卡尔-沃利斯 H	5.206
自由度	3
渐近显著性	0.157

a.克鲁斯卡尔-沃利斯检验
b.分组变量：5.贵单位经营年限？( )

7. 基于经营规模的非参数检验

本研究将贵单位经营规模分为 500 人以上、201—500 人、100—200 人和 100 人以内四组，从表 10-24、表 10-25 可知，"贵单位经营规模"基于平均值的莱文统计，即 F 值为 8.279，显著性为 0.000，小于 0.05，认为方差不齐，通过进一步正态性检验发现数据不符合正态性分布，不能进行独立样本 T 检验，进行非参数检验。

表10-24 基于经营规模的方差齐性检验

		莱文统计	自由度1	自由度2	显著性
1.贵单位数字化转型过程是否顺利？（ ）	基于平均值	8.279	3	63	0.000
	基于中位数	3.067	3	63	0.034
	基于中位数并具有调整后自由度	3.067	3	51.165	0.036
	基于剪除后平均值	8.692	3	63	0.000

表10-25 基于经营规模的正态性检验

	4.贵单位经营规模？（ ）	柯尔莫戈洛夫－斯米诺夫[a]			夏皮洛－威尔克		
		统计	自由度	显著性	统计	自由度	显著性
1.贵单位数字化转型过程是否顺利？（ ）	1	0.537	17	0.000	0.262	17	0.000
	2	0.278	19	0.000	0.837	19	0.004
	3	0.432	11	0.000	0.619	11	0.000
	4	0.309	20	0.000	0.842	20	0.004

a.里利氏显著性修正

从表10-26可知，67家企业参与本次实验，经营规模为500人以上（N=17）、201—500人（N=19）、100—200人（N=11）和100人以内（N=20），它们分别被测数字化转型过程是否顺利。

表10-26 基于经营规模的秩

	4.贵单位经营规模？（ ）	N	秩平均值
1.贵单位数字化转型过程是否顺利？（ ）	1	17	22.76
	2	19	39.34
	3	11	43.91
	4	20	33.03
	总计	67	

由表 10-27 中数据可知 p=0.006，小于 0.05，说明经营规模为 500 人以上、201—500 人、100—200 人和 100 人以内四组的数字化转型过程是否顺利之间存在显著差异。

表10-27 基于经营规模的检验统计[a, b]

	1.贵单位数字化转型过程是否顺利？（ ）
克鲁斯卡尔－沃利斯 H	12.613
自由度	3
渐近显著性	0.006

a.克鲁斯卡尔－沃利斯检验
b.分组变量：4.贵单位经营规模？（ ）

10.3.4 相关性分析

相关性分析结果显示：① zc（贵单位是否了解数字化转型的相关政策？）、sl（贵单位数字化转型过程是否顺利？）、cg（贵单位认为数字化转型成功率有多少？）、pj（贵单位对企业数字化转型现有政策的评价？）与 cx（贵单位还会持续低碳绿色转型吗？）的相关性系数分别为 0.27、0.48、0.39、0.35，系数为正且显著相关，说明 zc（贵单位是否了解数字化转型的相关政策？）、sl（贵单位数字化转型过程是否顺利？）、cg（贵单位认为数字化转型成功率有多少？）、pj（贵单位对企业数字化转型现有政策的评价？）与 cx（贵单位还会持续低碳绿色转型吗？）的相关关系均是显著且正向的。② zc（贵单位是否了解数字化转型的相关政策？）、cg（贵单位认为数字化转型成功率有多少？）、cx（贵单位还会持续低碳绿色转型吗？）、pj（贵单位对企业数字化转型现有政策的评价？）与 sl（贵单位数字化转型过程是否顺利？）的相关性系数分别为 0.41、0.59、0.48、0.29，系数为正且显著相关，说明 zc（贵单位是否了解数字化转型的相关政策？）、cg（贵单位认为数字化转型成功率有多少？）、cx（贵单位还会持续低碳绿色转型吗？）、pj（贵单位对企业数字化转型现有政策的评价？）与 sl（贵单位数字化转型过程是否顺利？）的相关关系均是显著且正向的。具体内容见表 10-28。

表10-28　相关性分析

项目	平均值	标准差	zc	sl	cg	cx	pj
zc	2.24	0.65	1				
sl	2.33	0.66	0.41**	1			
cg	2.67	0.70	0.47**	0.59**	1		
cx	1.52	0.75	0.27*	0.48**	0.39**	1	
pj	1.82	0.78	0.38**	0.29*	0.44**	0.35**	1

* $p < 0.05$，** $p < 0.01$

注：zc（1.贵单位是否了解数字化转型的相关政策？）、sl（2.贵单位数字化转型过程是否顺利？）、cg（3.贵单位认为数字化转型成功率有多少？）、cx（4.贵单位还会持续低碳绿色转型吗？）、pj（5.贵单位对企业数字化转型现有政策的评价？）。

10.3.5　回归分析

1. 回归分析（1）

回归分析（1）结果显示：由分析结果可知，贵单位是否了解数字化转型的相关政策、贵单位数字化转型过程是否顺利、贵单位认为数字化转型成功率有多少、贵单位对企业数字化转型现有政策的评价、贵单位经营年限、贵单位经营规模与贵单位是否会持续低碳绿色转型的回归系数在 0.01 或 0.05 水平上均显著为正，说明贵单位是否了解数字化转型的相关政策、贵单位数字化转型过程是否顺利、贵单位认为数字化转型成功率有多少、贵单位对企业数字化转型现有政策的评价、贵单位经营年限、贵单位经营规模能够正向影响贵单位是否会持续低碳绿色转型。具体内容见表 10-29。

表10-29　回归分析（1）

cx	回归系数	t	P值	VIF	R^2
C（常量）	0.84	2.63	0.011*	—	0.072
zc	0.31	2.25	0.028*	1.00	
C（常量）	0.27	0.90	0.372	—	0.228
sl	0.54	4.38	0.000**	1.00	
C（常量）	0.42	1.27	0.210	—	0.151
cg	0.41	3.40	0.001**	1.00	
C（常量）	0.92	4.15	0.000**	—	0.120
pj	0.33	2.98	0.004**	1.00	
C（常量）	1.17	6.12	0.000**	—	0.061
nx	0.24	2.06	0.043*	1.00	
C（常量）	1.13	5.34	0.000**	—	0.061
gm	0.16	2.05	0.044*	1.00	
C（常量）	1.26	7.28	0.000**	—	0.046
zj	0.15	1.77	0.081	1.00	

* $p < 0.05$，** $p < 0.01$

注：zc（1.贵单位是否了解数字化转型的相关政策？）、sl（2.贵单位数字化转型过程是否顺利？）、cg（3.贵单位认为数字化转型成功率有多少？）、cx（4.贵单位还会持续低碳绿色转型吗？）、pj（5.贵单位对企业数字化转型现有政策的评价？）、nx（贵单位经营年限？）、gm（贵单位经营规模？）、zj（贵单位注册资金？）。

2. 回归分析（2）

回归分析（2）结果显示：贵单位是否了解数字化转型的相关政策、贵单位对企业数字化转型现有政策的评价、贵单位认为数字化转型成功率有多少与贵单位数字化转型过程是否顺利的回归系数在0.01或0.05水平上均显著为正，说明贵单位是否了解数字化转型的相关政策、贵单位对企业数字化转型现有政策的评价、贵单位认为数字化转型成功率有多少能够正向影响贵单位数字化转型过程是否顺利。具体内容见表10-30。

表10-30　回归分析（2）

sl	回归系数	t	P 值	VIF	R²
C（常量）	2.64	16.01	0.000**	—	0.068
qk	-0.17	-2.17	0.033*	1.00	
C（常量）	1.40	5.24	0.000**	—	0.170
zc	0.42	3.65	0.001**	1.00	
C（常量）	1.87	9.41	0.000**	—	0.086
pj	0.25	2.48	0.016*	1.00	
C（常量）	0.84	3.26	0.002**	—	0.352
cg	0.56	5.94	0.000**	1.00	
C（常量）	2.35	14.95	0.000**	—	0.000
zj	-0.01	-0.13	0.898	1.00	
C（常量）	2.06	12.04	0.000**	—	0.046
nx	0.19	1.77	0.081	1.00	
C（常量）	2.08	10.96	0.000**	—	0.030
gm	0.10	1.42	0.162	1.00	

* $p < 0.05$，** $p < 0.01$

注：sl（2.贵单位数字化转型过程是否顺利？）、qk（目前贵单位进行数字化转型的情况？）、zc（1.贵单位是否了解数字化转型的相关政策？）、pj（5.贵单位对企业数字化转型现有政策的评价？）、cg（3.贵单位认为数字化转型成功率有多少？）、zj（贵单位注册资金？）、nx（贵单位经营年限？）、gm（贵单位经营规模？）。

10.4　福建"专精特新"制造企业数字化转型面临的问题

10.4.1　数字化转型缺乏系统规划

在数字化转型的过程中，部分企业并未进行系统规划，对转型所要达到的目标定位不明确，或者目标定位过高。是否需要转型、转型实施的具体措施，通常是根据领导层的认知程度而决定，部分企业没有从发展战略或业务需求出发，存在盲目转型的现象。没有计划的数字化转型，会与企业整体战略脱节，导致转型进程受阻。企业数字化转型涉及多个组织和部门的工作内容，需要提前进行系统的规划和部署，以顺利推进数字化转型进程，提高转型成功率。

调查结果显示，在数字化转型难点方面，62.69%的企业存在战略缺位（42家），47.76%的企业表示转型效益难实现（32家），35.82%的企业领导层没有明确的转型目标（24家）。关于转型面临的问题，34.33%的企业缺乏战略规划（23家），23.88%的企业没有商业模式创新（16家）。

研究表明，在数字化转型方面，部分"专精特新"制造企业缺乏系统规划，领导层的转型目标不够坚定，转型进度无法持续推进，造成目标与落地存在差距。

10.4.2　传统制造设备数据应用转化困难

在企业生产和创造价值的过程中，数据资源作为特殊的生产要素，推进了创新思维的产生，优化了管理、运营和服务模式。制造企业的生产过程，是一项十分复杂的工程系统，每一道工序都会涉及数据的产生、数据的利用、数据的传输和存储。制造企业的生产设备型号不同，生产流程、管理模式均存在差异，数据的记录要求和标准也不尽相同，难以实现数据的统一和兼容，无法将生产数据转化为有效的数据资源。

调查结果显示，50.75%的企业难以深入进行数字化转型（34家），56.72%的企业认为"数字系统平台信息互通的难度大"（38家），40.30%的企业表示"数据的推广复制成本高"（27家），53.73%的企业认为"传统设备的数字化改造存在难度"（36家），47.76%的企业认为"数据红利难释放"（32家）。

研究表明，部分"专精特新"制造企业数据挖掘能力不足，导致传统制造设备数据向实际应用转化困难，无法实现数字化生产、运营和统筹管理。

10.4.3　员工数字化能力不匹配

顺利推进数字化转型，需要人才的驱动。企业实施数字化转型，需要进行基础平台系统的建设，需要专业IT人员的技术支撑，需要适应转型的企业组织结构和企业文化。

调查结果显示，71.64%的企业需要"配套政策支持引进数字化人才"（48家），80.60%的企业需要"数字化转型服务平台"（54家），74.63%的企业需要"加大数字化转型的培训力度"（50家）。

研究结果表明，部分"专精特新"制造企业员工数字化能力不够，在正确理解和认同数字化转型的价值方面，存在个体差异；企业组织架构不合理，缺少员工数字化能力提升机制；企业绩效考核方式不合理，未将数字化能力与员工的升职、提薪等个人利益相结合，无法推进全员参与转型。

10.4.4　数字化转型资金保障不充分

企业管理层对数字化转型的目标意识，影响企业资金的使用或调度，若资金使用不合理，将会延缓企业数字化转型的进度（祁好英，2023）。

调查结果显示，在持续参与数字化转型的意愿方面，59.70%的企业选择"会持续低碳绿色转型"（40家），31.34%的企业选择"根据资金情况决定"（21家），8.96%的企业因为资金不足而暂停、观望或放弃转型（6家）。

研究结果表明，部分"专精特新"制造企业转型效益无法显现，担心流动资金紧张，容易造成资金链断裂（破产），影响企业可持续发展；部分企业运营状况不佳，运营资金不足，选择"停止转型""等待观望"。鉴于此，关于"政府扶持的内容"，53.73%的企业希望"加大低息资金支持"（36家）。

10.4.5 数字化系统数据存在安全隐患

人工智能技术逐渐被融合到制造企业生产经营的过程中，企业为了适应经济持续发展的要求，积极参与数字化、智能化的转型，而在转型过程中，平台数据的传递风险、系统数据的储存风险也逐渐显露。此次调查中，9家企业表示数字化信息安全保障缺失（28.36%），35家企业表示需要加强数字信息安全管理（52.24%）。

研究表明，数字化转型处于观望和停滞状态的"专精特新"制造企业，存在数据安全风险或已出现数据泄露的情况。为了加快推进福建制造企业转型的进程，降低企业数据安全风险已迫在眉睫。

10.5 福建"专精特新"制造企业数字化转型路径选择

10.5.1 落实"一把手"工程，实施系统规划

企业的数字化转型不仅是一种简单的软件和信息化硬件投入，更是一种系统性的变革工程，它是在企业发展的战略全局中融入了数据驱动的思想和机制，是推动产品与业务创新、业态与生态重构的根本动力源（间志俊、黄安平，2022）。为了顺利推进数字化转型的进程，企业在转型之前，需要做好系统规划，包括：评估转型的经济价值；重构企业组织结构和商业模式，创新研发、生产、销售、供应、管理的流程。在此次调研中，40家企业建议调整组织架构、完善流程机制（59.70%），22家企业建议重构商业模式（32.84%）。

福建"专精特新"制造企业应按照如下内容进行系统规划。一是落实"一把手"工程，企业领导应该具备明确而坚定的数字化转型目标。二是营造

良好的数字化转型氛围，在思想意识和认知方面，引导员工积极参与数字化转型，变被动转型为主动转型。三是财务部门应结合转型进程，做好详细的财务规划，主要包括资金支出计划、投资计划、融资计划、经营决策计划、税收优惠申请计划等，保障企业数字化转型的资金需求。四是企业组织内部员工共同协作分工，保障企业数字化转型顺利进行；结合企业转型实际情况，变革和重构商业模式、产品设计与研发模式、生产与运营模式等，促进转型效益显现。五是配套员工激励机制，提高对数字技术人才、数字应用和管理人才的奖励力度，让每个员工都能真正释放自己的潜能，为企业创造价值。

10.5.2 引进数字化人才，突破传统设备数据应用转化难题

数据是数字化的重要生产要素，数字化转型能达到的深度和广度由数据的质量、数字化能力和效果决定。制造企业数字化转型，需要先链接生产制造各个环节的设备，在制造过程中观测实时数据变化、收集并整理设备数据、转化数据、储存数据、分析数据，为 ERP 业务系统提供数据基础（赵耀腾，2022）。企业通过引进专业人才，吸收最前沿的知识和技术，运用到研发、生产、管理过程中，并创新生产、管理和业务模式（梁小甜、文宗瑜，2023）。为了突破设备数据应用转化难题，需要政府出台相关支持政策，加大推进数字化人才的"引育"工作，包括鼓励国内院校注重数字化学术型人才和实践型人才的培养；鼓励海外优秀人工智能高端人才回国，打造"数字经济"人才聚集地。

10.5.3 加大数字化培训，助力数字人才建设

数字化转型涉及企业各个部门的业务，这项工作需要公司全员参与，需要公司全员共同协作。这就要求员工掌握数字化处理技术，以数据为基础，构建满足顾客需求的服务创新平台。福建"专精特新"制造企业应分层次培训员工，包括高层领导、管理人员、数据科学家、技术人员、基层生产人员及行政管理员工。福建"专精特新"制造企业可以通过采用线上＋线下结合

的方式对员工进行培训，加强员工的数字化能力（朱小艳，2023）。可以通过实施学成有奖、加薪及晋升等相应的激励机制，鼓励员工积极参与数字化转型相关知识的培训，提高员工数字化的技能和知识储备。通过数字化专业培训，让所有员工具备数字化能力，确定数字化转型的共同目标，实现人人都懂数字化，人人都能参与数字化；通过加强企业文化培训，提高员工的认知和思想，提升员工参与数字化的意愿，主动迎接数字化转型的挑战，主动应变、求变，提升数字化、智能化素养。

10.5.4 发挥政府职能，完善资金投入机制

企业数字化转型是一个长期的过程，涉及平台技术研发、数据挖掘与分析、设备升级改造等，这些都需要资金的持续投入。企业需要完善的资金投入机制，保障企业转型顺利进行。当地财政部门要发挥职能作用，持续强化资金保障水平，加大资金统筹力度，积极为企业争取国家、省市地方配套扶持资金，落实企业数字化转型的资金保障。银行信贷机构需要设置"数字化转型"专项融资资金，帮助当地"专精特新"制造企业低成本实现"智改数转"。

10.5.5 联动高校和服务机构，加强数据信息安全管理

"专精特新"制造企业进行数字化转型会涉及大量的数据，而这些数据通常含有企业的机密信息，如果企业数字化系统受到外部恶意攻击，会造成数据泄露，也会给企业带来严重的经济损失。因此，加强数据信息安全管理是非常必要的。在绿色低碳转型背景下，制造企业创造价值的过程被赋予数据化，企业数据安全管理能力，将成为企业竞争的重要内容。

调查结果显示，79.10%的企业需要加强企业数据治理（53家），体现了企业数字化转型信息安全防范的必要性和重要性。"专精特新"制造企业应加强数据安全意识，应从设计、研发、生产、管理、运营方面，保障数据的计算安全、传输安全和存储安全。

为了加强企业数据信息安全的管理，福建"专精特新"制造企业应从以下几个方面开展工作：第一，聘请数字技术服务团队，对现有业务流程、系统平台构造进行专业梳理，从源头规避数据信息风险。第二，企业重构内控管理体系，完善组织架构和岗位配置，落实管理层、监督层、执行层之间的责任界定内容和动态协同机制，在运行过程中规避数据信息风险。第三，企业聘用高校数字化专业人才，以课题的形式进行专项研究，帮助企业建设数据安全体系，并结合企业实际情况，进行数据系统整理归类，按照实际应用场景建设数据库，从数据储存方面，规避数据信息泄露风险。

10.6 结论

"专精特新"制造企业可以通过数字化转型优化资源配置，共享信息数据，创新商业模式，推动产业整合及协同发展。"专精特新"制造企业需要加快推进转型步伐，完成转型各个阶段的任务，做好系统的转型战略规划，解决数据转化难题，加大对员工数字化能力的培训，落实转型资金保障，加强数据信息安全管理，等等。真正引领数字技术，发挥数据价值，实现降本、增效、提质，以推动制造企业高质量发展。

参考文献

［1］梁小甜，文宗瑜.制造业数字化转型、客户信息优势与高质量发展［J］.统计与决策，2023，39（7）：179-183.

［2］闫志俊，黄安平.后疫情时代民营企业的数字化转型问题和对策［J］.浙江工商职业技术学院学报，2022，21（4）：1-6.

[3] 祁好英.数字普惠金融、管理者意识与企业数字化转型——基于长三角中小制造企业的调查数据[J].财会通讯,2023(8):58-62.

[4] 赵耀腾.数字化转型提升"专精特新"制造企业韧性的机制分析[J].中小企业管理与科技,2022(17):34-36.

[5] 朱小艳."专精特新"企业数字化转型:现实意义、制约因素与推进策略[J].企业经济,2023,42(1):53-59.

附录:

关于推进福建"专精特新"制造企业数字化转型的问卷调查

一、企业基本情况

1. 贵单位所属区域?(　)[单选题]

选项	小计	比例
A. 福州	30	44.78%
B. 厦门	9	13.43%
C. 泉州	6	8.96%
D. 漳州	2	2.99%
E. 龙岩	6	8.96%
F. 莆田	3	4.48%
G. 宁德	3	4.48%
H. 三明	0	0%
I. 南平	2	2.99%
J. 平潭	6	8.96%
本题有效填写人次	67	

2. 贵单位所属行业？（ ）[单选题]

选项	小计	比例
A. 新能源、新材料	8	11.94%
B. 生物医药	7	10.45%
C. 高端设备（科技产品）	5	7.46%
D. 纺织服装、服饰业	4	5.97%
E. 纺织业	1	1.49%
F. 农副食品加工业	7	10.45%
G. 酒、饮料和精制茶制造业	2	2.99%
H. 家具制造业	3	4.48%
I. 化学原料和化学制品制造业	1	1.49%
J. 烟草制品业	0	0%
L. 造纸和纸制品业	2	2.99%
M. 木材加工和木竹、藤、棕、草制品业	0	0%
N. 其他行业	27	40.30%
本题有效填写人次	67	

3. 贵单位注册资金？（ ）[单选题]

选项	小计	比例
A.1000万元以上	41	61.19%
B.501万—1000万元	8	11.94%
C.100万—500万元	11	16.42%
D.100万元以下	7	10.45%
本题有效填写人次	67	

4. 贵单位经营规模？（　　）[单选题]

选项	小计	比例
A.500 人以上	17	25.37%
B.201—500 人	19	28.36%
C.100—200 人	11	16.42%
D.100 人以内	20	29.85%
本题有效填写人次	67	

5. 贵单位经营年限？（　　）[单选题]

选项	小计	比例
A.10 年以上	46	68.66%
B.5—10 年	14	20.90%
C.3—5 年	5	7.46%
D.3 年以下	2	2.99%
本题有效填写人次	67	

二、企业数字化转型的现状

1. 目前贵单位进行数字化转型的情况？（　　）[单选题]

选项	小计	比例
A. 刚开始转型	30	44.78%
B. 转型适应期	23	34.33%
C. 转型过程受阻	5	7.46%
D. 转型成功	9	13.43%
本题有效填写人次	67	

2.贵单位数字化转型的目的？（　　）[多选题]

选项	小计	比例
A.顺应社会发展趋势	48	71.64%
B.提高产品竞争力	42	62.69%
C.优化决策	38	56.72%
D.降本增效	49	73.13%
E.改善企业形象	28	41.79%
F.增加客户体验	31	46.27%
G.优化经营模式	44	65.67%
本题有效填写人次	67	

3.贵单位选择数字化转型的内容？（　　）[多选题]

选项	小计	比例
A.财务数字化	59	88.06%
B.供应链数字化	47	70.15%
C.生产数字化	44	65.67%
D.运营管理数字化	38	56.72%
E.人力资源数字化	29	43.28%
F.仓储数字化	37	55.22%
本题有效填写人次	67	

4.贵单位选择数字化转型的模式？（　　）[多选题]

选项	小计	比例
A.新数字业务模式	38	56.72%
B.新技术嵌入	29	43.28%
C.内部数字化运营	48	71.64%
本题有效填写人次	67	

5. 贵单位是否考虑入驻数字化转型平台？（　　）[单选题]

选项	小计	比例
A. 有	38	56.72%
B. 否	29	43.28%
本题有效填写人次	67	

6. 贵单位在转型过程中是否聘请数字化转型服务机构？（　　）[单选题]

选项	小计	比例
A. 有	37	55.22%
B. 否	30	44.78%
本题有效填写人次	67	

三、企业数字化转型中遇到的问题

1. 贵单位数字化转型过程是否顺利？（　　）[单选题]

选项	小计	比例
A. 非常顺利	5	7.46%
B. 有困难，能解决	37	55.22%
C. 困难较大，需要帮助	23	34.33%
D. 无法解决，准备放弃	2	2.99%
本题有效填写人次	67	

2.贵单位在数字化转型过程中遇到的问题包括（　　）。[多选题]

选项	小计	比例
A.系统平台接口标准极不统一，互联互通难度大	38	56.72%
B.工业技术工艺软件化水平低，推广复用成本高	27	40.30%
C.传统设备数字化改造难度大，难以一体化接入	36	53.73%
D.企业重数据采集、轻数据挖掘，数据红利难释放	32	47.76%
E.企业商业模式未能根本创新，转型效益难发挥	16	23.88%
F.多数企业重视数字转型战术，缺乏战略层谋划	23	34.33%
本题有效填写人次	67	

3.您认为转型的难点有哪些？（　　）[多选题]

选项	小计	比例
A.战略缺位，转型缺乏方向	42	62.69%
B.能力不够，转型难以深入	34	50.75%
C.成效难现，投入无法持续	32	47.76%
D.领导转型目标不确定	24	35.82%
E.数字化信息安全保障	19	28.36%
本题有效填写人次	67	

4.贵单位认为数字化转型成功率有多少？（　　）[单选题]

选项	小计	比例
A.100%	3	4.48%
B.80%	22	32.84%
C.50%	36	53.73%
D.20%	6	8.96%
本题有效填写人次	67	

5.贵单位还会持续低碳绿色转型吗？（　　）[单选题]

选项	小计	比例
A. 会持续	40	59.70%
B. 根据资金情况决定	21	31.34%
C. 先暂停、观望	4	5.97%
D. 不想继续了	2	2.99%
本题有效填写人次	67	

四、对数字化转型政策的评价和建议

1.贵单位是否了解数字化转型的相关政策？（　　）[单选题]

选项	小计	比例
A. 非常了解	6	8.96%
B. 了解一些	41	61.19%
C. 有听说但了解不多	18	26.87%
D. 不知道	2	2.99%
本题有效填写人次	67	

2. 贵单位通过哪种渠道了解？（　　）[多选题]

选项	小计	比例
A. 新闻联播	24	35.82%
B. 政府平台信息推送	48	71.64%
C. 互联网资讯	47	70.15%
D. 会议、培训	35	52.24%
E. 报纸、杂志	13	19.40%
F. 朋友告知	15	22.39%
本题有效填写人次	67	

3. 贵单位对企业数字化转型现有政策的评价（　　）。[单选题]

选项	小计	比例
A. 对企业帮助很大	26	38.81%
B. 对企业有些帮助	28	41.79%
C. 效果不明显	12	17.91%
D. 没作用	1	1.49%
本题有效填写人次	67	

4. 贵单位希望政府给予哪方面的帮扶？（　　）[多选题]

选项	小计	比例
A. 出台政策支持数字化人才的引进	48	71.64%
B. 搭建数字化转型服务平台	54	80.60%
C. 加大数字化转型方面的培训力度	50	74.63%
D. 加强数字信息安全管理	35	52.24%
E. 加大低息资金支持	36	53.73%
本题有效填写人次	67	

5. 贵单位对企业数字化转型的建议（　　）。[多选题]

选项	小计	比例
A. 加强企业数据治理	53	79.10%
B. 加强企业系统建设	47	70.15%
C. 提升企业人员数字化能力	53	79.10%
D. 组织架构调整与流程机制完善	40	59.70%
E. 重构企业商业模式	22	32.84%
本题有效填写人次	67	

第11章　福建中小微企业数字化转型路径研究

　　本章探索了一套能够引导和帮助中小企业顺利转型的解决方案，旨在了解中小企业数字化转型的现状和面临的挑战，并结合中小企业的特点进行因子分析，进一步探索促进中小企业数字化转型的途径。本章采用电子问卷的形式，对福建省91家不同规模企业的部门负责人（中层管理人员）进行问卷调查。本研究采用定量分析法。调查结果显示，与大型企业相比，中小企业对数字化转型的信心和内部动力明显不足，面临更大的转型挑战和阻力，继续转型的意愿较弱。研究还发现，87.5%的未参与转型的企业是中小企业。通过补充问卷调查，发现不参与转型的原因如下：无法承担高成本（资金不足）、担心无法实现转型效益、担心数据泄露、内部动力不足（内部环境差）。本研究建议政府部门牵头打造"大企业业务共享平台"，实现大小企业融合发展，引导更多中小企业参与数字化转型；成立"中小企业数字化转型发展部"，为中小企业数字化转型提供支持和帮助，增强转型的内在驱动力，促进中小企业转型升级。

11.1 中小微企业发展现状

中小企业（Small and Medium-sized Enterprise，SME）影响着国民经济，并发挥着重要作用。中小企业作为世界各国经济增长的主要动力，为其经济增长提供了强大的动力。中小企业数量超过世界商业结构的 90%，占发达经济体 GDP 的 55%，提供了 60%—70% 的就业机会。世界许多国家都非常重视中小企业的发展，因为它可以为社会提供大量的就业机会，促进社会稳定发展，提高经济水平。我国中小企业总数已达 4800 万，占税收的 50%、GDP 的 60%、技术创新的 70%、就业的 80%，在稳定增长、促进创新、增加就业方面发挥了非常重要的作用。[①]

11.2 中小微企业数字化转型的意义

在当前复杂的市场环境中，数字化转型已成为中小企业面临的机遇和挑战（Dörr L et al.，2023）。为了跟上数字经济的发展，中小企业必须参与数字化转型活动（Gouveia F D and São M H，2022）。数字化转型对增加中小企业收入和创新商业模式具有驱动作用（Ramona R et al.，2022）。中小企业通过数字化转型可以优化组织结构和创新业务模式，更新其商业战略和文化，促进数字化转型。中小企业可以利用数字化转型工具增加利润，促进经济发展（Alam K et al.，2022）。数字化改造可以帮助中小企业提高产品市场竞争力，提高生产和经营效率，增加企业利润。中小企业数字化转型旨在通过人工智能技术提高市场认知度和客户参与度，获得产品市场竞争力，增加企业利润，保持可持续发展。

---

① 叶檀：《寒风中更多中小企业需要被看到》，https://baijiahao.baidu.com/s? id=1751354996803545652&wfr=spider&for=pc，访问日期：2024 年 11 月 2 日。

11.3 中小微企业数字化转型的现状

为了满足市场和客户的需求，中小企业已经开始利用数字技术在社交媒体网站上推广、销售产品和提供服务。政府也在促进企业数字化转型成功方面发挥着重要作用，例如，积极发布相关的税收激励政策等。但目前中小企业数字化转型仍然面临诸多挑战：①中小企业数字化基础薄弱，竞争力不足，导致其数字化转型的内动力缺失。②中小企业资金无保障，担心转型效益无法实现，不愿在数字化转型中投入过多。③中小企业缺少数字技术人才，不能更好地利用数字化平台区分产品类型、保质期、发货和库存情况，导致买方不满，被迫停止使用数字支付系统。④中小企业还存在产品质量差、交货周期长、生产率低和库存高等问题，阻碍了企业的持续发展和转型进程。

综上所述，大部分中小企业数字化转型存在动力不足、人才匮乏、资金缺乏保障、技术落后等问题，处在"想转型、不敢转型、不知如何转型"的状态。为了推进中小企业数字化转型，必须解决以下三个问题。

（1）如何增强中小企业对数字化转型的信心？

（2）如何帮助中小企业应对数字化转型的挑战？

（3）大型企业如何带动中小企业数字化转型？

11.4 研究方法

（1）本章采用问卷调查的方法，向福建省中小企业的中层管理人员发放问卷，了解中小企业在转型过程中面临的困难，并根据中小企业的特点，提出具体的解决方案，帮助中小企业增强转型的信心和动力，克服转型难点，取得成功。

（2）本章采用文献研究的方法，通过查阅期刊论文、报纸、图书、网络资源等，了解数字化转型的定义和政策，以及中小企业数字化转型的背景、现状和面临的问题。在此基础上，设计了问卷的主题和内容。

（3）本章采用定量研究的方法，选取福建省91家不同规模企业的部门负责人（中层管理人员）为研究对象。通过电子问卷，了解企业数字化转型的现状和挑战。问卷采用单题多选（客观问题）形式。根据企业规模的不同，采用分层抽样的方法，尽可能保证样本的多样性。本研究将500人以上的企业归类为大型企业，将500人以下的企业归类为中小企业。为了加深对企业数字化转型实际困难的认识，对未参与数字化转型的企业设置了补充问题。

（4）本章运用描述性分析的方法，说明福建省不同规模企业数字化转型的现状。采用交叉（卡方）分析，比较大企业与小企业在数字化转型方面的差异，以探寻当前中小企业数字化转型面临的困难。运用Stata分析工具和多元回归分析方法，揭示了"数字化转型现状""数字化转型顺利程度""数字化转型成功评价""未来继续数字化转型意愿"与企业规模（自变量）的关系。以此揭示出中小企业数字化转型所面临的挑战，并结合企业特点，给出解决方案。

11.5 分析结果

11.5.1 描述性分析

本次调研通过问卷星、微信、QQ、电子邮件等渠道，共发放电子问卷100份，回收有效问卷91份，问卷调查有效率为91%。样本主要包括福建省9个市区，具有一定的代表性。企业规模分为超过500名员工（25.37%）、201—500名员工（28.36%）、100—200名员工（16.42%）、少于100名员工（29.85%）。企业经营年限分为10年以上（68.66%）、5—10年（20.89%）、3—5年（7.46%）、3年以下（2.99%）。参与数字化转型的企业67家（73.63%），未参与数字化转型的企业 24 家（26.37%）。

1. 不参与数字化转型的中小企业比例较高

未参与转型的 24 家企业中，50% 的企业规模小于 100 人，20.83% 的企业规模为 100—200 人，16.67% 的企业规模为 201—500 人，12.50% 的企业规模超过 500 人。

数据分析发现，87.5% 未参与数字化转型的企业是中小企业。政府部门应更加关注中小企业发展现状，与社会资源合作，引导和协助中小企业参与数字化转型，取得成功。

2. 困难削弱了中小企业可持续转型的动力

对 24 家企业不参与数字化改造的原因进行调查（设置多选题），15 家企业表示数字化改造的成本太高（62.50%），20 家企业担心无法实现改造效益（83.33%），12 家企业担心数据泄露（50%），8 家企业表示改造动机不足（33.33%）。

根据数据分析，未参与转型的企业由于资金不足无法承担高昂的转型成本，由于综合开发能力不足无法实现转型效益，由于数字化能力不足无法独立建设数字化系统，无法提供数据安全保障。

企业不参与转型的理由：8.33% 担心数据泄露会影响企业发展（害怕转型），37.50% 认为无法实现效益（不知道如何转型），50.00% 表示缺乏转型动力（计划未来转型），4.17% 认为成本高昂、资金不足（不想转型）。具体内容如图 11-1 所示。

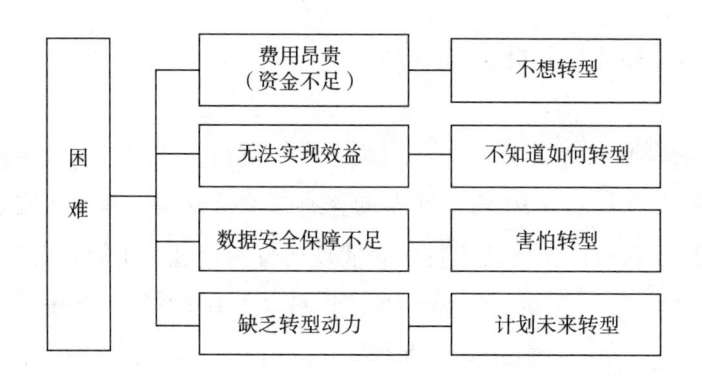

图11-1 中小企业数字化转型难点

在本次调查中，福建省未参与数字化转型的企业大多来自中小企业。因此，地方政府部门有必要更加关注中小企业在数字化转型中面临的各种挑战。同时，政府应整合社会资源，引导中小企业参与数字化转型，增加持续转型的动力。

11.5.2 交叉（卡方）分析

1. 中小企业在数字化转型过程中受到严重阻碍

对数据进行交叉分析，运营期超过10年（成熟期）的企业，其中41.30%刚刚开始转型，36.96%适应转型，6.52%转型受阻，15.22%成功转型。5—10年（成长期）的企业占初始转型的50%，转型适应期的35.71%，成功转型的14.29%。对于成长期为3—5年的企业，80%的企业刚刚开始转型，20%的企业转型受阻。营业期限不满3年（创业期）的企业，50%处于过渡适应期，50%处于过渡阻碍期。具体内容见表11-1。

表11-1 企业数字化转型状态（经营寿命）

项 目	<3年	3—5年	5—10年	>10年
早期	0%	80%	50%	41.30%
适应期	50%	0%	35.71%	36.96%
阻碍期	50%	20%	0%	6.52%
成功	0%	0%	14.29%	15.22%

研究表明，成熟企业转型进程基本正常，转型遇到障碍的企业较少（6.52%）。成长期企业参与转型的积极性较强（80%）。随着经营年限的延长，企业逐步进入转型适应期（35.71%），部分企业成功转型（14.29%）。由于资金支持不足或数据安全问题，部分企业受转型影响（20%），处于"创业阶段"的企业转型成功率低。目前，有的企业已进入转型适应期（50%），有的则受到阻碍和停滞（50%）。因此，政府应加大对中小企业（创业期）的支持力度，帮助中小企业克服数字化转型的困难。

通过数据交叉分析发现，规模超过500人的企业数字化转型成功率最高

（29%），转型适应期企业在规模超过500人的企业中所占比例也最高（53%）。刚刚参与转型的企业集中于500人以下的企业（约55%），转型受阻企业集中于201—500人、100人以下的企业，100人以下的企业受阻比例最高（20%）。具体内容见表11-2。

表11-2 企业数字化转型现状（规模）

项 目	< 100人	100—200人	201—500人	> 500人
早期	55%	55%	53%	18%
适应期	15%	36%	37%	53%
阻碍期	20%	0%	5%	0%
成功	10%	9%	5%	29%

研究发现，大型企业数字化转型成功率较高，大多数企业已经进入转型适应期。大多数中小企业已经进入数字化转型的早期阶段，少数中小企业已经进入转型适应期。然而，转型受阻现象也相当突出。

2. 部分中小企业无法解决转型难点

对企业转型顺利程度的调查表明，规模在500人以上的企业中，转型顺利的企业占比为5.88%，能够自己解决困难的企业占比为94.12%；规模在500人以下的企业中，转型顺利的企业占比为5%—10%，能够自己解决困难的企业占比为18%—55%；不能解决困难和需要第三方帮助的企业占比为30%—72.73%；规模在100—200人的企业中，需要帮助解决困难的企业占比最高，为72.73%；规模在201—500人的企业中，准备放弃转型的企业占比最高，为5.26%。具体内容见表11-3。

表11-3 企业数字化转型的顺利性

项 目	< 100人	100—200人	201—500人	> 500人
非常顺利	10%	9.09%	5.26%	5.88%
能解决困难	55%	18.18%	42.11%	94.12%
需要帮助解决困难	30%	72.73%	47.37%	0%
准备放弃	5%	0%	5.26%	0%

研究表明，大企业数字化转型相对平稳，即使遇到问题也能找到解决方案。在转型过程中，中小企业遇到困难时，少部分企业能够解决问题，大多数企业需要第三方援助。少数中小企业无法找到解决方案，准备放弃。地方政府部门需要积极支持，帮助企业实现成功转型。

3. 中小企业对数字化转型缺乏信心

对企业数字化转型成功率的测评调查显示，规模在500人以上的企业中，转型成功率均在50%以上，转型成功率80%的比例为58.82%，转型成功率100%的比例为11.76%；规模在500人以下的企业中，85%以上的企业转型成功率在50%—80%，约15%的企业转型成功率为20%。具体内容见表11-4。

表11-4　数字化转型成功率评价

项　目	＜100人	100—200人	201—500人	＞500人
转型成功率（100%）	5%	0%	0%	11.76%
转型成功率（80%）	35%	9.09%	21.05%	58.82%
转型成功率（50%）	45%	81.82%	68.42%	29.41%
转型成功率（20%）	15%	9.09%	10.53%	0%

研究表明，大型企业对数字化转型的成功率评价较高，具有足够的动力和信心。中小企业对数字化转型成功的评价较低，少数企业对转型缺乏信心。

11.5.3　二元回归分析

本研究选择了67个样本量（已涉及数字化转型），并使用Stata分析工具进行二元回归分析。研究表明，福建省企业数字化转型的现状、顺利程度和成功率评价与企业的规模和经营年限有关。研究发现，中小企业数字化转型面临更大的挑战，需要大企业（成熟企业）的帮助。

设定自变量X1（经营规模）、X2（经营寿命），设定因变量Y1表示企业数字化改造的当前状态，设定因变量Y2表示企业转型顺利（或不顺利），设定因变量Y3表示对企业数字化转型的评估。具体内容见表11-5。

表11-5 二元回归分析

变量	数字化转型现状 系数	数字化转型现状 t值	数字化转型现状 显著性	转型顺利程度 系数	转型顺利程度 t值	转型顺利程度 显著性	转型成功率评价 系数	转型成功率评价 t值	转型成功率评价 显著性
经营规模	0.18117	2.63	0.011*	0.11412	1.74	0.087	0.10923	2.71	0.009**
经营年限	0.01601	0.19	0.850	0.19435	2.41	0.019*	−0.03504	−0.71	0.483
常数	0.06047	0.21	0.835	0.06560	0.24	0.813	1.05837	6.23	0.000**
观测量	67								
R^2	0.1552			0.1503			0.1097		
调整后 R^2	0.1150			0.1099			0.0673		
F 值	$F(3, 63)=3.86$			$F(3, 63)=3.71$			$F(3, 63)=2.59$		

* $p < 0.05$，** $p < 0.01$，*** $p < 0.001$

研究结果1：企业经营规模正向影响企业转型现状（p=0.011，$p < 0.05$）。即企业经营规模越大，转型受阻的可能性越小，成功转型的概率越高。

基于以上情况，建议大型企业分享成功转型的经验，共同帮助中小企业克服转型的难点，提高转型的成功率。

研究结果2：企业经营年限正向影响转型顺利程度（p=0.019，$p < 0.05$）。说明，企业经营年限越长，转型过程越顺利。

经分析，中小企业数字化转型在创业阶段面临诸多挑战，需要大企业（成熟企业）的引导和带动，形成"大中小企业一体化发展"，促进中小企业数字化转型的顺利进行。

研究结果3：企业经营规模正向影响企业成功率评价（p=0.009，$p < 0.01$）。即经营规模越大的企业，对转型成功率的评价越高，对转型的信心越强。

综合以上分析，大企业需要发挥数字化转型示范效应，将中小企业融入大企业业务供应链，提高中小企业的产品质量要求和市场需求，引导中小企业数字化转型，增强中小企业转型的驱动力和信心。

11.6 拟定解决方案

11.6.1 假设方案

在政府部门的指导下,由数字化专业服务机构、高校数字化研究团队、地方银行管理部门、财税服务机构合作,成立中小企业数字化转型发展部门。该部门可为中小企业提供专业化的数字化转型服务,包括便捷的融资服务、商业信息共享服务、技术服务和数据安全保障、财务及税务筹划服务、数字化转型规划和评估服务等。

中小企业数字化转型发展部门与大型企业商务信息共享平台进行信息交流,构建大型企业与中小企业数字化发展联动模式,实现企业信息共享,帮助中小企业打通内部流通渠道,增加业务收入,增强发展信心,加快数字化转型进程。具体内容如图 11-2 所示。

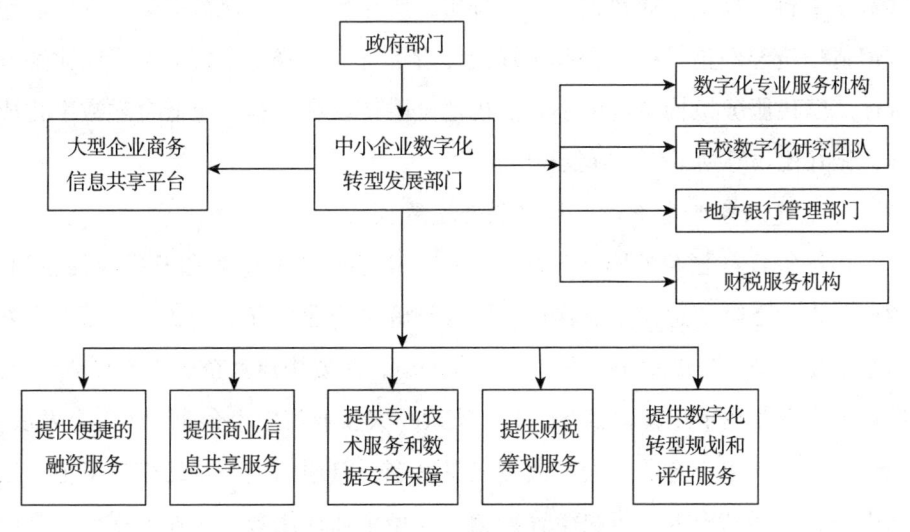

图11-2 中小企业数字化转型路径

11.6.2 具体措施

1. 加大宣传培训力度，增强企业转型信心

为了提高中小企业对数字化转型的信心，地方政府部门需要组织宣传活动，让企业更多地了解数字化转型的内容和发展优势。企业高层领导需要有坚定的转型目标，组织员工参与不同层次的专业培训，进一步了解企业转型需求，提高数字化应用能力，营造良好的转型文化氛围，让全体员工理解、接受、参与数字化转型，增强企业转型的内在动力和信心。

2. 建立转型服务机构，助力企业转型成功

中小企业数字化基础薄弱，在转型过程中遇到了许多障碍，需要第三方的帮助。政府率先建立中小企业数字化转型服务机构，由数字化专业服务机构、高校数字化研究团队、地方银行信贷经理、财税服务机构组成。数字化专业服务机构帮助中小企业提供转型前的规划服务、转型中的诊断服务、转型后的评估服务。高校数字化研究团队帮助中小企业梳理业务流程，搭建公共数字平台，提供企业数据采集、分析、应用服务，确保数据信息安全。地方银行信贷经理指导中小企业选择最佳融资方案，降低融资成本，简化融资程序。财税服务机构帮助中小企业规范金融体系和流程，降低金融数字化成本，做好税收筹划工作，降低税收风险。

3. 搭建业务共享平台，构建联动发展模式

在竞争日益复杂的国际市场环境中，中小企业的生存和发展面临瓶颈，营业收入的下降，迫使企业将重心转移到解决企业生存的问题上，而无法参与数字化转型。帮助中小企业克服生存困境，需要构建大企业业务共享平台，通过中小企业数字化转型服务组织，实现"大企业与中小企业"的融合发展。通过大企业与中小企业之间的商业信息共享，打通国内市场的循环渠道，增加中小企业经营收入，解决生存问题。大型企业使用数字化业务平台，帮助中小企业促进企业业务流程优化，加快数字化转型进程。

11.7 结论

由于综合发展能力薄弱，中小企业在数字化转型过程中面临"转型动力和信心不足""数据安全保障不足""转型效益无法实现""资金支持不足"等困难。如果不及时解决这些困难，将削弱中小企业持续转型的动力，严重影响数字化转型的进程。政府应更加关注中小企业数字化转型的难点，与社会资源合作，帮助中小企业解决转型的难点。较大的企业具有较强的综合竞争力和足够的数字化转型信心，同时转型过程相对平稳。大企业要发挥主导作用，帮助中小企业拓展业务，提高产品质量和市场竞争力，增强转型动力和信心。大中小企业要共享业务信息平台，构建大中小企业一体化发展模式，促进健康发展，加快数字化转型步伐。参与本研究的中小企业主要集中在制造业，研究成果的使用有一定的局限性。笔者希望未来的研究能让更多的中小企业参与进来，使研究更具推广价值。

参考文献

［1］ALAM K, ALI M A, ERDIAW-KWASIE M O, et al. Digital transformation among SMEs: Does gender matter？［J］. Sustainability, 2022, 14（1）: 535.

［2］CIVELEK M, KRAJCIK V, KLJUCNIKOV A. The impacts of dynamic capabilities on SMEs' digital transformation process: The resource-based view perspective［J］. Oeconomia Copernicana, 2023, 14（4）: 1367-1392.

［3］DORR L, FLIEGE K, LEHMANN C, et al. A taxonomy on influencing factors towards digital transformation in SMEs［J］. Journal of Small Business

Strategy, 2023, 33（1）: 53-69.

［4］GOUVEIA F D, SAO M H. Digital transformation for SMEs in the retail industry［J］. Procedia Computer Science, 2022, 204: 671-681.

［5］RAMONA R, KRISTINE P, LARISA B. The effect of digital orientation and digital capability on digital transformation of SMEs during the COVID-19 pandemic［J］. Journal of Theoretical and Applied Electronic Commerce Research, 2022, 17（2）: 669-685.

［6］SANCHEZ D T P, TALERO-SARMIENTO L H, CUADROS J D O, et al. Chief information officer's role for IoT-based digital transformation in Colombian SMEs［J］. Revista Colombiana de Computación, 2022, 23（2）: 43-54.

04
民营企业数字化转型发展篇

第12章 "双循环"新格局下福建民营制造企业数字化转型路径研究

全球经济正在由工业经济向数字经济加速转型，民营制造企业作为经济发展的重要支柱，正处于转型发展的各个阶段，部分实现生产智能化、供应链数字化、营销数字化、管理数字化等。如何提高管理者的数字化思维，不断创新业务流程和商业模式？如何实现从使用数字化系统到运用数字化管理的思维转变？这些已成为民营制造企业适应"双循环"市场环境亟须解决的问题。本章通过问卷调查和实地走访的形式，了解福建民营制造企业数字化转型现状，运用 Stata 分析工具，进行二元回归分析发现，相比于大型制造企业，中小民营制造企业数字化转型遇到的阻力和困难较大，持续数字化转型的意识和信心比较薄弱。通过进一步研究，归纳企业转型过程中面临的问题，例如：转型思维意识不够强、转型效益难显现，系统规划不合理、转型动力难提升，数字人才不匹配、数据应用难转化，资金保障不充分、成本居高难降低，数据信息不安全、绿色转型难持续，等等。最后结合相关政策，提出适合福建民营制造企业转型的路径，以提升产品在国内外市场的竞争力，促进福建民营经济高质量发展。

12.1　福建民营制造企业数字化转型现状的调查分析

12.1.1　调研基本情况

针对民营制造企业数字化转型的主题，2023年3—7月，通过实地走访和电子问卷的形式，调研了福建地区的民营制造企业，共发放100份问卷，收回有效问卷91份，问卷有效率为91%。样本主要包括福建省9个市区和平潭综合试验区，具有一定的代表性。其中：福州38家、厦门13家、泉州9家、漳州3家、龙岩9家、莆田4家、宁德4家、三明2家、南平2家、平潭7家。

调研所涉及的行业主要包括：新能源、新材料（10家），生物医药（10家），高端设备（6家），服装服饰（7家），纺织业（1家），食品加工业（10家），酒、饮品及茶制造业（2家），家具生产企业（5家），化工制造业（2家），造纸和纸制品业（2家），其他木材、石材加工和木竹、藤、棕、草制品业等（36家）。

参与调研的企业注册资金1000万元以上的50家，501万—1000万元的11家，100万—500万元的20家，100万元以内的10家。20家企业经营规模500人以上，23家企业经营规模201—500人，16家企业经营规模101—200人，32家企业经营规模100人以内。53家企业经营年限10年以上，22家企业经营年限5—10年，12家企业经营年限3—5年，4家企业经营年限3年以内。

12.1.2　福建民营制造企业数字化转型现状

此次调研中，73.63%的民营企业参与了数字化转型，其中，13.43%的企业转型成功，34.33%的企业进入转型适应期，44.78%的企业处于数字化转型

第12章 "双循环"新格局下福建民营制造企业数字化转型路径研究

初级阶段，7.46%的企业转型受阻或停滞。26.37%的企业未参与数字化转型。

针对参与数字化转型的企业，通过数据交叉分析发现，经营年限10年以上的企业（成熟期），刚开始转型的占比为41.30%，转型适应期的占比为36.96%，转型成功的占比为15.22%，转型受阻的占比为6.52%。经营年限5—10年（成长期）的企业，刚开始转型的占比为50%，转型适应期的占比为35.71%，转型成功的占比为14.29%。经营年限3—5年的企业（成长期），80%的刚开始转型，20%的转型受阻。经营年限3年以内的企业（初创期），50%的处于转型适应期，50%的转型受阻。具体内容如图12-1所示。

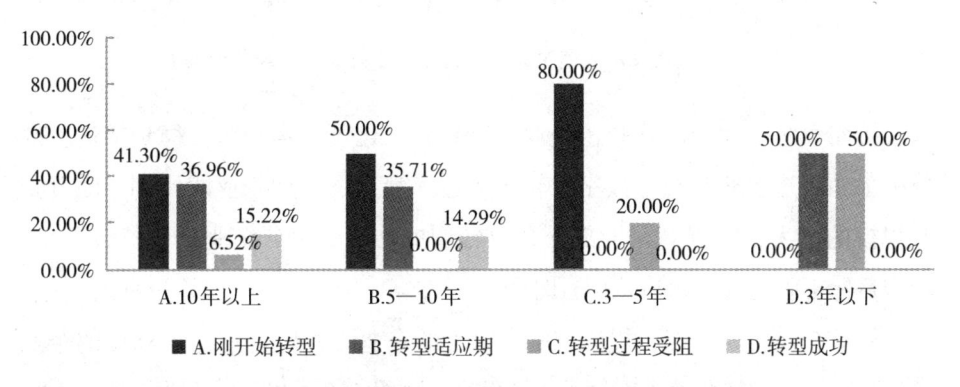

图12-1 福建民营制造企业数字化转型阶段现状（经营年限）

研究表明，初创期的制造企业转型出现不同的现象，部分进入转型适应状态，部分转型受阻，停滞不前。成长期的制造企业参与转型的积极性很高，大部分的企业参与转型（80%），随着经营年限的增加，逐步进入转型适应期（35.71%），少部分的企业转型成功（14.29%），但由于资金保障不充分或数据安全问题，部分民营企业转型受阻（20%）。成熟期的制造企业转型进度基本正常，稳步推进，但存在较少的企业转型受阻（6.52%）。

规模500人以上的企业（大型企业），18%的企业刚开始转型，53%的企业处于转型适应期，29%的企业转型成功；规模500人以内的企业（中小型企业），大约50%的企业刚开始转型，15%—37%的企业处于转型适应期，5%—10%的企业转型成功，规模201—500人的企业转型受阻仅占5%，规模100人以内的企业转型受阻达到20%。具体内容如图12-2所示。

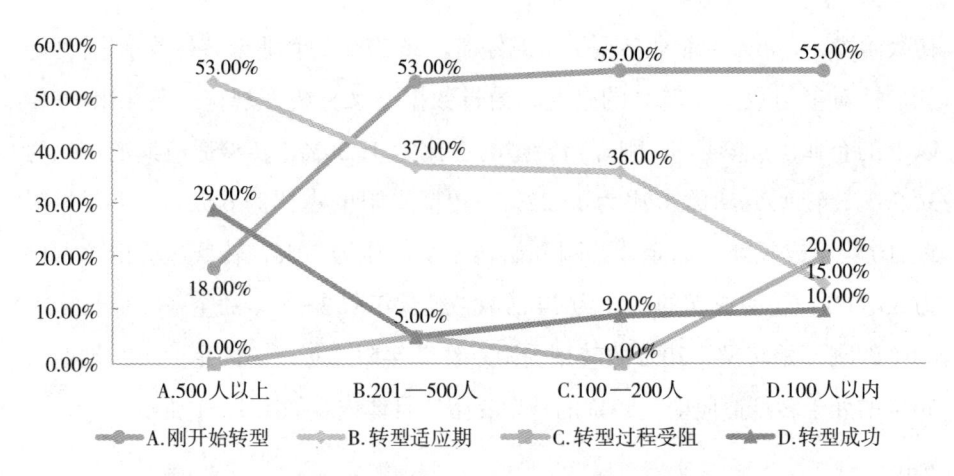

图12-2 福建民营制造企业数字化转型阶段现状（经营规模）

研究表明，大型民营制造企业数字化转型进度基本正常，稳步推进，部分中小型制造企业参与了数字化转型，进入转型适应期企业的比例，随着企业规模的扩大不断提高，少部分企业转型成功，少部分企业由于资金不足、转型目标不确定等原因，转型暂时受阻。

针对企业转型状态，规模500人以上的企业（大型企业），5.88%的企业转型顺利，94.12%的企业有困难、能解决。规模500人以下的企业，5%—10%的企业转型顺利，18%—55%的企业有困难、能解决，30%—72%的企业困难比较大、需要帮助，5%左右的企业无法解决转型问题、准备放弃。具体内容如图12-3所示。

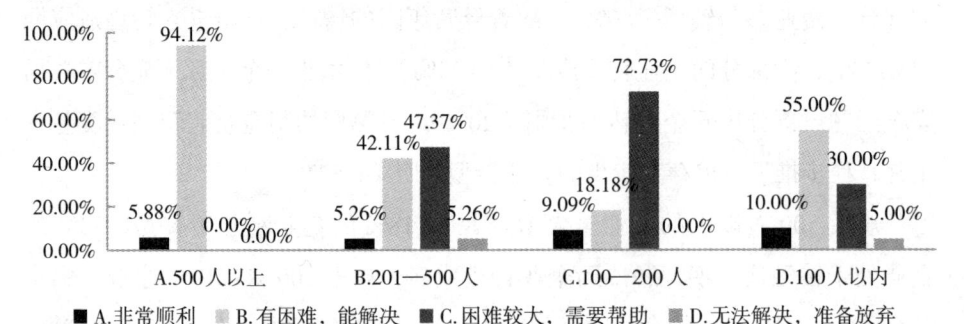

图12-3 福建民营制造企业数字化转型状态

研究表明，大型民营制造企业数字化转型比较顺利，即使遇到问题也都能找到解决办法，中小型制造企业转型过程中遇到困难，部分能够自己解决，

第 12 章 "双循环"新格局下福建民营制造企业数字化转型路径研究

部分需要第三方帮助才能解决,少部分企业找不到解决办法准备放弃。需要当地政府部门,给予积极的扶持,帮助企业转型成功。

针对企业数字化转型成功率的评价,规模 500 人以上的企业,11.76% 的评价转型成功率为 100%,58.82% 的评价转型成功率为 80%,29.42% 的评价转型成功率为 50%;规模 201—500 人的企业,21.05% 的评价转型成功率为 80%,68.42% 的评价转型成功率为 50%,10.53% 的评价转型成功率为 20%;规模 100—200 人的企业,9.09% 的评价转型成功率为 80%,81.82% 的评价转型成功率为 50%,9.09% 的评价转型成功率为 20%;规模 100 人以内的企业,5% 的评价转型成功率为 100%,35% 的评价转型成功率为 80%,45% 的评价转型成功率为 50%,15% 的评价转型成功率为 20%。具体内容如图 12-4 所示。

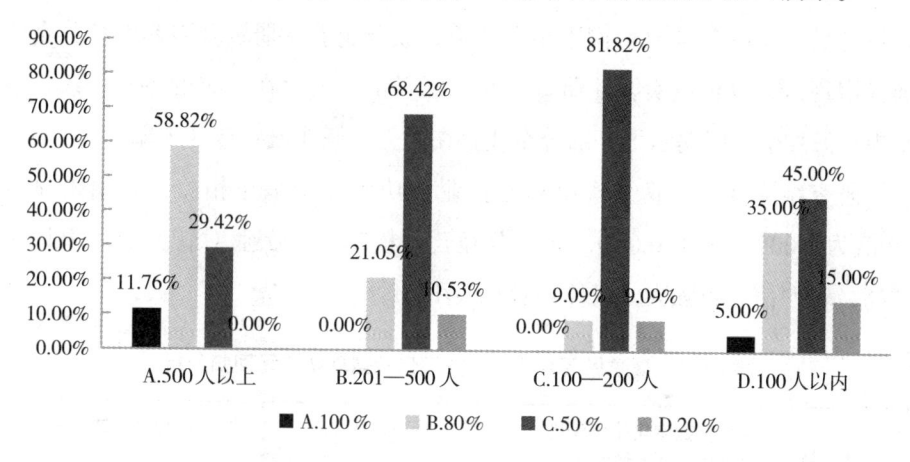

图 12-4　企业对数字化转型成功率的评价

研究表明,大型民营制造企业对数字化转型信心充足,大部分企业评价转型成功率为 80%;中小型制造企业对数字化转型成功的信心一般,评价转型成功率为 50% 的企业居多。

对福建民营制造企业数字化转型现状,进行二元回归分析,设置自变量 X1,代表企业注册资金(Registered capital);设置自变量 X2,代表企业经营规模(Scale of operation);设置自变量 X3,代表企业经营年限(Operating life)。设置因变量 Y1,代表企业数字化转型现状(The current state of digital transformation);设置因变量 Y2,代表企业转型顺利程度(Transformation smoothly or not);设置因变量 Y3,代表企业对转型成功的评价（Transformation evaluation）。选取样本量 67 个，采用 Stata 分析工具，进行二元回归分析。

研究结果 1：经营规模与企业转型现状呈正相关，且结果显著（P 值为 0.011，小于 0.05），即经营规模越大，企业转型成功的概率越高，转型受阻的可能性越小。

研究结果 2：企业经营年限与企业转型的顺利程度呈正相关，且结果显著（P 值为 0.019，小于 0.05），即经营年限越长，企业转型顺利程度越高，即使遇到困难也能解决。

研究结果 3：注册资金与转型成功率评价呈负相关，且结果显著（P 值为 0.041，小于 0.05），即注册资金越少，企业对转型成功率的评价越高，转型信心越充足。2014 年 3 月，国家出台政策，放开企业注册资金限制，部分企业选择增资，导致企业实缴注册资金与实际经济实力存在一定的差距，该检验结果从另一个角度揭示了，部分企业存在无力实缴注册资金的现象。

研究结果 4：企业经营规模与企业成功率评价呈正相关，且结果显著（P 值为 0.009，小于 0.01），即企业经营规模越大，企业对转型成功率评价越高，转型信心越强大。具体内容见表 12-1。

表12-1 福建民营制造企业数字化转型现状二元回归分析

变 量	数字化转型现状			转型顺利程度			转型成功率评价		
	系数	t 值	显著性	系数	t 值	显著性	系数	t 值	显著性
注册资金	-0.02819	-0.38	0.707	-0.11847	-1.66	0.101	-0.09131	-2.08	0.041*
经营规模	0.18117	2.63	0.011*	0.11412	1.74	0.087	0.10923	2.71	0.009**
经营年限	0.01601	0.19	0.850	0.19435	2.41	0.019*	-0.03504	-0.71	0.483
常数	0.06047	0.21	0.835	0.06560	0.24	0.813	1.05837	6.23	0.000**
观测量	67								
R^2	0.1552			0.1503			0.1097		
调整后 R^2	0.1150			0.1099			0.0673		

* $p < 0.05$，** $p < 0.01$，*** $p < 0.001$

对福建民营制造企业持续绿色转型，进行二元回归分析，设置自变量 X1、X2、X3 同表 12-1。设置因变量 Y4，代表企业对政策的评价（Evaluate the policy）；设置因变量 Y5，代表企业持续绿色转型的意愿（Sustainable green transformation）。选取样本量 67 个，采用 Stata 分析工具，进行二元回归分析。研究结果：经营年限与政策评价呈正相关，且结果显著（P 值为 0.021，小于 0.05），即企业经营年限越长，对政策的评价越积极，政策对企业的帮助越大。企业经营规模与企业持续转型呈正相关，且结果显著（P 值为 0.037，小于 0.05），即企业经营规模越大，企业持续转型的可能性越大，转型的目标越坚定。具体内容见表 12-2。

表12-2 福建民营制造企业持续绿色转型的二元回归分析

变量	对政策的评价 系数	t 值	显著性	持续绿色转型的意愿 系数	t 值	显著性
注册资金	0.05091	0.85	0.396	−0.02405	−0.55	0.586
经营规模	−0.00283	−0.05	0.959	0.08628	2.13	0.037*
经营年限	0.15996	2.37	0.021*	0.01999	0.40	0.690
常数	0.07995	0.35	0.731	0.70227	4.12	0.000 ***
观测量	\multicolumn{6}{c}{67}
R^2	0.1424			0.1503		
调整后 R^2	0.1015			0.1099		

* $p < 0.05$，** $p < 0.01$，*** $p < 0.001$

未参与数字化转型的 24 家企业中，8.33% 的想转、不敢转，37.50% 的想转、敢转、不知道怎么转，50% 的暂时不考虑、但未来有计划，4.17% 的不想转。

通过数据交叉分析发现：想转、不敢转的企业，主要集中在福州（13%）、泉州（33%）；不知道怎么转的企业，主要集中在福州（38%）、厦门（50%）、泉州（33%）、龙岩（67%）、三明（50%）；未来有转型计划的企业，基本涵盖了福建各个地区，其中漳州、龙岩、莆田、宁德、三明、平潭最为突出；福州（13%）的企业不想转。具体内容如图 12-5 所示。

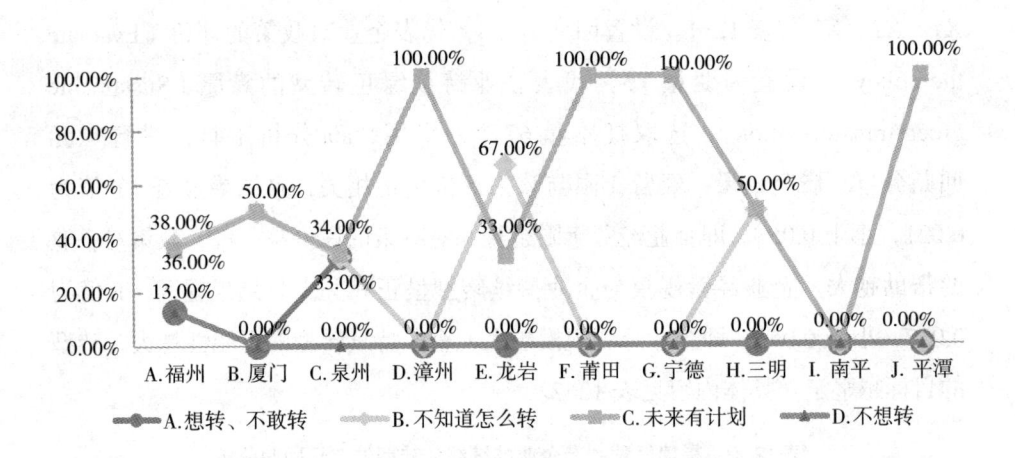

图12-5　福建民营制造企业未参与转型的地区分布

针对以上现象，当地政府应加大宣传力度、加强培训工作、引进专业服务团队、出台资金支持政策等，帮助不想转型的民营制造企业，了解数字化转型的更多优势，加强企业转型意愿；帮助想转不敢转、敢转不知道如何转或未来有转型计划的企业，进一步了解数字化转型的内容及相关优惠政策等，加快步伐参与转型。

未参与转型的企业中，因为费用太贵的占比为50%以上，其中5—10年的企业表现最高，占比为75%；担心效益无法实现的占比为50%以上，其中5—10年以上的企业最为明显，占比为87.50%，3—5年与10年以上持平，占比均为85.71%；担心数据泄露的占比为28%以上，其中5—10年的企业最为明显，占比为62.50%；没有转型动力的，集中在经营年限3年以上的企业，占比为14%以上，经营年限5—10年的企业最为突出，占比为62.50%。具体内容如图12-6所示。

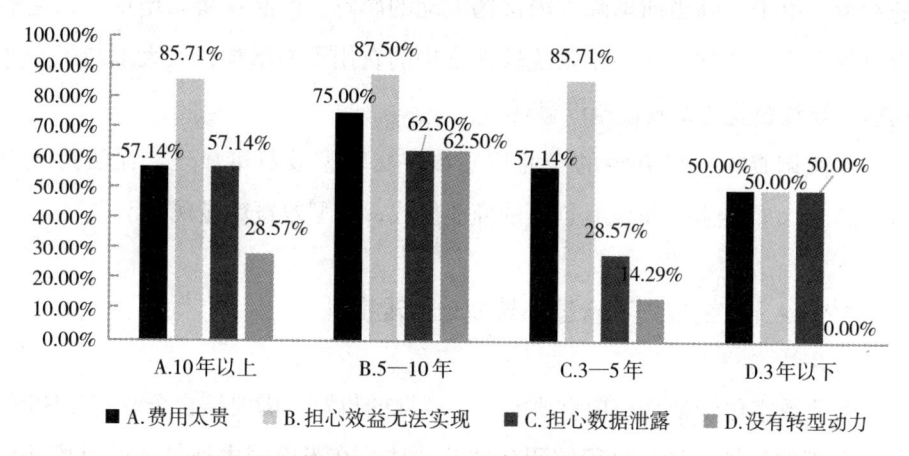

图12-6 福建民营制造企业未参与转型的原因分布

研究表明，转型费用太贵、转型效益无法实现、缺乏数据安全保障、转型动力不足等因素，阻碍了成长期、成熟期企业数字化转型（经营年限 3 年以上）。初创期企业涉及业务内容较少，转型动力充足，但也存在以上前三个问题。

12.2 福建民营制造企业数字化转型面临的问题

12.2.1 转型意识不够强，转型效益难显现

数字化转型能将管理数据化、生产智能化、供应与销售数字化等功能，融入企业生产运营过程中，以达到降本增效的目的。李杰等（2023）认为，企业能够通过数字化管理，降低员工信息不对称，提高人力资源配置效率。制造企业能够抓住数字化转型的契机，实现"行动转型"，但缺少"思想转型"。例如，企业购买数字共享财务系统、数字管理系统、数字生产系统、数字销售与采购系统等数字化软件，聘请数字分析师对统计结果进行分析。但由于企业转型意识不够强，"思想转型"跟不上"行动转型"，仅将数据分析结果作为各部门绩效考核的依据，而没有以此作为企业管理决策和经营决策

的参考。由于受到当前国际国内市场波动的影响，产品销售未增反减，企业营业收入无法增加，数字化系统软件维护的费用不断增加，大大削减了企业利润，导致企业转型效益难以显现。

此次调查中，47.76%的企业担心数字化转型效益难显现，无法持续投入；23.88%的企业评价没有创新的商业模式，转型效益难显现。

12.2.2 系统规划不合理，转型动力难提升

企业数字化转型是一项重要的、持续性的投资，需要结合企业实际情况，进行合理的规划设计、过程监测和效益评估。在当前国内外复杂的市场环境下，企业需要跳出传统思维模式，进行系统规划，注重业务创新和投资策略的调整，才能促进转型顺利，提升转型效益，增加转型内动力。

福建民营制造企业有家族企业特色，企业管理决策、经营决策依靠"一把手"的经验主义。企业不合理的组织架构和激励措施、不合理的商业模式和运行机制，将成为数字化转型的重大障碍，严重影响企业员工对数字化转型的信心。在此次调研中，62.69%的企业表示没有明确的转型方向和系统规划；35.82%的企业表示管理层转型目标不确定，转型受阻；34.33%的企业表示重视数字转型战术，但缺乏战略谋划；53.73%的企业评价数字化转型可能成功率为50%。

12.2.3 数字人才不匹配，数据应用难转化

数字技术人才的短缺是企业转型中的短板，只掌握单一信息技术的人才已不能适应数字化转型的要求。在国内外市场竞争和数字化快速发展等因素的作用下，制造企业大部分都存在数字技术专业人才不够、业务人才又不懂数字技术的现象，二者更无法合二为一。例如，当前大部分制造企业的技术人员，不熟悉具体业务内容，需要业务部门结合企业运营实际情况，提出优化方案，交由技术部门设计数字化系统流程。但在这个过程中，双方考虑的侧重内容不同。技术人员关注该方案是否能够提高企业效益，业务部门侧重该方案是否能

落实。业务团队和技术团队的目标差异，成为企业数字化转型初级阶段的主要问题，这将导致企业数字信息交流不畅通，数字创新受阻。只有全面提升员工的数字化能力，各部门相互协作，才能解决数据应用转化难题。

在此次调研中，44.78%的企业处于数字化转型初期阶段，50.75%的企业数字化能力不够、转型难以深入进行，71.64%的企业支持数字化人才的引进，74.63%的企业需要加大数字化转型的培训力度，79.10%的企业需要提升企业人员数字化能力。

12.2.4　资金保障不充分，成本居高难降低

在国内市场萎缩、国际市场竞争激烈的环境下，制造企业需要通过数字化转型，提高产品质量，优化供应链关系，拓展市场渠道，降低运营成本，增加企业利润。企业数字化转型需要资金的持续投入，制造企业资金的使用和调度是否合理，在一定程度上影响企业数字化转型的进度，甚至造成部分企业转型停滞不前，成本居高不下，转型效益无法实现。

研究表明，部分民营制造企业担心无法实现数字化转型的财务效益，加大资金回笼的压力，导致企业资金流失控，容易资不抵债破产。部分民营制造企业运营能力一般，自有资金不足，对待数字化转型，只能望而却步。

在此次调研中，31.34%的企业是否持续转型，需要根据自身的资金情况决定；8.96%的企业已暂停转型计划，或参考其他企业转型情况再决定。针对企业需要政府扶持的内容，53.73%的企业希望加大低息资金支持，以减轻企业融资负担。

12.2.5　数据信息不安全，绿色转型难持续

在"双循环"发展背景下，制造企业数字化转型需要不断完善外部生态系统，打造高质量的国际国内网络关系。中小制造企业在"上云用数赋智"方面，存在很多担忧。主要原因是：企业能力有限，不能建立企业私有的云平台，需要借助外部公共数据系统平台，导致数据的传送、使用、储存等存

在极大的安全隐患。少部分企业因为出现数据泄露问题，停止了数字化系统的运用，严重阻碍了数字化转型的进度。

在此次调研中，28.36%的企业指出数字化信息安全保障缺失，52.24%的企业需要加强数字信息安全管理。为了促进福建民营制造企业持续绿色转型，保障企业数据的安全是关键。

12.3 "双循环"发展格局下福建民营制造企业数字化转型路径选择

12.3.1 加大培训宣传力度，增强企业转型意识

数字化转型从客观上来说，是"一把手"创新意识的改变和提升。面对当前复杂的国际国内市场环境，企业在转型过程中，需要不断地创新，否定旧思想、旧模式、旧方法，重塑企业生存和持续发展的意义。王莉莉和曹嘉琪（2023）认为，企业能够顺利进行数据驱动，需要提前做到业务与财务合二为一。制造企业数字化转型涉及多项经济业务内容和烦琐的生产流程，需要各个部门协同完成，需要全体员工在转型意识方面保持高度一致，不能出现内部员工抵触行为。制造企业应加强相关的宣传和培训工作，增强员工数字化转型的意识，提升员工数字化的技能，提高员工的数字化执行能力。

为了营造积极的数字化转型氛围，增强福建民营制造企业转型意识，应从以下几个方面开展工作。一是政府应加大培训与宣传力度，注重企业高层转型战略意识的培养，提升"一把手"数字化洞察力、领导力和战略制定能力。二是企业应重视各级员工数字化转型意识的培养，内部组织数字专业技能培训、数字岗位竞技活动等，加强员工对数字化知识的掌握、应用和传递。三是行业协会组织相关的培训活动，通过专业讲座、技能竞赛、知识游戏等形式，营造积极的数字化转型氛围，增强企业转型意识，以促进全员参与转型，提升转型效益。

12.3.2 落实系统规划,增强企业转型信心

数字化转型针对不同的企业,有着不同的转型价值和意义。余可发和杨慧(2023)认为,企业通过重构价值链,优化运营流程,提高管理效率,增强企业市场竞争力。在数字化转型实践中,制造企业生产的产品多样,不能完全照搬其他企业的转型模式,需要根据自身业务内容,设计数字化应用场景。在"双循环"市场的压力下,制造企业既要面临外部的竞争,又要面临内部转型动力不足的缺陷,转型难度颇大。云乐鑫和徐海卿(2023)认为,制造企业数字化转型,除了重构企业组织结构,还需持续商业模式的创新。企业需要结合自身竞争力的强弱,准确定位市场,选择匹配的转型策略,并有针对性地构建转型所需综合实力,增强企业转型内动力,持续创新,以实现转型成效。

在"双循环"发展背景下,为了增强企业转型的内动力,福建民营企业应从以下几点落实系统规划。一是在开启数字化转型之前,明确转型的目标,落实系统规划,制定转型行动指南,避免出现"先乱后改""边转边改"的现象。二是摒弃传统旧思维,重新定位产品市场,塑造新的产品品牌,做好产品前期宣传。三是搭建国内外数字网络销售渠道,在进行品牌营销的同时,精准获取客户需求,提升国内外市场份额。四是通过数字化系统,打通国内上下游业务渠道,进行智能化生产、精细化运营,降低企业运营成本、销售成本、采购成本等。五是稳定市场,优化产品性能,提高产品市场竞争力。六是结合实践管理,不断创新业务流程和模式,开拓新业务、新市场,提升数字化转型的成效。

12.3.3 人才内培外引,突破数据应用转化

张巍(2022)认为,科技人才能够推动企业数字化转型顺利进行。制造企业数字化转型涉及多部门的业务内容,除了更新数字系统软件,还需要重塑业务流程,不断地试错、调整和更新,只有各部门员工共同参与,才能推

进数字化转型顺利进行。戴建平和骆温平（2023）认为，数字化基础薄弱的传统制造企业，无法在短期内掌握供应链数字化转型的技术。制造企业机器品种繁多，数据应用转化困难，需要数字技术专业团队协同业务骨干共同攻克，数字化转型的创新，也需要技术和业务的深度融合。在"双循环"发展格局下，制造企业在创新业务流程和商业模式的过程中，还需要考虑员工和国内外客户对数字化系统的适应性，需要融入多元文化，秉持以人为本、服务至上的理念，以促进全员更好地参与数字化转型，抓住机会，抢占国内外市场。

为了突破数据应用转化难题，福建民营制造企业应该从以下几个方面开展内培外引的工作。一是企业加强数字化人才的培养，成立数字化专业团队，培养技术人员的持续创新能力。二是校企联合培养数字化专业人才，或以课题的形式开展专项研究。三是聘请数字化专业服务团队，帮助企业解决数字技术难题。四是加强外资合作，引进国外优秀的数字人才，增加技术学习交流。

12.3.4 加大外引内援，完善资金保障机制

伴随人口红利逐渐消失，市场消费不断升级，打破了原有相对独立的市场环境。互联网信息技术的快速发展、国内国际双循环等因素，加大了制造企业数字化转型的紧迫性。蒋煦涵和章丽萍（2023）认为，数字化转型能够帮助企业突破创新，但需承担较高的创新成本与费用。制造企业数字化转型是一项持续性的投资，涉及系统平台的建设，传统设备的改造升级，数据的挖掘、传递、分析、使用和储存，需要完善的资金投入机制，保障转型顺利进行。

为了推进制造企业数字化转型进程，福建民营制造企业需要从以下几个方面加大资金的"外引内援"工作。一是抓住"双循环"发展契机，大力引进外资，增加企业转型资金保障，促进国内外技术交流和提升。二是发挥行业协会的作用，引进民间资本，满足企业数字化转型的资金需求。三是发挥当地政府的职能作用，帮助企业争取国家专项扶持资金。四是出台政策降低

企业融资费用，提供转型资金补贴、匹配转型奖励和税收优惠。五是企业配套科学合理的资金调度和使用计划，降低融资成本，让企业转型资金发挥最大效益，以保障转型顺利进行。

12.3.5　政企内外联动，加强数字安全管理

企业需要加强数据安全意识，包括内控制度安全、操作过程安全、数据存储安全、数据传输安全、数据产品和服务安全等。在生产、管理、销售各个环节，保障数据链接、分析和管理的安全，以维护企业数据安全和消费者隐私安全。

调查结果显示，53家企业表示需要加强企业数据治理，占比为79.10%；54家企业提出政府搭建数字化转型服务平台，占比为80.60%。这体现了企业数字化转型信息安全防范的必要性和重要性。

在国内国际双循环的市场环境下，保障制造企业数据安全显得尤为重要。为了加强福建民营制造企业数字信息安全管理，应从以下几个方面开展工作。一是政府出面搭建"公共云平台"，邀请中小制造企业积极参与上云服务，保障企业数据安全。二是政府成立数字信息安全管理机构，为企业搭建的国内外网络平台提供数据安全保障（预防黑客袭击企业数据库）。三是企业成立数字化专业团队，定期检测系统平台功能，梳理企业业务流程，规避数据泄露风险。四是企业构建数字内控体系，制定各个层级之间的追责制度，优化组织结构，落实轮岗动态管理机制，从源头遏制数据风险的发生。

12.4　结论

伴随经济发展和新旧动能转化，数字化转型已成为推动经济发展的新动力。"双循环"新发展格局下，企业需要认清市场发展形势，了解自身发展需要，设计企业独有的数字化转型模式，通过数字化转型推动产业整合及协同

发展。民营制造企业作为数字化转型的主要力量，通过数字化转型，优化企业资源配置，加强数据收集和资源管理，增强数据驱动力和环境洞察力，降低能源消耗，实现精细化管理和共享发展，同时以数字化和智能制造为基础，实现企业全要素、全方位的创新变革，提升企业国内国际市场适应能力和发展能力。

参考文献

［1］陈璐.扎实推动制造业提质增效［N］.中国社会科学报，2022-01-19（3）.

［2］戴建平，骆温平.制造企业供应链数字化转型的机理与路径——基于工业互联网平台多边价值共创视角［J］.财会月刊，2023（8）：1-8.

［3］韩鑫.制造业优质企业这样培育［N］.人民日报，2021-08-22（2）.

［4］蒋煦涵，章丽萍.数字化转型促进高端制造业绿色发展的路径研究［J］.当代财经，2023（8）：1-12.

［5］李杰，沈宏亮，宋思萌.数字化转型提高了企业劳动资源配置效率吗？［J］.现代财经（天津财经大学学报），2023（9）：108-125.

［6］李芃达.产业转移拓展制造业新空间［N］.经济日报，2022-02-08（1）.

［7］王莉莉，曹嘉琪.事业单位会计数字化转型的实现路径［J］.财会通讯，2023（9）：147-150.

［8］余可发，杨慧.传统企业数字化转型的价值链重构路径与机理——数字化赋能视角的纵向单案例研究［J］.当代财经，2023（5）：79-91.

［9］云乐鑫，徐海卿.动态能力视角下制造企业数字化转型路径——以潍柴集团为例［J］.财会通讯，2023（8）：1-8.

［10］张巍.企业数字化转型关键因素和保障分析——以科创板上市公司为例［J］.人民论坛·学术前沿，2022（18）：70-78.

第13章 福建制造企业数字化转型的经济效果研究

在信息化高速发展、各类数字工具普及的时代，制造企业在数字化转型过程中面临新的机遇与挑战。制造企业在中国经济发展过程中占据重要地位，也是福建经济的重要支柱。制造企业数字化转型的成功，可以提升企业国际市场竞争力，实现高质量发展。制造企业数字化转型，将成为社会各界关注的焦点。

本章围绕福建制造业数字化转型的经济效果展开研究，运用文献研究法、案例研究法和数据统计分析法，从成本、生产效率、质量和综合效率等多个角度出发，全面深入地探讨数字化转型对制造企业经济效果的影响。

通过收集整理30家福建制造企业的财务数据，进行实证分析，研究结论显示：数字化转型可以提高企业的生产效率，降低生产成本，缩短生产周期，提高产品质量和创新能力。该研究结论，在一定程度上能够给制造企业数字化转型的实践提供参考和启示。本章还针对制造企业数字化转型提出若干建议，以促进福建民营制造企业转型成功，提高企业核心竞争力，促进高质量发展。

13.1 福建制造企业数字化转型的现状分析

13.1.1 调研基本情况

福建是中国制造业最发达的地区之一。福建省拥有大量的制造企业，最先进的行业是家具制造、建材制造、纺织服装制造、电子产品制造和机械工程。福建省的制造业呈区域性分布，主要在厦门、福州、泉州、晋江、漳州和莆田等城市。厦门和福州是福建省的经济中心，也是福建省制造业发展的重要地点。福建制造业的优势在于其相对完整的产业链，拥有一批具有竞争力的龙头企业和大量优秀的中小企业，在某些领域处于世界领先地位。同时，福建省政府积极推动制造业数字化转型和现代化发展，以提高制造业的核心竞争力，促进高质量发展。

13.1.2 制造企业数字化转型现状

福建省的制造业，尤其是中小企业，正在积极推进数字化转型，力求在提高效率、降低成本、创新产品、拓展市场等方面取得更好的发展。

1. 制造企业数字化转型现状

（1）部分企业已经开始数字化转型：福建制造业逐渐开始重视数字化转型，部分企业已经开始数字化转型试点项目，如数控机床、智能制造、物联网等应用技术。

（2）企业转型面临诸多问题：小型制造业普遍存在信息化基础薄弱、技术研发能力不足、数字化人才缺乏等问题，制约了数字化转型整体进程的推进。

（3）政府政策支持：福建省政府提出了一系列政策措施，支持制造企业数字化转型，并为企业提供资金、技术等方面的支持。

（4）企业的具体实践：部分企业在数字化运营、智能化生产、智慧物流等方面，取得了成功的经验，这些经验在一定程度上，能够供其他企业借鉴和参考。

福建制造业数字化转型，目前处于初期阶段，还未成熟和完善，但趋势明显，未来将会发展得更快、更顺利。

2. 福建制造企业数字化转型的案例分析

通过网络文献资料，整理以下几个福建制造企业数字化转型的案例。

（1）福建安防集团有限公司：该公司是一家以安防产品为核心的智能系统集成商。通过数字化转型，实现对所有产品研发、生产、供应链和销售过程的数字化管理，提高了产品质量和效率。

（2）福建嘉欣丝绸股份有限公司：该公司是一家从事丝绸生产的传统企业，通过数字化转型，实现了生产过程的可视化控制和智能化管理。该公司建立了全球销售网络，利用互联网平台将自产的丝绸产品销往各地。数字化转型带动公司的产能大幅提升，且成本得到有效控制，帮助公司成为行业内的龙头企业之一。

（3）福建弘信电力设备股份有限公司：该公司是一家专业的电力变压器制造商，通过数字化转型，实现了整个产业链的自动化和智能控制。该公司合理运用数字化技术，包括大数据技术、云计算、物联网技术以及智能控制系统，实现了生产过程的高效和自动化管理。数字化转型让弘信电力设备成为世界领先的变压器制造商。

（4）福建星光集团股份有限公司：作为中国领先的合成板制造商之一，该公司通过数字化转型，实现了生产全自动化控制和实时监控。在生产过程的可视化和数据管理方面，引入了先进的大数据分析技术，使产品质量和生产效率得到了显著提高。

13.2 数字化转型对企业经济效果的影响因素分析

13.2.1 案例企业数字化转型现状

福耀玻璃数字化转型的经济效果非常明显。福耀玻璃是一家大型玻璃制造企业，成立于1987年。福耀玻璃的主要经营范围有汽车玻璃、建筑玻璃和光伏玻璃的生产和销售等。在汽车玻璃方面，福耀玻璃是全世界最大的玻璃零部件制造商之一，为各大汽车品牌提供高品质玻璃产品。福耀玻璃作为一家国际化企业，数字化转型已经成为其发展的趋势。在福耀玻璃的数字化转型过程中，其先后在多个领域进行了探索和尝试，包括自动化生产线、工厂智能化、物联网技术、大数据分析、人工智能等。首先，在自动化生产线方面，福耀玻璃已经实现了大规模自动化生产，通过自动化设备减少了人力成本，提高了生产效率。其次，在工厂智能化方面，福耀玻璃利用高科技智能化设备，实现了智能分拣、全链路追溯等功能，提高了产品质量和生产效率。再次，福耀玻璃在物联网技术方面也进行了探索和尝试。在实际生产中，通过将各类设备传感器和工艺参数的数据链接到云端，福耀玻璃可以实时监测设备运行状态和生产流程，优化生产决策。最后，福耀玻璃也在大数据分析和人工智能方面进行了探索和应用，在生产和质量控制过程中，通过智能系统收集和分析数据，找出生产过程中存在的问题，从而提高生产效率和产品质量。具体表现在以下几个方面。

（1）降低生产成本。通过数字化转型，优化生产和管理流程，提高生产效率，降低生产成本，提高市场竞争力。（2）提高产品质量。数字化转型可以实现数据的实时分析和监控，以提高生产过程的稳定性和可控性，使生产过程更加高效和准确，减少试错成本，提高产品质量。（3）提高定制化生产能力。数字化转型可以提高传统制造企业在订单方面的响应速度和准确性，更好地满足消费者的多样化需求。

13.2.2 影响因素分析

福耀玻璃 2001—2022 年盈利能力指标见表 13-1。

表13-1　福耀玻璃2001—2022年盈利能力指标

年　份	销售净利率（%）	销售毛利率（%）	净资产收益率（%）
2001	16.22	37.96	28.40
2002	16.45	37.45	28.40
2003	18.52	38.77	30.90
2004	16.82	33.66	23.50
2005	13.46	30.51	19.50
2006	15.60	34.76	24.10
2007	17.76	36.18	28.70
2008	4.30	31.32	7.52
2009	18.39	42.05	29.20
2010	21.01	40.42	35.58
2011	15.61	36.56	26.34
2012	14.88	38.15	23.13
2013	16.67	41.40	26.10
2014	17.15	42.32	27.07
2015	19.21	42.43	18.88
2016	18.91	43.07	18.62
2017	16.82	42.76	17.16
2018	20.31	42.63	20.81
2019	13.73	37.46	14.11
2020	13.05	39.51	12.06
2021	13.32	35.90	12.96
2022	16.91	34.03	17.65

资料来源：同花顺个股资料。①

---

① 同花顺个股资料，https://stockpage.10jqka.com.cn/，访问日期：2024 年 7 月 23 日。

如图13-1所示，从福耀玻璃2001—2022年盈利能力指标可以看出，企业经过数字化转型后，先呈急速上升趋势，随后呈现稍微下降的趋势后又趋于稳定，这进一步证明了数字化转型对企业盈利能力的积极影响。制造企业在数字化转型的过程中，可以通过智能化、柔性化和高效化的生产方式来提高生产效率，降低人工成本。此外，数字化转型还能够帮助制造企业开发新产品、新业务和新市场，创造新的收入来源，进一步提高企业的盈利能力。

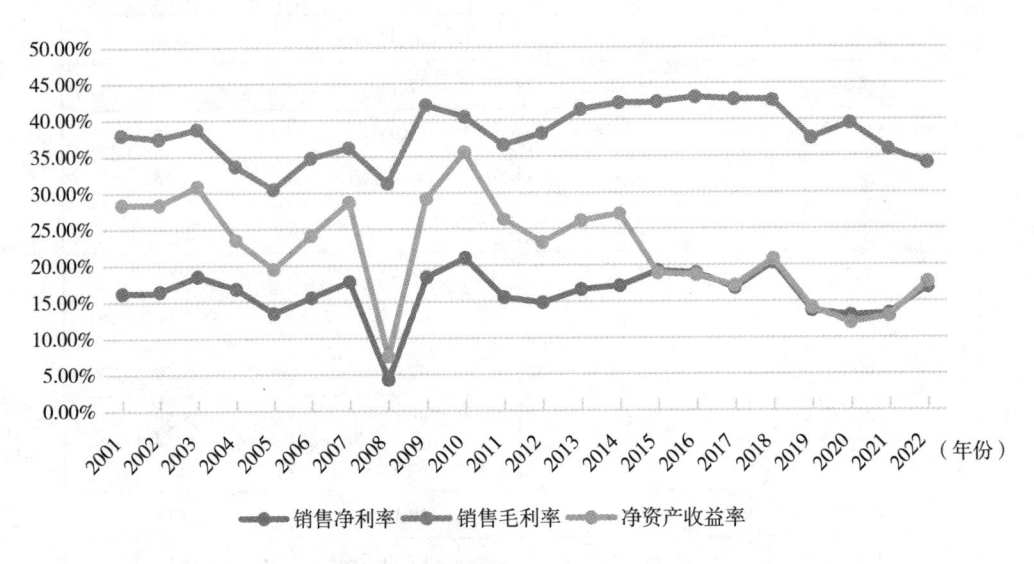

图13-1　福耀玻璃2001—2022年盈利指标

资料来源：通过数据分析整理所得。

13.2.3　数字化转型影响经济效果的因素概述

数字化转型影响经济效果的因素有很多，常见的因素有技术水平、人员素质、投资和支持、政策与技术支持、市场需求、全员参与等。（1）技术水平：数字化转型需要不同技术的支持，如人工智能、物联网技术等，企业需要具备足够的技术能力，推动数字化转型的顺利进行。（2）人员素质：企业数字化转型需要员工具备基本的数字化素养，如计算机基础知识、数据分析软件的使用等综合素质。企业需要对员工进行数字化专题培训，以帮助员工适应新的工作环境。(3)投资和支持:数字化转型需要大量的资金支持,包括劳动力成本、技术投资以及购买硬件和软件。数字化转型需要持续投入,要求企业具备充足的资金,避免转型受阻。(4)政策与技术支持:企业数字化转型的顺利推进,需要政府政策的扶持和第三方机构的技术支持。(5)市场需求:数字化转型需要与市场需求相结合,实施产品定制和智能制造,以更好地满足客户需求,为客户带来更多新鲜体验感。(6)全员参与:数字化转型需要全体员工共同参与,需要各环节的紧密配合。企业需要建立数字化转型的组织机制,引导企业全体员工把数字化转型作为共同努力的方向。

13.2.4 数字化转型影响经济效果的因素分析和检验

数字化转型的经济效益因企业和行业属性而异。下文提出影响数字化转型经济影响的主要因素(理论基础),并在相关实证研究的基础上进行了检验。(1)数字技术水平是数字化转型的基础,企业需要有足够的技术实力来进行数字化转型。(2)员工的素质是数字化转型的核心,需要在员工数字能力提升方面给予支持。(3)数字化转型需要足够的资本投入,否则无法推动数字化转型。(4)制度建设是顺利实施数字化转型的前提,需要充分的制度和政治支持,以保障数字化转型的顺利实施。(5)数字化转型必须考虑到市场需求,以更好地满足客户需求,实现企业利润最大化。(6)全体员工的参与是数字化转型的关键,在数字化转型过程中,需要全体员工共同努力,建立数字化转型的组织机制,推动数字化转型工作的顺利进行。

员工队伍的规模和行业属性影响数字化转型的经济效益。大型制造企业拥有更多的资源,数字化转型过程相对顺利,更有可能实现数字化转型的成功。此外,行业属性也很重要,例如,制造业和服务业的数字化转型战略不同,转型过程也存在差异,转型效益实现的进度也不一样。据了解,大型制造企业利用数字化转型,逐步实现智能生产、数字化运营,提高生产和管理效率;小型制造企业资金实力有限,只能先利用数字化提高运营效率,实现销售管理效率的提升。

数字化转型过程中，企业需要持续投入，如技术和设备的投资、技术人员的引进、员工的培训等。有关研究表明，投资水平与数字化转型的经济效果呈正相关，即投资越多，数字化转型效果越好。

本研究选取福建30家上市公司的年报数据（2014—2021年）作为样本，采用Deap2.1软件进行相关数据分析，采用了"DEA-BCC"模型，其中，数字化转型投入为主营业务成本，产出为净利润和主营业务收入。福建制造业数字化转型（样本）对企业经济效果的影响，包括纯技术效率值（PTE）、综合效率值（TE）和规模效率值（SE）等。具体内容见表13-2、表13-3、表13-4、表13-5。

表13-2　样本30家数字化转型的传统制造企业2014—2021年营业总成本

单位：亿元

公司	2014年	2015年	2016年	2017年	2018年	2019年	2020年	2021年
安妮股份	5.46	4.09	4.16	10.58	7.04	6.72	9.83	3.81
ST泰禾	74.19	130.85	193.27	219.45	267.15	247.13	82.92	88.55
ST冠福	19.52	13.36	7.57	94.08	155.97	153.44	126.35	135.42
安记食品	2.17	2.07	2.14	2.14	3.01	3.85	3.73	5.03
凤竹纺织	7.85	7.08	7.33	8.02	9.72	9.96	10.24	12.37
闽发铝业	12.73	11.29	10.26	11.89	13.80	14.21	15.36	21.71
福建水泥	20.68	21.07	16.50	21.02	24.68	22.93	25.62	31.72
安井食品	20.59	24.25	27.86	32.50	39.48	48.33	62.41	85.51
福耀玻璃	103.76	105.43	128.26	152.12	161.55	179.21	171.38	201.37
圣农发展	64.38	76.23	85.08	98.90	99.90	103.53	116.43	140.82
贵人鸟	15.49	15.95	18.97	30.72	34.05	26.97	15.88	14.32
海欣食品	8.38	8.58	9.18	10.09	11.24	13.88	15.20	15.88
惠泉啤酒	8.13	7.41	6.23	6.21	5.51	5.65	6.00	5.60
三钢闽光	179.94	138.08	128.61	240.09	275.37	452.64	450.50	574.26
金龙汽车	210.19	257.47	234.67	171.55	182.31	178.26	140.44	163.41

续表

公司	2014年	2015年	2016年	2017年	2018年	2019年	2020年	2021年
福晶科技	2.13	1.69	2.30	3.02	3.23	3.70	3.99	4.98
华懋科技	3.95	4.79	5.87	6.74	6.93	7.52	7.31	10.36
金达威	6.29	10.83	13.10	15.35	20.84	26.92	24.45	27.06
九牧王	17.10	18.35	19.08	20.89	23.19	26.22	25.52	28.81
金牌厨柜	6.45	7.42	10.03	12.92	15.20	19.04	23.72	31.61
垒知集团	15.25	11.11	12.20	24.65	29.53	34.96	46.73	37.71
远翔新材	1.44	1.47	1.51	1.70	1.99	2.33	2.47	3.22
三祥新材	2.73	2.40	2.34	3.48	5.16	6.33	6.54	6.67
七匹狼	21.77	23.70	24.44	28.25	32.47	33.69	32.21	32.28
青山纸业	21.07	22.24	22.05	25.41	26.96	25.85	27.17	26.98
浔兴股份	9.69	9.66	10.43	17.00	30.65	19.14	15.64	21.24
紫金矿业	559.32	735.46	753.23	907.01	1010.50	1290.98	1604.37	2018.19
兴业科技	21.13	23.69	24.98	20.64	16.84	14.71	13.54	15.38
坤彩科技	2.18	2.42	2.90	3.53	4.03	4.56	5.78	7.38
纳川股份	9.75	12.84	10.36	13.57	13.66	9.59	9.11	8.06

资料来源：同花顺个股资料。[①]

表13-3 样本30家数字化转型的传统制造企业2014—2021年营业总收入

单位：亿元

公司	2014年	2015年	2016年	2017年	2018年	2019年	2020年	2021年
安妮股份	4.50	4.36	4.31	6.58	7.15	4.33	3.35	3.94
ST泰禾	83.72	148.13	207.28	243.31	309.85	236.21	36.15	49.11
ST冠福	18.74	13.16	8.87	97.36	142.93	159.36	128.42	135.33
安记食品	2.79	2.66	2.59	2.54	3.39	4.21	4.20	5.49
凤竹纺织	7.77	7.20	7.62	8.21	10.05	10.24	10.05	13.02
闽发铝业	13.17	11.44	10.42	12.29	14.26	14.63	15.93	22.44

[①] 同花顺个股资料，https://stockpage.10jqka.com.cn/，访问日期：2024年7月23日。

续表

公司	2014年	2015年	2016年	2017年	2018年	2019年	2020年	2021年
福建水泥	20.62	15.24	13.23	18.34	29.47	30.44	29.60	36.17
安井食品	22.20	25.61	29.97	34.84	42.59	52.67	69.65	92.72
福耀玻璃	129.28	135.73	166.21	187.13	202.25	211.04	199.07	236.03
圣农发展	64.36	69.40	91.63	101.59	115.47	145.58	137.45	144.78
贵人鸟	19.20	19.69	22.79	32.52	28.12	15.81	11.88	14.19
海欣食品	8.55	8.15	9.25	9.68	11.45	13.85	16.06	15.50
惠泉啤酒	8.29	7.52	6.18	5.69	5.52	5.63	6.14	5.82
三钢闽光	180.22	125.42	141.18	316.86	362.48	510.40	486.36	627.53
金龙汽车	214.31	268.35	218.28	177.36	182.91	178.91	139.58	154.18
福晶科技	2.02	2.11	3.08	4.54	4.91	5.01	5.46	6.89
华懋科技	5.31	6.76	8.90	9.89	9.83	9.86	9.50	12.06
金达威	8.38	12.04	16.63	20.85	28.73	31.92	35.04	36.16
九牧王	20.68	22.57	22.71	25.65	27.33	28.57	26.72	30.50
金牌厨柜	6.86	7.84	10.99	14.42	17.02	21.25	26.40	34.48
垒知集团	17.89	13.45	13.85	19.98	27.16	33.94	38.71	49.18
远翔新材	1.55	1.54	1.65	1.93	2.46	2.77	3.21	4.05
三祥新材	3.08	2.77	2.78	4.08	5.99	7.61	7.33	7.89
七匹狼	23.91	24.86	26.40	30.85	35.17	36.23	33.30	35.14
青山纸业	18.95	21.12	22.78	26.56	28.61	26.70	24.95	28.67
浔兴股份	10.50	10.41	11.75	18.60	22.72	19.19	15.90	22.62
紫金矿业	587.61	743.04	788.51	945.49	1059.94	1360.98	1715.01	2251.02
兴业科技	22.34	23.58	25.66	21.13	18.07	15.87	14.60	17.26
坤彩科技	3.15	3.27	4.08	4.69	5.87	6.17	7.50	8.93
纳川股份	9.99	13.08	11.17	14.80	11.34	8.08	8.95	6.78

资料来源：同花顺个股资料。①

---

① 同花顺个股资料，https://stockpage.10jqka.com.cn/，访问日期：2024年7月23日。

表13-4 样本30家数字化转型的传统制造企业2014—2021年净利润

单位：亿元

公　司	2014年	2015年	2016年	2017年	2018年	2019年	2020年	2021年
安妮股份	−9204.57	0.11	0.12	−3.65	0.76	0.24	−6.23	0.23
ST泰禾	7.13	12.65	17.14	23.33	39.11	7.28	−51.07	−40.52
ST冠福	0.06	1.93	2.45	2.83	−27.12	6.89	1.26	1.01
安记食品	0.57	0.53	0.41	0.41	0.39	0.43	0.53	0.45
凤竹纺织	0.10	0.13	0.56	0.25	0.31	0.26	0.30	0.73
闽发铝业	0.35	0.18	0.17	0.38	0.34	0.46	0.62	0.58
福建水泥	0.50	−3.90	0.14	−1.52	3.37	4.67	2.78	3.99
安井食品	1.30	1.28	1.77	2.02	2.70	3.73	6.03	6.82
福耀玻璃	22.20	26.05	31.44	31.49	41.20	28.98	26.01	31.46
圣农发展	−0.76	−3.87	7.62	3.15	15.04	40.93	20.41	4.48
贵人鸟	3.12	3.32	2.93	1.57	−6.86	−10.96	−3.82	3.61
海欣食品	0.18	−0.40	0.13	−0.27	0.35	0.07	0.71	−0.34
惠泉啤酒	0.32	0.23	0.02	0.24	0.18	0.20	0.29	0.31
三钢闽光	0.32	−9.29	9.27	57.43	65.17	43.24	25.65	39.98
金龙汽车	4.87	9.46	−18.94	9.05	2.06	2.35	0.61	−7.76
福晶科技	−0.15	0.36	0.70	1.36	1.50	1.34	1.43	1.91
华懋科技	1.19	1.75	2.62	2.78	2.76	2.37	2.01	1.75
金达威	1.95	1.13	3.00	4.74	6.87	4.51	9.59	7.89
九牧王	3.51	4.04	4.22	4.92	5.27	3.55	3.55	1.83
金牌厨柜	0.39	0.47	0.96	1.67	2.10	2.42	2.91	3.35
垒知集团	2.29	2.05	1.70	1.93	2.54	4.16	3.79	2.75
远翔新材	0.12	0.07	0.17	0.22	0.46	0.43	0.66	0.77
三祥新材	0.30	0.33	0.39	0.54	0.73	1.08	0.75	1.07
七匹狼	2.94	2.80	2.78	3.43	3.65	3.53	2.35	2.73
青山纸业	0.41	−1.30	6118.09	1.28	1.77	1.45	0.88	2.07
浔兴股份	0.78	0.72	1.18	1.38	−6.80	0.32	1.88	1.23
紫金矿业	26.35	13.43	16.87	32.48	46.83	50.61	84.58	196.00

续表

公司	2014年	2015年	2016年	2017年	2018年	2019年	2020年	2021年
兴业科技	1.20	0.13	0.63	0.45	1.16	1.18	1.15	1.81
坤彩科技	0.83	0.97	1.06	1.16	1.80	1.49	1.62	1.49
纳川股份	0.50	0.53	0.85	0.83	-4.02	2.32	0.48	-1.12

资料来源：同花顺个股资料。①

表13-5　样本30家传统制造业数字化转型对企业的综合效率

公司	2014年	2015年	2016年	2017年	2018年	2019年	2020年	2021年
安妮股份	0.570	0.755	0.683	0.766	0.668	0.458	1	0.747
ST泰禾	0.781	0.802	0.707	0.738	0.763	0.68	1	1
ST冠福	0.664	0.698	0.773	0.688	0.603	0.739	0.709	0.722
安记食品	0.890	0.911	0.798	0.79	0.741	0.778	0.786	0.789
凤竹纺织	0.685	0.721	0.686	0.681	0.680	0.731	0.685	0.761
闽发铝业	0.716	0.718	0.670	0.688	0.680	0.732	0.724	0.747
福建水泥	0.690	0.513	0.529	0.58	0.786	0.944	0.806	0.824
安井食品	0.746	0.748	0.710	0.713	0.710	0.775	0.779	0.784
福耀玻璃	0.862	0.912	0.855	0.818	0.824	0.837	0.811	0.847
圣农发展	0.692	0.645	0.710	0.683	0.760	1.000	0.824	0.743
贵人鸟	0.858	0.875	0.792	0.704	0.543	1.000	0.572	0.716
海欣食品	0.706	0.673	0.665	0.638	0.670	0.710	0.737	0.705
惠泉啤酒	0.706	0.719	0.654	0.609	0.659	0.709	0.714	0.751
三钢闽光	0.693	0.644	0.724	0.878	0.866	0.802	0.753	0.790
金龙汽车	0.706	0.739	0.613	0.688	0.660	0.714	0.694	0.682
福晶科技	0.656	0.885	0.883	1.000	1.000	0.963	0.955	1.000
华懋科技	0.930	1.000	1.000	0.976	0.933	0.932	0.907	0.841
金达威	0.922	0.788	0.837	0.904	0.907	0.843	1.000	0.966
九牧王	0.837	0.872	0.785	0.817	0.775	0.775	0.731	0.765
金牌厨柜	0.736	0.749	0.723	0.742	0.737	0.794	0.777	0.788
垒知集团	0.812	0.858	0.749	0.539	0.605	0.690	0.578	0.943

① 同花顺个股资料，https://stockpage.10jqka.com.cn/，访问日期：2024年7月23日。

续表

公司	2014年	2015年	2016年	2017年	2018年	2019年	2020年	2021年
远翔新材	0.745	0.742	0.721	0.755	0.813	0.845	0.907	0.909
三祥新材	0.781	0.818	0.784	0.780	0.764	0.855	0.782	0.855
七匹狼	0.760	0.743	0.712	0.726	0.713	0.765	0.721	0.787
青山纸业	0.622	0.673	1.000	0.695	0.698	0.735	0.641	0.768
浔兴股份	0.750	0.764	0.743	0.728	0.488	0.713	0.709	0.770
紫金矿业	0.727	0.716	0.690	0.693	0.69	0.750	0.746	0.806
兴业科技	0.732	0.705	0.678	0.681	0.706	0.767	0.752	0.811
坤彩科技	1.000	1.000	0.928	0.884	0.962	0.962	0.905	0.875
纳川股份	0.709	0.722	0.711	0.725	0.634	0.611	0.686	0.608
均值	0.756	0.770	0.750	0.744	0.735	0.787	0.78	0.803

资料来源：同花顺个股资料。①

综合效率（TE）是指在现有技术和规模的情况下，样本公司能够获得的最大的输出比率。随着综合效率的增大，决策单位的投资资源分配效率也随之提高，数字化转型效果也更好。具体内容如图13-2所示。

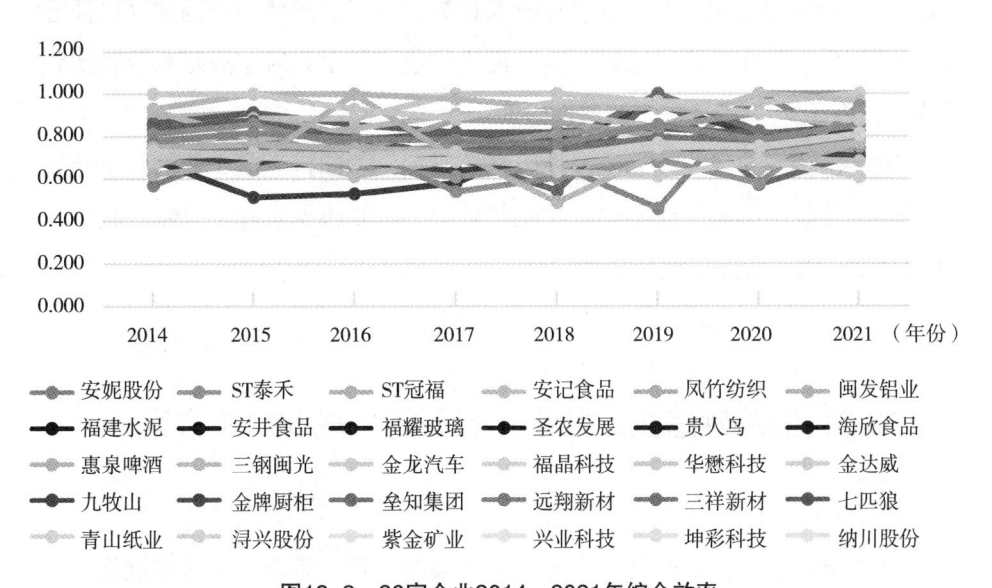

图13-2　30家企业2014—2021年综合效率

① 同花顺个股资料，https://stockpage.10jqka.com.cn/，访问日期：2024年7月23日。

综合效率的提高可以在数字化转型中产生显著的经济效果。数字化转型可以帮助企业实现更高效的业务流程，提高生产效率，降低成本，提高质量和服务水平。在数字化转型的过程中，数据分析和人工智能等新技术的运用，可以帮助企业更好地了解市场趋势和竞争对手，以及进行更准确的预测，从而帮助企业更好地适应快速变化的市场环境。数字化转型也可以带来新的增长机会，例如，基于数据分析和人工智能的新业务模式和新产品创新，可以帮助企业创造更高的价值和更高的收益。总之，数字化转型的综合效率提高，可以带来更高的生产效率和更多的经济利益，从而实现真正的数字化转型。

企业的资源优劣也影响数字化转型的经济效果。通过数字化转型，企业可以利用其现有的资源来实现更好的经济效益。例如，作为数字化转型的一部分，企业可以充分挖掘其数据资源，提高生产效率和产品质量，获得更多的客户信息，提高市场竞争力。

研究表明，资源优势在数字化转型的经济影响中起着关键作用，数字化转型战略和管理实践影响其经济效果。数字化转型战略和管理实践需要成熟和科学，以使公司实现最大的经济效益。例如，数字化转型战略应该是灵活的，适应企业的现状、市场需求和技术趋势，不同的战略和管理实践可能导致不同的数字化转型经济结果。由此得出结论，数字化转型战略和管理实践是影响数字化转型经济效果的关键因素之一。

数字化转型的经济效果受多种因素的影响，不同行业或企业的数字化转型对经济效益的影响可能不同。在此基础上，需要根据自身情况制定数字化转型战略，以实现经济效益最大化。

13.3 福建制造企业数字化转型的挑战和解决方案

制造企业数字化转型是一个庞大而复杂的工程，需要面对诸多挑战，以下是一些主要的挑战和解决方案。

一是对员工素质和技能水平的挑战。数字化转型需要具备一定知识和技能的人才，员工的相关数字化能力与相应的数字化转型所需能力不匹配，需要培训和转型。解决方案：提供适当的培训计划，为员工的技能提升和知识储备打下坚实基础（孔帅，2024）。同时，企业应鼓励员工积极参与数字化转型的竞赛活动，增加数字化转型的经验交流。

二是整体规划和协作的挑战。制造企业有多条生产线，不同的生产流程，需要协同工作，以实现整体运营。解决方案：制订一个全面的数字化转型计划，利用智能平台系统或数字技术分享信息，优化生产线之间的协作，从而提高整体效率。

三是数字技术的重视程度。在制造业的数字化转型中，数字技术的应用是必不可少的。数字技术的应用，能够构建更具创造力的数字化商业实体，帮助企业更好地发展（蒋均忆，2023）。加强制造企业对数字技术的重视，应该从企业内外两个方面入手。解决方案：一方面，重视企业内部数字文化建设，加强员工数字技能培训；另一方面，重视企业管理层外部技术交流，学习成功案例经验，持续关注数字技术发展动态和趋势。通过以上措施提高企业对数字技术的重视程度，逐步推动制造企业实现数字化转型。

四是数据收集和应用问题。数据资产并非有形的，数据的获取、处理及应用等对数据的管理有一定的难度和复杂性（丁琳橦，2024）。制造业需要获取特定的数据，而在收集数据方面存在很多困难。解决方案：利用物联网技术进行数据收集、处理和分析，以及数据的深度挖掘和运用，从而实现生产和管理的数字化。

五是安全和风险的挑战。企业的信息和技术系统的安全和风险成为其数字化转型过程中的主要制约因素。解决方案：采用灵活、安全、可靠的信息管理方式，加强供应商的风险管理，规范采购流程，降低风险；加强监管，避免出现违反法律法规的行为。

六是投资和回报的挑战。制造企业转型和现代化需要大量的投资，而投资的回报并不是短期可以显现出来的，这限制了大多数企业实现转型和现代化的能力。制造企业数字化转型面临投资和回报的挑战，需要合理布局、科学把控。解决方案：首先，明确转型目标，合理控制投资进度，分阶段实施数字化转型；其次，加强技术人才的培养和管理，提高数据资料的安全性，持续优化数据的储存和使用；最后，重视数字化转型的评估工作，提早发现问题，及时调整战略方案，实现转型效益最大化。通过以上措施能够实现制造企业数字化转型的合理回报和长期效益。

综上所述，制造企业数字化转型可能面临多方面的挑战。企业只有制定全面、系统的数字化转型规划，并且加强数字化转型前的准备，才能够成功地完成数字化转型，提升企业竞争力和经济效益。

13.4 福建制造企业数字化转型的建议

13.4.1 数字化转型的建议和启示

数字化转型是非常重要的企业发展战略，实施数字化转型可以提高企业效率，创造新的商业模式，并为企业带来巨大的经济效益。本节总结了一些数字化转型的经验和启示，仅供企业参考。

1. 以用户为中心设计数字化转型方案

数字化转型的目的是提供更好的服务。因此，在设计数字化转型方案时，必须以用户为中心，这样才能从根本上满足用户的需求，从而改善用户体验，提高用户忠诚度。

2. 投入足够的资金和人力资源

大量的资金和人力资源，必须通过明确的目标、适当的规划和严格的数字化转型执行过程等因素来保证。企业需要制定数字人才培养方案，确定培养目标、培养内容和培养途径，在公司内部，不断促进学习和创新，让员工有机会参加培训和学习，并鼓励他们尝试新的方法和技术（干霖，2024）。

3. 注重新工具及技术的应用

随着新技术、新的数字产品和服务的出现，需要应用最新的技术和工具，以确保数字化转型符合未来的需求。企业需要通过广泛应用新兴数字技术及数据工具，使企业的营运水平更加智能化、精益化（吴攀攀，2024）。

4. 加强数字化转型的管理和运营

数字化转型不仅需要技术支持，还需要不断优化管理和运营流程，以确保数字化转型的顺利进行。

5. 注重数据安全保护

要制定完善的数字化操作管理体系，提升数据的安全级别，防止未经授权的操作者对重要信息进行错误的操作和篡改；做好备份工作，确保所有数据资料可以追溯，可以检查，可以对比分析（王美玲等，2024）。

6. 寻求协同效应和创新

数字化转型需要组织内部和团队之间的协作创新。为了达到最佳的数字化转型效果，企业可以联合外部技术团队，共同实现技术创新。

7. 保持敏锐的态势意识

数字化转型需要不断创新发展，需要关注行业趋势、用户行为，具备对数字化趋势的敏锐洞察力，并逐步优化转型方案，以推动转型战略的实现。

总之，数字化转型需要关注企业自身发展，需要全面了解业务流程、市场需求和未来发展趋势，制订科学、现实的数字化转型计划，并注重实施和管理，以实现转型经济效益最大化。

13.4.2 对未来数字化转型趋势的展望

随着科技的快速发展和智能制造的普及，数字化转型将成为未来制造业发展的必然趋势，并呈现以下特点。

1. 数字化转型将成为企业的战略任务

随着数字化技术的不断进步，数字化转型将成为企业的关键战略任务。

2. 智能制造将成为数字化转型的重要实践领域

通过实施智能制造，制造企业将完成生产过程的全面数字化和可视化，使生产线的协调、管理和运行更加高效。

3. 数字化转型与节能减排的结合

数字化转型将使制造企业实现资源效率和能源节约，而对数字化的偏爱将使企业达到环境保护和绿色发展的目标。

4. 生产过程改进更加便捷

各种数字技术将不断涌现，新的解决方案将比现有的技术解决方案更加强大和灵活，使生产过程的智能化更加容易和实用。

5. 数据安全问题亟待解决

数字化转型过程中，涉及企业核心业务的数据，这势必会使数据安全成为重要的挑战。企业需要加强数据的安全保护，防止出现数据泄露等事件。

未来数字化转型的整体趋势逐渐清晰，数字化转型将成为制造企业发展的核心和关键。数字化转型将会推动制造企业的绿色发展，促进可持续发展战略的实现，推动企业高质量发展。

13.5 结论

本章通过对福建 30 家制造企业的数据进行分析，得出结论：数字化转型对制造企业的经济效果有明显的提升，主要表现在以下几个方面。

一是员工素质的提升和生产效率的提高。数字化转型可以通过培训和技术升级，提高员工的技能水平和工作效率，从而进一步提高企业的生产效率和经营效益。

二是整体规划和资源优化。数字化转型可以改善企业的整体规划和资源配比，提高生产线的高效性和稳定性，优化企业的生产资源和生产线布局，以实现更高的产能和效益。

三是数据采集与分析。企业通过数字技术，实现数据的及时收集和分析，为企业提供更科学的运营数据，以帮助企业更好地制定生产计划和经营策略，增强企业核心竞争力。

但是，数字化转型也面临一些挑战，如人力成本高、技术成熟度不足和信息安全问题等。因此，未来需要探索更好的数字化转型策略和方案，同时也需要研究其对企业战略和管理的影响，并建立相应的标准和评估体系，以更好地提升数字化转型的经济效益。

参考文献

［1］丁琳橦.烟草商业企业数字化转型中面临的网络安全问题对策与研究［J］.商场现代化，2024（6）：131-133.

［2］干霖.数字经济背景下物流企业数字化转型问题及对策研究［J］.物流科技，2024，47（8）：59-61.

［3］蒋均忆.数字经济背景下制造企业数字化转型策略研究［J］.常州信息职业技术学院学报，2023，22（5）：88-91.

［4］孔帅.数字经济背景下企业数字化转型的问题研究［J］.数字通信世界，2024（1）：161-163.

［5］王美玲，邓晔，张骁，等.盐城市农业数字化转型现状、问题与发展建议［J］.安徽农业科学，2024，52（7）：241-243.

［6］吴攀攀.企业会计数字化转型面临的问题与对策研究［J］.投资与合作，2024（3）：136-138.

第14章　福建民营企业数字化转型对财务绩效的影响研究

随着经济的不断发展、全球市场竞争的加剧，企业数字化转型已成为提高竞争力、优化业务流程、提升客户体验的必要手段，越来越多的民营企业开始意识到数字化转型对企业发展的重要性。研究民营企业数字化转型的财务效益，可以提高企业数字化转型的获得感和自信心，同时也能发现不足之处，探寻最优解决方案，促使更多民营企业数字化转型走向成功。目前，国内关于民营企业数字化转型对财务绩效的影响研究相对较少，不同的学者对民营企业数字化转型对财务绩效是否有影响仍存在分歧。因此，本章以81家福建民营企业为研究对象，通过采用文献研究法、实证分析法，以数字化转型相关理论为支撑，研究民营企业数字化转型与财务绩效之间的关系。另外，结合已有文献，分析转型过程中面临的困境，并提出针对性的建议，以提升企业的核心竞争力，促进民营企业高质量发展。

14.1 企业数字化转型的相关定义

14.1.1 数字化的相关定义

数字化是指通过数字技术手段将文字信息等抽象的事物，转化为计算机可处理的数字形式，使其能够被快速传递、计算和利用的过程。数字化的出现提高了获取、处理及利用信息的效率，让信息获取、处理及利用更加便捷。数字化涵盖的领域非常广，有产业数字化、人才数字化、文化数字化以及服务数字化等。随着物联网广泛而深入的应用，以及数据处理能力的不断提升，越来越多的数字化是具有三维模型的数字化，即通过计算机技术对物理世界进行三维设计、三维仿真、数据演示等操作，以形成三维立体数字模型（徐新，2023）。

14.1.2 数字化转型的相关定义

数字化转型是指企业或其他组织依托于数字技术，在运营模式、产品服务、业务流程等各个方面进行数字经济变革，以适应数字时代下的发展和竞争。数字化转型的外在特征主要表现为企业对大数据、互联网、物联网、云计算等新一代数字技术的构建与使用。其内在特征主要表现为：通过对新兴数字技术的运用，重塑传统企业的运营管理与商业模式，从而构造一个全智能的数字世界，不断提升传统企业在数字经济时代的核心竞争力（王倩，2022）。

14.2 评价企业财务绩效的相关指标

财务绩效是执行和实施企业战略而形成的经营业绩（于九如，2023）。目前，财务绩效指标大致包括四个方面：盈利能力指标、偿债能力指标、发展能力指标、营运能力指标，具体内容见表14-1。

表14-1 评价企业财务绩效的相关指标

层面	财务绩效指标
盈利能力	总资产报酬率
	净资产收益率
	投入资本回报率
	成本费用利润率
	营业毛利率
偿债能力	速动比率
	资产负债率
发展能力	营业收入增长率
营运能力	流动资产周转率
	总资产周转率

资料来源：根据《基于文本挖掘的数字化转型企业财务绩效评价研究》《"双碳"目标下光伏行业绩效研究》《基于数字化转型的白酒行业财务绩效研究——以五粮液公司为例》整理所得。

14.3 民营企业数字化转型的相关政策

近年来，在数字化转型的背景下，不论是国家还是各个地区，相继颁布数字化转型的相关政策，以推动企业数字化转型。民营企业对数字化转型的关注度逐渐提高。本研究对国家和地方出台的部分相关政策进行汇总（具体内容见表14-2），以便为数字化转型企业提供参考。

表14-2 民营企业数字化转型的相关政策

序号	文件名称	政策内容（部分）	发布单位	发布日期
1	《关于推进"上云用数赋智"行动培育新经济发展实施方案》	鼓励各类平台、开源社区、第三方机构面向广大中小微企业提供数字化转型所需的开发工具及公共性服务	国家发展改革委、中央网信办	2020年4月
2	《关于支持民营企业加快改革发展与转型升级的实施意见》	实施企业"上云用数赋智"行动和中小企业数字化赋能专项行动，布局一批数字化转型促进中心，集聚一批面向中小企业数字化服务商，开发符合中小企业需求的数字化平台、系统解决方案等，结合行业特点对企业建云、上云、用云提供相应融资支持	国家发展改革委、科技部、工业和信息化部、财政部、人力资源和社会保障部、人民银行	2020年10月
3	《上海市促进城市数字化转型的若干政策措施》	鼓励有条件的解决方案提供商，探索先用后付、按收益分成的"合约式"服务模式，参与传统企业数字化转型	上海市发改委	2021年9月
4	《湖北省数字经济发展"十四五"规划》	引导企业"上云用数赋智"，加快推进工业设备和业务系统上云上平台，持续打造"云行荆楚"企业上云品牌。鼓励企业开展智能化改造创新	湖北省人民政府	2021年11月
5	《泰安市制造业数字化转型实施方案2023—2025年》	到2025年，实现规模以上制造业企业数字化智能化改造全覆盖，"专精特新"企业数字化转型率达到90%以上，规模以上制造业企业关键业务环节全面数字化率达到75%	泰安市工信局	2023年4月
6	《漳州市工业数字化转型三年行动计划2023—2025年》	到2025年，大中型企业（主要行业）关键业务环节数字化的比例达66%以上，重点企业关键工序数控化率达60%以上，数字化研发设计工具普及率达88%以上	漳州市工信局	2023年7月

资料来源：
① https://www.ndrc.gov.cn/xxgk/zcfb/tz/202004/t20200410_1225542_ext.html.
② http://gpzx.hubstc.com.cn/info/1011/2414.htm.
③ https://www.ndrc.gov.cn/xxgk/zcfb/tz/202010/t20201023_1248824_ext.html.
④ http://xxzx.guizhou.gov.cn/dsjzsk/zcwj/202111/t20211115_71666931.html.
⑤ http://taian.dzwww.com/2013sy/taxw/202304/t20230423_11767411.html.
⑥ http://3g.zhangzhou.gov.cn/cms/html/zzsrmzf/2023-07-03/1838451195.html.

14.4 研究设计

14.4.1 样本选取与数据来源

2015年7月，国务院印发了《关于积极推进"互联网+"行动的指导意见》，将数字化转型作为七个重点任务之一，并提出了2015年"互联网+"行动计划。2016年，数字化转型的企业开始逐渐增多，越来越多的企业意识到数字化转型对企业发展的重要性。故本研究以2016年前3年、后6年为时间界限，选取2013—2022年福建171家企业，包括教育、软件和信息技术服务业、电气机械和器材制造业、批发业、商务服务业、通用设备制造业、科技推广和应用服务业、农业、纺织业、货币金融服务等行业（上市公司），并剔除国企、存续时间较短、财务数据缺失、2013—2022年退市及ST和*ST的企业，得到样本企业81家，共计4860个有效数据。

其中，数字化转型的相关数据及财务数据均来源于东方财富网、新浪财经及全国中小企业股份转让系统各公司年报。本研究首先在Excel上对所选数据进行初步处理，然后使用Stata17.0对所选数据进行了如下处理：①对数据进行1%的缩尾处理；②对数据进行对数化处理；③进行描述性统计、相关性分析、回归分析、稳健性检验、内生性处理以及异质性分析，旨在探究民营企业数字化转型对财务绩效的影响。

14.4.2 变量说明

1. 被解释变量

关于企业财务绩效的度量，现有以下几种方式：第一，梁琳娜等（2022）通过资产收益率、净资产收益率和销售利润率来衡量财务绩效；第二，张丽（2022）通过企业资产增长率、销售增长率、投资增长率、净利润增长率四个指标测量财务绩效的变化情况；第三，Gao 等（2023）通过股本回报率（ROE）和托宾 Q 来衡量企业绩效；第四，邓博一和许耀文（2023）通过营业收入及净利润来衡量财务绩效；第五，牛敏和胡慧纳（2023）、王诗尧等（2023）通过营业毛利率等指标来衡量财务绩效；第六，李畅（2022）通过营业收入增长率、资本累积率等来衡量财务绩效。本书衡量财务绩效的方法是借鉴李畅（2022）的做法，选取流动资产周转率来衡量财务绩效（Y）。

2. 核心解释变量

关于企业数字化转型的度量是目前相关研究中的难点，现有文献主要有以下几种度量方式：第一，何帆和刘红霞（2019）通过对上市公司年报和公告进行手工整理，构造了上市公司企业数字化转型的虚拟变量，但虚拟变量很难反映企业数字化转型的程度；第二，Wang（2023）通过对样本年度报告中与数字化转型相关的术语的频率进行求和，来测量特定公司在一年中的数字化水平，但未考虑年报中词频判断的不准确性；第三，刘政等（2020）通过问卷调查的方式来获取企业数字化转型数据；第四，王林（2023）在研究数字化转型中使用了研发费用、无形资产两个指标；第五，牛福莲和陈维宣（2022）在研究数字化转型中使用了人才费用指标，使用单一指标过于片面。本书衡量数字化转型的方法是基于王林（2023）、牛福莲和陈维宣（2022）的研究，使用无形资产年末数、人才费用来衡量企业数字化转型（digital）。

3. 控制变量

为了提高研究的精度，本书基于胡洁等（2022）的做法，在模型中加入了可能会对企业财务绩效产生影响的控制变量，包括净资产收益率（ROE）、营业收入增长率（growth）、资产负债率（Lever）和营业毛利率（C_1）。

本研究上述主要变量的定义见表 14-3。

表14-3 主要变量的定义

类 型	名 称	符 号	定 义
被解释变量	流动资产周转率	Y	营业收入/平均流动资产
核心解释变量	数字化转型	digital	以年报无形资产年末数、人才费用来衡量
控制变量	营业毛利率	C_1	(营业收入-营业成本)/营业收入
	净资产收益率	ROE	净利润/股东权益
	营业收入增长率	growth	(当期营业收入-上期营业收入)/上期营业收入
	资产负债率	Lever	企业负债总计/企业资产总计

资料来源：作者整理所得。

14.4.3 模型设定

为验证数字化转型和财务绩效的关系，本研究构建以下模型进行检验：

$$Y_{it} = \alpha_0 + \alpha_1 \times digital_{it} + \alpha_j controls_{it} + \varepsilon_{it}$$

模型中，Y_{it}为因变量财务绩效，$digital_{it}$为自变量数字化转型，ε_{it}为残差项，α_0和α_1分别为常数项和变量系数。如果数字化转型能够提升财务绩效，则α_1显著为正，反之则显著为负。

14.5 实证结果分析

14.5.1 描述性统计

表14-4报告了变量的描述性统计结果。无形资产（$digital_1$）最大值为12.503，最小值为0.000，标准差为2.011，均值为8.392，说明不同企业数字化转型程度存在较大差异；人才费用（$digital_2$）最大值为11.655，最小值为5.142，标准差为1.239，均值为8.149，说明不同民营企业对于数字化转型的人才招揽及培训程度存在较大差异；资产负债率（Lever）最大值为0.667，

最小值为 0.065，标准差为 0.134，均值为 0.325，说明不同民营企业之间偿债能力存在差异；流动资产周转率（Y）最大值为 1.773，最小值为 0.000，标准差为 0.354，均值为 0.799，说明不同民营企业之间营运能力存在差异。

表14-4 描述性统计

变量	统计量	均值	标准差	最小值	最大值
无形资产	810	8.392	2.011	0.000	12.503
人才费用	810	8.149	1.239	5.142	11.655
营业毛利率	810	0.291	0.156	0.018	0.692
营业收入增长率	810	0.151	0.233	-0.510	0.906
净资产收益率	810	0.097	0.162	-0.718	0.504
资产负债率	810	0.325	0.134	0.065	0.667
流动资产周转率	810	0.799	0.354	0.000	1.773

14.5.2 相关性分析

表 14-5 为相关性分析的结果。具体来看，无形资产（$digital_1$）和流动资产周转率（Y）之间的相关系数值为 0.228，并且呈现出 0.01 水平的显著性，说明无形资产（$digital_1$）和流动资产周转率（Y）之间有显著的正相关关系，即民营企业数字化转型与财务绩效之间有正向相关关系；人才费用（$digital_2$）和流动资产周转率（Y）之间的相关系数值为 0.100，并且呈现出 0.01 水平的显著性，说明人才费用（$digital_2$）和流动资产周转率（Y）之间有显著的正相关关系，即民营企业数字化转型与财务绩效之间有正向相关关系。综合分析可知，数字化转型与财务绩效呈现正相关关系，且相关性比较显著，说明民营企业数字化转型与企业财务绩效之间有正向相关关系。

表14-5 相关性分析

	无形资产	人才费用	营业毛利率	营业收入增长率	净资产收益率	资产负债率	流动资产周转率
无形资产	1.000						
人才费用	0.684***	1.000					
营业毛利率	-0.150***	-0.009	1.000				
营业收入增长率	-0.045	-0.097***	0.068*	1.000			
净资产收益率	-0.155***	-0.224***	0.344***	0.312***	1.000		
资产负债率	0.257***	0.368***	-0.363***	0.028	-0.241***	1.000	
流动资产周转率	0.228***	0.100***	-0.421***	0.202***	0.141***	0.262***	1.000

*** $p < 0.01$，** $p < 0.05$，* $p < 0.1$

资料来源：通过 Stata 软件计算整理所得。

14.5.3 回归分析

表14-6为本研究基准回归模型的检验结果。表14-6中列（1）为只加入了核心解释变量企业数字化转型的回归结果，结果显示企业数字化转型在1%的显著性水平下对企业财务绩效产生正向促进作用。表14-6中列（2）为加入相关控制变量后的回归结果，结果显示，企业数字化转型仍然在1%的显著性水平下对企业的财务绩效产生正向促进作用，即通过数字化转型，能够增强企业的财务绩效。

表14-6 基准回归结果

	（1）流动资产周转率	（2）流动资产周转率
无形资产	0.040***	0.032***
	（6.649）	（6.150）
营业毛利率		-1.062***
		（-14.662）

续表

	（1）流动资产周转率	（2）流动资产周转率
营业收入增长率		0.213***
		（4.641）
净资产收益率		0.688***
		（9.717）
资产负债率		0.308***
		（3.660）
常数	0.463***	0.639***
	（8.908）	（11.324）
统计量	810	810
R^2	0.052	0.343

括号内为 t 值

* $p < 0.1$，** $p < 0.05$，*** $p < 0.01$

资料来源：通过 Stata 软件计算整理所得。

14.5.4 稳健性检验

1. 剔除两年样本的稳健性检验

2020—2021 年，受新冠疫情影响，企业的数字化转型和财务绩效均受到较大影响，分析所得到的结果可能不准确。因此，本研究剔除 2020—2021 年的样本，以减少新冠疫情对企业数字化转型及财务绩效的影响，并对剔除后的数据重新进行回归分析，以保证回归结果的稳健性。

表 14-7 为稳健性检验的结果。列（1）为剔除两年样本前的回归结果；列（2）为剔除两年样本后的回归结果。从表中可以看出，剔除 2020—2021 年数据前后，企业数字化转型对财务绩效的影响均是正向且显著的，表明企业数字化转型能够促进财务绩效的提升，能够在一定程度上应对疫情的影响，进一步增强了模型的稳健性。

表14-7　稳健性检验（一）

	（1） 流动资产周转率	（2） 流动资产周转率
无形资产	0.032***	0.035***
	（6.150）	（6.030）
常数	0.639***	0.588***
	（11.324）	（9.346）
控制变量	Yes	Yes
统计量	810	648
R^2	0.343	0.338
括号内为 t 值		
$*p < 0.1, **p < 0.05, ***p < 0.01$		

2.替换自变量的稳健性检验

表14-8为稳健性检验的结果。列（1）为替换自变量前的回归结果；列（2）为替换自变量后的回归结果。从表中可以看出，替换自变量前后，企业数字化转型对财务绩效的影响均是正向且显著的，表明企业数字化转型能够促进财务绩效的提升，能够在一定程度上应对新冠疫情带来的影响，进一步增强了模型的稳健性。

表14-8　稳健性检验（二）

	（1） 流动资产周转率	（2） 流动资产周转率
无形资产	0.032***	
	（6.150）	
人才费用		0.042***
		（4.550）
常数	0.639***	0.605***
	（11.324）	（8.243）
控制变量	Yes	Yes
统计量	810	810
R^2	0.343	0.329
括号内为 t 值		
$*p < 0.1, **p < 0.05, ***p < 0.01$		

14.5.5 内生性处理

本研究的实证检验过程可能存在由于双向因果而导致的内生性问题,即企业的数字化转型会影响企业财务绩效,而财务绩效较好的企业也会更倾向于去进行企业的数字化转型。由于企业数字化转型促进企业提升财务绩效存在一定时滞,本研究将核心解释变量的滞后一期到三期引入模型进行回归,回归结果如表14-9列(1)到列(3)所示,企业数字化转型的系数估计值在1%的显著性水平下为正,即本研究核心结论稳健可信。

表14-9 内生性检验结果

	（1）流动资产周转率	（2）流动资产周转率	（3）流动资产周转率
L1. 无形资产	0.034*** (5.990)		
L2. 无形资产		0.039*** (6.476)	
L3. 无形资产			0.040*** (5.961)
常数	0.618*** (10.285)	0.552*** (8.615)	0.518*** (7.208)
控制变量	Yes	Yes	Yes
统计量	729	648	567
R^2	0.349	0.375	0.352

括号内为 t 值

* $p < 0.1$, ** $p < 0.05$, *** $p < 0.01$

14.5.6 异质性分析

前文验证了企业数字化转型对财务绩效具有显著的正向影响，但考虑不同民营企业发展情况不同，于是将财务绩效进行分位数回归，进一步分析不同发展情况下数字化转型对财务绩效影响的异质性。

表 14-10 报告了分位数回归结果。由表中无形资产的系数可以看出，在各分位数组，数字化转型对财务绩效的影响依然是正向且显著的。但由于不同企业发展情况不同，数字化转型对其财务绩效的正向影响程度也不同。发展情况较好的企业能够通过结合自身情况更合理地进行数字化转型，优化企业业务流程，降低成本，提高财务绩效。

表14-10 分位数回归结果

流动资产周转率	0.05	0.25	0.50	0.75	0.90
无形资产	0.070***	0.022***	0.021***	0.028***	0.025**
	（5.118）	（3.713）	（3.515）	（3.726）	（2.097）
常数	0.115	0.544***	0.585***	0.739***	0.859***
	（0.774）	（8.603）	（8.988）	（9.040）	（6.732）
控制变量	Yes	Yes	Yes	Yes	Yes
统计量	810	810	810	810	810
伪 R^2	0.264	0.207	0.210	0.225	0.227
括号内为 t 值					
*** $p<0.01$，** $p<0.05$，* $p<0.1$					

资料来源：通过 Stata 软件计算整理所得。

14.6 福建民营企业数字化转型过程中面临的问题

14.6.1 转型目标和计划不清晰

全球数字化转型的趋势日益明显，企业进行数字化转型，需要提前做好计划，明确目标。民营企业面对复杂的市场竞争环境，为了追求投资回报，疲于应付各种新挑战。部分民营企业对待数字化转型的态度是积极主动的，部分企业是迫于环境压力，被迫转型。对于被动转型的民营企业，在接受新事物的同时，往往容易忽略转型的目的和意义，更不会提前做好市场调研和项目评估。数字化转型需要结合企业组织结构流程、产品特点及行业定位。若企业盲目启动转型按钮，将会在转型过程中处于被动状态，容易出现不知道怎么转、不敢转的情况。数字化转型的效益无法在短期内实现，需要持续的投入，如果没有清晰的转型目标和计划，企业会因转型方向不对，试错成本增加，给企业带来资金压力，更有甚者，会导致企业资金链断裂，资不抵债而破产。

通过对民营企业财务绩效的分析，发现财务绩效不容乐观的企业，在转型过程中面临各种问题。据了解，有些企业为了超越同行，抓住转型的第一波红利，却未进行长远规划，一次性投入太多，导致企业资金紧张。近年来，受国际市场的冲击，行业处境艰难，市场需求未增反减，企业转型效益无法及时实现，资产严重缩水，影响企业持续转型的积极性。

14.6.2 数字化专业人才不足

企业数字化转型是一个复杂的过程，转型的顺利程度离不开技术人才的支撑。

此次研究对象是 81 家规模较大的企业，在人才竞争方面具有一定优势，取得比较好的转型效果。而对于人才竞争偏弱的中小民营企业，数字化专业人才严重不足。通过数据分析得到结论：人才费用的增加，对数字化转型成功有积极的推动作用。即说明，企业数字化转型是否顺利，数字技术性人才是关键。中小民营企业如何聘用、培养以及留住相关技术人才，是提升民营企业整体数字化成功率需要思考的内容。

14.6.3　数字化资金投入不足

企业数字化转型不是速战速决的项目，需要持续投入大量的资金。通过分析企业研发费用，了解企业数字化转型的资金投入情况。大型民营企业盈利能力较强，自有支配资金相对充足，能够满足当前转型投入需求。大型民营企业具有较强的偿债能力（相对于中小民营企业），融资渠道多，更容易获得银行贷款资金。另外，大型民营企业在争取政府补贴、政府补助、政策奖励、政策优惠等方面，具有十分明显的优势。中小民营企业自身竞争力偏弱，盈利能力和偿债能力一般，企业自有资金和外部融资有限，面对市场竞争激烈的情况，能够维持日常运营实属不易，若要挪出资金进行数字化转型，非常勉强。

由于转型资金不充分，导致部分中小民营企业面对数字化转型大环境，只能望而却步，出现想转不敢转的现象，这也是民营企业数字化转型成功率偏低的原因之一。

14.6.4　核心专利技术不足

随着数字时代的到来，专利技术逐渐成为企业的核心竞争力。本研究选用无形资产和人才费用作为衡量数字化转型的指标，也间接证明了专利技术的重要性。

研究结果表明，数字化转型能够提升企业财务绩效，即企业需要加大数字化转型的力度，增加无形资产和人才费用的投入，促进转型效益实现。

大型民营企业在进行科技创新、专利技术研发方面，具有人才和资金优势，具有政策倾斜优势，还具备专利保护意识。大型民营企业正在逐步实现数字化转型，整体形式相对乐观。但是，小型民营企业受研发资金和人才的限制，专利保护意识淡薄，专利技术偏少，更谈不上掌握核心技术。小型民营企业的窘迫，致使其在数字化转型过程中，遭遇技术瓶颈，面临各种难题，出现放弃转型的现象。

14.6.5 数据安全问题

企业数字化转型会涉及数据的收集、处理、分类储存等工作。企业在数字化转型过程中，将形成和积累大量的数字资产（包括数据库），而这些将成为支持企业未来持续发展的重要资产（无形资产）。因此，保障数字资产的安全显得尤为重要。

在国际竞争环境日益复杂的情况下，暴露出诸多数据安全问题，如数字资料泄露、恶意软件攻击、病毒、黑客技术侵入等。数字资产（包括数据库）作为企业重要的商业机密资源，一旦被泄露，将会给企业带来沉重的打击，甚至会失去市场优势地位，处于窘迫的境地。

据了解，大型民营企业基本都有能力做到：建立独有的"数据库""私有云"；配置数字技术部门，维护日常数字技术的运行和安全；聘请技术团队，进行专业技术指导。但是，小型民营企业综合实力有限，只能上"公有云"。当企业放弃基础设备，将企业数据资源储存于公共云端时，安全问题会被十分关注。

因此，为了推动更多民营企业参与数字化转型，推动转型成功，亟待解决中小企业数据安全问题。

14.7 促进民营企业数字化转型的建议

14.7.1 合理制定转型规划

民营企业在转型前，通过市场调研等方式，确定数字化转型所要达到的目标，据此制定相关的转型规划。建议：数字化转型规划应包含数字化转型所能达到的效果、所需的硬件和软件设备、相关人员的培训内容、流程及方式、所要投入的资源、转型过程中面临的风险与应对措施等内容。明晰的转型计划，使数字化转型过程更加顺利，让企业能更好地适应新环境，提升市场竞争力，促进转型效益实现。

针对企业内部结构简单、规划能力偏弱的民营企业，建议：采用 PDCA 循环系统进行数字化转型规划。系统会对企业当前情况进行整体分析，并在此基础上确定数字化转型的目标，并制订相应的转型方案。企业根据系统出具的方案内容，开展具体的数字化转型工作。

执行计划并非一成不变，企业在转型过程中，要总结、分析该计划的执行效果，找出其中的问题，并针对性地解决问题。通过不断完善和优化数字化转型的计划方案和执行措施，总结经验，避免再出现类似的问题。以此，帮助企业更好地满足市场发展的需求，推动数字化转型成功，实现转型效益。

14.7.2 加强技术人才队伍建设

技术性人才对企业数字化转型具有推动作用。数字化时代，拥有强大的技术团队，将成为国际市场竞争的关键。民营企业作为数字化转型的重要力量，需要重视技术人才的培养和留用。根据企业综合实力，合理安排技术人才费用。关于如何加强技术人才队伍建设，给出如下几点建议。

1. 内培外引增加技术人才

企业数字化转型需要全员共同参与。企业定期举办专题培训，加强全员数字业务水平和技术水平；行业协会定期举办数字技术交流，增加同行之间的经验和技术成果分享，激发员工对数字技术的热情，进而主动参与数字技术的开发和研究；通过技术人才引进计划，每年引进核心技术人员若干，增加技术可融性（同行间的技术互融）。

2. 校企合作打造专家团队

通过横向课题的形式，招募高校核心技术团队，共同开发和研究新技术，打造校企专家团队，主攻核心技术难题。

3. 激励制度留住人才

民营企业还需要重视人才留用问题，把培养的人才留在企业，发挥长远效益。制定人才激励措施，营造良好的企业文化氛围，从硬实力和软文化两方面共同发力，保障人才的收入，提升技术人才的工作和生活幸福指数。

14.7.3 从内而外提升，提高数字化转型资金保障

数字化转型需要持续的资金投入，企业需要从内而外提升自我，增强外部竞争能力，增加自有资金，获得外部资金，开源节流，有计划地转型投入，稳扎稳打，持续转型，最终取得转型成功。针对如何提高数字化转型资金保障，给出以下几点建议。

1. 提高核心竞争力

民营企业需要重视产品创新和企业转型升级，在市场缝隙中开辟新天地。通过提高自身核心竞争力，提高盈利能力，增加自有资金的储备，为企业运营和持续转型投入奠定基础。

2. 完善自身，提高外部融资

民营企业需要重视企业内部控制。完善制度和体系建设，通过不断创新业务流程，加强内部控制建设。启用财务共享系统，实现现代技术管理，规范管理和业务流程，标准化财务体系，不断完善自身，提高社会满意度。民营企业需要重视信用体系建设，增加社会认可度，树立企业形象，增加品牌

无形价值。以此,拓宽外部融资渠道,提高外部融资获得率。

3. 加强科技引领,获取政策支持

民营企业需要加大研发投入,重视产品科技创新,在获得核心技术和专利产品的同时,还能争取政府补贴和奖励,以此获得第三方资金支持。

4. 开源节流,有计划地投入

民营企业需要重视资金的使用计划。对转型资金的使用进行追踪,制定相关的资金使用审批制度,明确相关人员的职责,做到每笔资金的使用有迹可循,防止出现资金滥用的情况。民营企业还需要对转型相关支出进行规划,减少不必要的支出,使企业的资金发挥最大的价值。还可以建立系统的财务核算流程,让转型的各种支出透明化。以此,开源节流,有计划地转型投入,避免出现企业资金紧张的局面。

14.7.4　加强核心技术研发

数字时代,谁掌握核心技术,谁就拥有未来市场。核心技术的研发,是企业竞争的关键。民营企业在数字化转型过程中,技术创新整体优势不明显,部分核心技术被"卡脖子"。关于民营企业如何加强核心技术研发,给出以下几点建议。

1. 主攻缝隙市场

通过"专精特新"的培育和发展,主攻缝隙市场,不断创新产品,加大核心技术的研发,抢占市场份额,逐渐成为行业冠军、龙头企业。

2. 联合创新学生团队

民营企业需要重视年轻创新团队的培养,通过竞赛的方式,邀请高校创新科技团队成员参与项目开发,年轻人的思维也能迸出意想不到的火花。以此,营造良好的创新科技氛围,也能为后期人才储备奠定基础。

3. 联合高校科研专家团队

联合高校科研专家团队,主攻技术难题,增加核心专利技术的落地。例如,通过加强 RPA、云服务、区块链和物联网等关键数字技术的研发,增强自主研发能力,并完善科研成果转化机制,提高企业的市场竞争力。

4.联合研究机构

通过联合国家重点实验室等机构，加大数字技术的研发力度，并对相关科研人员给予一定的福利来激励科研人员，还可以与高校科研团队进行校企合作，共同研发相关数字技术，避免关键技术被"卡脖子"，更好地进行数字化转型。

5.加强知识产权保护意识

民营企业需要加强知识产权和专利技术的保护意识，以增强核心专利技术的保障，降低企业经营风险，促进持续转型升级。

14.7.5 加强数字资产的安全管理

数字（数据）资产是企业未来发展的基础资源，关系到企业的可持续发展。数字时代，竞争异常激烈，民营企业应该加强数字资产的安全管理，保障企业市场竞争实力。针对如何加强数字资产的安全管理，给出以下几点建议。

1.采用核心岗位轮岗制度

民营企业需要加强员工数据资产保护意识，认真履行岗位职责，定期轮岗，以全面保障企业数据资产的安全。

2.定期维护数据安全

民营企业需要设置网络安全管理岗位，定期对数据资产进行维护、对数据运行环境进行评估，确保数据的安全。

3.备份数据制度

民营企业需要优化数据的获取、运用与储存等相关流程，规范备份操作，一旦遭遇数据泄露或者网络攻击的情况，能够在第一时间作出反应，减少企业的资产损失。

4.建立自有数据库

民营企业需要建立自有数据库，并对相关数据进行加密处理，让企业数据资产得到充分的保护。另外，通过设置数据防火墙，保证数字运行环境的安全。

14.8 结论

为了适应数字经济的发展，数字化转型成为民营企业提升市场竞争力的必要手段。越来越多的民营企业开始意识到数字化转型的重要性。为了推进民营企业数字化转型，政府也发布了若干相关政策。本章选取福建省 81 家民营企业进行研究，得到如下结论。

民营企业数字化转型能正向影响企业的财务绩效，即民营企业进行数字化转型能够提升财务绩效，能够在一定程度上应对市场环境带来的影响。但目前仍有部分民营企业未进行数字化转型或数字化转型效果不佳，这说明民营企业数字化转型仍需持续推进。民营企业可以通过合理制订转型规划、加强人才团队建设、做好资金保障、加强技术研发、加强网络安全管理等措施，推动数字化转型的进程，促进财务绩效的实现。

参考文献

一、中文

［1］邓博一，许耀文.研发投入对皮革企业财务绩效影响研究——以明新旭腾为例［J］.西部皮革，2023，45（23）：36-38.

［2］何帆，刘红霞.数字经济视角下实体企业数字化变革的业绩提升效应评估［J］.改革，2019，1（2）：137-148.

［3］胡洁，韩一鸣，钟咏.企业数字化转型如何影响企业 ESG 表现——来自中国上市公司的证据［J］.产业经济评论，2023（1）：105-123.

［4］李畅.基于数字化转型的白酒行业财务绩效研究［D］.哈尔滨：哈尔滨商业大学，2022.

［5］梁琳娜，张国强，李浩，等.企业数字化转型经济效果研究——基于市场绩效和财务绩效的分析［J］.现代管理科学，2022（5）：146-155.

［6］刘政，姚雨秀，张国胜，等.企业数字化、专用知识与组织授权［J］.中国工业经济，2020（9）：156-174.

［7］牛福莲，陈维宣.央国企数字化转型的进展、障碍与建议［J］.中国经济报告，2022（4）：39-50.

［8］牛敏，胡慧纳.商业模式创新对医疗企业财务绩效的影响研究［J］.中国农业会计，2023，33（22）：94-96.

［9］王林.美的集团数字化转型中的财务战略研究［D］.武汉：武汉纺织大学，2023.

［10］王倩.基于文本挖掘的数字化转型企业财务绩效评价研究［D］.南昌：南昌大学，2022.

［11］王诗尧，顾海华，白冰."双碳"目标下光伏行业绩效研究［J］.中国物价，2023（12）：113-115.

［12］徐新.M汽车数字化转型对财务绩效的影响研究［D］.长春：吉林外国语大学，2023.

［13］于九如.潍柴动力数字化转型的财务绩效效果研究［D］.沈阳：辽宁大学，2023.

［14］张丽.企业数字化转型对财务绩效影响的路径研究［J］.商业会计，2022（13）：34-39.

二、英文

［1］GAO D, YAN Z, ZHOU X, et al. Smarter and prosperous: digital transformation and enterprise performance［J］. Systems, 2023, 11: 329.

［2］WANG L. Research on the impact of executive characteristics on enterprise digital transformation: moderating effects based on the level of enterprise risk-taking［J］. BCP Business & Management, 2023, 49: 544-557.

第15章　内外部环境联动：提升福建民营制造企业数字化转型成功率

本章探讨如何通过企业内外部环境的联动，提高民营制造业数字化转型的成功率，旨在了解民营制造企业在数字化转型过程中面临的挑战，并基于现状探索促进企业数字化转型成功的解决方案。先是通过对福建省民营制造企业中层管理人员采用小规模访谈的形式，确定调研的基本内容，在此基础上运用电子问卷收集数据，并使用 Stata 软件进行二元回归分析，得到结论：外部环境对企业数字化转型存在一定影响。通过进一步调查分析，发现民营制造企业在数字化转型过程中，还面临转型意识不足、数字化人才不匹配、资金支持不充分、数据安全存在隐患等问题。本研究提出"企业内外部环境联动"的假设，通过内部环境联动增强转型意识，通过外部环境联动提供资金供给、技术人才支持和数据安全保障，以提高福建民营制造企业数字化转型效率。

15.1　理论基础

企业数字化转型有助于优化流程，提高生产力，提高产品质量，增强市场竞争力（沈涛，2023）。业务与技术的融合可以帮助企业顺利转型（王莉莉、曹嘉琪，2023）。企业数字化转型的成功需要高层领导坚定的转型意识、专业的数字化转型团队、持续创新的动力,以及业务和技术人才的合作,共同收集、分析、应用、优化流程和组织结构(金昕、伍婉萱、邵俊岗,2023)。

理论方案提出:

1. 企业数字化转型的外部环境由政府部门、数字服务机构、行业协会、地方银行形成。企业数字化转型的内部环境由高层领导、业务管理人员、专业技术人员和各部门员工代表组成。

2. 内外部环境的联动有助于民营制造企业解决数字化转型过程中面临的挑战,提高转型成功率。

15.2　推动民营企业数字化转型的模型构建

政府部门出台税收优惠及金融支持政策,帮助企业争取第三方资金收入。地方银行提高专项融资额度,降低融资成本和利息,简化融资流程,为企业数字化转型提供资金支持。专业服务机构提供数字化技术支持,帮助企业解决传统设备的数据应用问题,提供数字化转型评估服务,协助企业梳理业务流程,提供数据安全保障。行业协会组织数字化专业培训,营造数字化转型氛围。具体内容如图 15-1 所示。

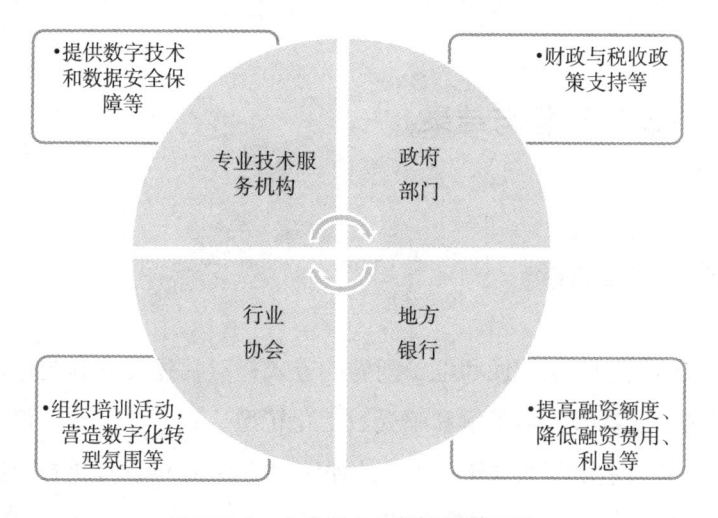

图15-1　企业数字化转型外部环境

企业高层领导与业务部门、数字化专业技术人员、基层员工代表共同组成"数字化转型联动部门"。该部门与外部环境合作，为企业寻求更多的政策支持。该部门明确和传达转型任务目标，增强企业转型意识，优化创新业务流程，指导业务和技术部门的融合发展，协助部门开展转型绩效评估，推动数字化转型政策的实施，营造全员参与数字化转型的企业文化氛围，增强内部转型动力和信心，促进转型效益的实现。具体内容如图15-2所示。

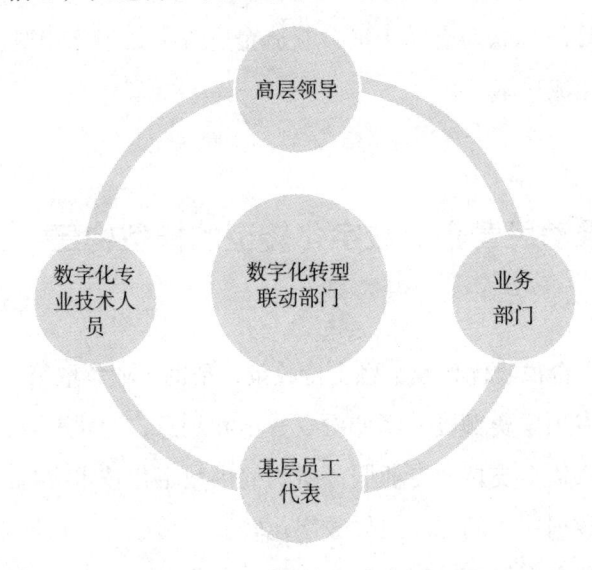

图15-2 企业数字化转型内部环境

15.3 调查过程与结果

15.3.1 调查过程

本研究通过小规模访谈和电子问卷的方式，对福建民营制造企业的中层管理人员进行了调查，以了解和感受数字化转型、数字化转型过程中面临的挑战，以及对数字化转型内外部环境的评估。使用 Stata 软件进行数据统计分析，探寻影响民营制造企业数字化转型的因素，并在此基础上探索解决方案。

本研究运用文献研究和定量分析法，全面深入地收集民营制造企业数字化转型的现状信息和面临的问题。

本研究采用文献研究，利用学术期刊、书籍、调查报告和统计数据，收集数字化转型的背景信息，并了解当前企业对数字化转型价值的认知、数字化转型对民营制造企业发展的影响，以及当前制造企业数字化转型面临的挑战。

经过文献研究，通过小规模访谈，检验了福建省民营制造企业数字化转型的实际现状，进一步明确了定量研究的主题和模式。

本研究的定量分析包括对福建省 67 家民营制造企业进行电子问卷调查。该调查旨在收集数字化转型的现状，评估数字化转型的成功率、企业在数字化转型中面临的挑战、对内部和外部环境的感受、对数字化转型优势的感知以及期待的政策支持内容。从调查中获得定量数据，并使用描述性统计和推理分析法进行分析，以获得有价值的建议。

主要数据将通过调查收集。调查根据研究目标设计，包括封闭式和开放式问题。通过电子问卷，可以实现有效的数据收集和分析。将参与企业按地区、经营范围、经营规模和经营年份进行分层抽样，以确保福建省民营制造企业的多样性。使用 Stata 统计软件对调查中收集的定量数据进行分析。使用描述性统计（频率、百分比）总结调查结果，使用推断分析（相关分析和回归分析）测试自变量和因变量之间的关系，并确定影响民营制造企业数字化转型的重要因素。

15.3.2 调查结果

1. 小型访谈结果

小规模访谈的结果：民营制造企业中层管理人员对数字化转型的看法、采用数字化技术的目的、面临的挑战，以及数字化转型对企业发展的影响。

（1）民营制造企业对数字化转型的认知

通过对福建省民营制造企业中层管理人员的访谈发现：数字化转型可以提高企业品牌的市场竞争力。部分中层管理者对数字化转型的态度积极，认同数字化转型能够优化生产流程、提高产品质量、降低产品成本、提高企业效率。部分中层管理者也意识到，数字化转型不是一蹴而就的，需要持续的投资、改革和创新。这是一个具有挑战性的项目，需要企业所有员工的参与。

（2）民营制造企业采用数字化技术的内容

对数字技术采用情况的定性分析表明，福建省民营制造企业采用数字技术的内容主要包括：金融数字化、供应链数字化、生产数字化、运营管理数字化、人力资源数字化、仓储数字化等。部分民营制造企业的中层管理者指出：需要根据实际情况逐步选择转型模式，主要包括新的数字化商业模式、新技术嵌入、内部数字化运营等，强调数字技术的应用和推广需要企业各部门之间的协作。

（3）数字化转型对民营制造企业的影响

研究结论表明，通过数字化转型，能够帮助福建省民营制造企业提高产品竞争力、优化商业模式、增加客户体验、提升企业形象、优化决策。但在转型过程中也可能会遇到一些问题，需要外部环境（第三方力量）来帮助企业解决问题。

2. 定量研究结果

定量研究结果：福建省大多数民营制造企业对数字化转型充满信心，少数民营制造企业内部环境较差、数字化转型受阻。部分民营制造企业可以自己解决转型过程中面临的问题，部分民营制造企业则需要外部环境（第三方力量）的帮助来解决问题。

（1）企业数字化转型的现状调查

① 企业数字化转型成功率偏低

根据中层管理人员的调查回应，发现福建省民营制造企业正在逐步进入数字化转型过程，但转型成功率较低，面临着各种挑战。

此次调研中，44.78%的企业刚开始转型，34.33%的企业正处于转型适应期，7.46%的企业转型受阻，13.43%的企业转型成功。具体内容见表15-1。

表15-1　企业数字化转型的现状调查

内　容	数量（家）	占比（%）
A. 刚开始转型	30	44.78
B. 处于转型适应期	23	34.33
C. 转型受阻	5	7.46
D. 转型成功	9	13.43
参与调研的企业数量	67	

研究结果表明，民营制造企业数字化转型具有很大的推进空间。

② 企业数字化转型动力和信心不足

在企业数字化转型成功率的调查中，福建省民营制造业中层管理人员的评价如下：4.48%的企业评价为100%（一定能够成功），32.84%的企业评价80%（成功概率高），53.73%的企业评价50%（成功概率一般），8.96%的企业评价20%（成功概率低）。具体内容见表15-2。

表15-2　对数字化转型成功率的评价

内　容	数量（家）	占比（%）
A. 评价100%	3	4.48
B. 评价80%	22	32.84
C. 评价50%	36	53.73
D. 评价20%	6	8.96
参与调研的企业数量	67	

研究结果表明，部分民营制造企业对数字化转型有足够的信心，部分民营制造企业对数字化转型能否成功表示担忧。

（2）企业数字化发展能力的调查

① 缺乏转型意识，数据安全保障不足

对于数字化转型所面临的挑战，福建省民营制造企业中层管理人员的回应是：转型缺乏战略思维（62.69%）；数字化能力不足，深入转型有困难

（50.75%）；转型效益难以实现，投资不可持续（47.76%）；领导层转型目标不确定，缺乏内部激励（35.82%）；数字信息安全保障不充分（28.36%）。具体内容见表15-3。

表15-3　企业数字化转型的难点调查

内　容	数量（家）	占比（%）
A. 缺乏转型的战略定位和方向	42	62.69
B. 能力不足，难以深化转型	34	50.75
C. 转型效益难实现，投资不可持续	32	47.76
D. 目标不明确，转型受阻	24	35.82
E. 数字信息安全保障不充分	19	28.36
参与调研的企业数量	67	

研究结果表明，部分民营制造企业缺乏转型意识，内部环境较差，阻碍了数字化转型的顺利进行；部分民营制造企业缺乏数字化和综合开发能力，数据安全性不足，需要外部环境（第三方）提供技术支持。

②数字能力不足，需要外部技术支持

关于企业适应数字化转型能力的调查，福建省民营制造企业的中层管理人员给出回应：转型非常顺利（7.46%）；当遇到困难时，能够自行解决（55.22%）；无法解决转型困难，需要第三方协助（34.33%）；准备放弃数字化转型（2.99%）。具体内容见表15-4。

表15-4　企业数字化能力调查

内　容	数量（家）	占比（%）
A. 转型非常顺利	5	7.46
B. 有困难，能自己解决	37	55.22
C. 有困难，需要第三方帮助	23	34.33
D. 困难无法解决，准备放弃	2	2.99
参与调研的企业数量	67	

研究结果表明，部分民营制造企业的数字化能力还不够，在数字化转型过程中仍存在一些挑战，需要外部力量提供技术援助。

③ 缺乏资金支持，持续转型意识不足

关于企业继续转型意愿的调查，福建省民营制造企业中层管理人员的回复：可以继续转型（59.70%），根据财务状况决定是否继续转型（31.34%），暂停并等待机会（5.97%），不想继续转型（2.99%）。具体内容见表15-5。

表15-5 持续数字化转型的意愿调查

内容	数量（家）	占比（%）
A. 愿意持续转型	40	59.70
B. 根据资金情况考虑	21	31.34
C. 先暂停，等待观望	4	5.97
D. 不愿意持续	2	2.99
参与调研的企业数量	67	

研究结果表明，部分民营制造企业因资金不足而准备放弃继续转型，需要外部环境（地方政府、地方银行）为企业转型提供资金支持。

（3）外部环境对数字化转型的影响

① 入驻数字平台可以增强转型信心

验证数字化转型的成功与第三方之间的关系，以企业进入数字化转型平台（Settled on the platform）为自变量，以评估数字化转型的成功率（Transformation evaluation）为因变量，对调查数据进行 Stata 分析，确定变量之间的关系。

研究结果表明，进入数字化平台的企业选择与数字化成功率评价呈正相关，结果显著（P=0.003，P＜0.01）。企业选择入驻数字化平台，对数字化转型成功率评价越高，对数字化转型信心越充足。具体内容见表15-6。

表15-6 二元回归分析

变量	评估数字化转型的成功率		
	系数	t值	显著性
进入数字化平台	0.2068966	3.10	0.003 **
常数	0.7931034	15.79	0.000
观测量	67		
R²	0.1289		
调整后 R²	0.1155		
F值	F（1,65）=9.62		

* $p < 0.05$，* $p < 0.01$，*** $p < 0.001$

② 政策支持能增强企业数字化转型内动力

在了解数字化转型政策方面：非常熟悉（8.96%），了解一些（61.19%），只听说过（26.87%），不知道（2.99%）。研究结果表明，要加大数字化政策培训力度，让更多民营制造企业了解政策内容，积极参与数字化转型。

在评估数字化转型政策方面：政策对企业的帮助很大（38.81%），政策可以帮助企业（41.79%），政策实施效果不显著（17.91%），政策没有效果（1.49%）。具体内容见表15-7。

表15-7 对数字化转型政策的评价调查

内容	数量（家）	占比（%）
A. 非常有帮助	26	38.81
B. 有一些帮助	28	41.79
C. 效果不显著	12	17.91
D. 没有效果	1	1.49
参与调研的企业数量	67	

（4）希望获得企业数字化转型扶持的内容

① 希望得到外部力量的帮助

关于求助内容，福建民营制造企业中层管理人员回复：希望出台引进数字人才的政策（71.64%），建设数字化服务平台（80.60%），加大数字化转型培训力度（74.63%），加强数字化信息安全管理（52.24%），增加低息贷款（53.73%）。具体内容见表15-8。

表15-8　企业需要获得帮助内容的调查

内　　容	数量（家）	占比（%）
A.出台引进人才的政策	48	71.64
B.建设数字化服务平台	54	80.60
C.增加数字化转型培训	50	74.63
D.加强数字化信息安全管理	35	52.24
E.提供低息融资支持	36	53.73
参与调研的企业数量	67	

研究结果表明，企业希望获得政府人才政策支持、地方银行低息资金支持、数字服务机构技术支持、数据安全支持以及行业内的技术培训支持。

②优化内部环境，提升数字化综合能力

关于数字化转型的建议，福建省民营制造企业的中层管理人员给出了以下答案：加强企业数字化信息管理（79.10%）；加强企业数字化系统建设（70.15%）；提高企业员工数字化能力（79.10%）；调整组织结构，完善流程机制（59.70%）；重构商业模式（32.84%）。具体内容见表15-9。

表15-9　关于企业数字化转型的建议

内　　容	数量（家）	占比（%）
A.加强企业数字化信息管理	53	79.10
B.加强企业数字化系统建设	47	70.15
C.提升企业员工数字化能力	53	79.10
D.调整组织结构，完善流程机制	40	59.70
E.重构商业模式	22	32.84
参与调研的企业数量	67	

研究结果表明，民营制造企业在数字化转型过程中，比较关注优化内部结构、增强企业数字化综合能力、提高数字化生产效率、优化业务流程、加强数字化建设、保障数字化安全等问题。

15.4 提升福建民营制造企业数字化转型成功率的建议

强调内部和外部环境之间的联系，以促进民营制造企业的数字化转型。研究结果表明，优化企业内部环境可以强化转型意识，明确转型目标，营造转型氛围，顺利推进数字化转型。外部环境的支持可以解决资金问题、人才和技术问题、数据安全问题，并提供技术培训和财税支持政策，帮助企业扫清数字化转型的障碍，以推动民营制造企业数字化转型的进程。

15.4.1 加强企业内部环境互通，增强企业转型内动力

为了帮助企业寻求更多的外部支持，需要成立"数字化外联部门"，加强内外环境互通，增强企业转型内动力。该部门能够集中企业核心力量，主要包括：企业负责人、企业中层管理人员、数字化技术人员、部门员工代表等。该部门参与了数字化转型目标的制定和传达，能够营造数字化转型的积极氛围，带动全员参与数字化转型，增强企业转型信心。该部门能够在企业数字化转型过程中，起到带头示范的作用，引领业务和技术的有效融合，实现业务流程的优化。该部门还能协助管理部门执行绩效评估，推动转型政策落地，促进转型效益实现。

15.4.2 加强企业外部环境联动，助力企业数字化转型

1. 地方政府提供政策支持

政府部门可以出台金融支持政策，如向金融机构提供担保、降低企业贷款利率或提供补贴等，以鼓励其创新和投资。政府部门还应采取税收优惠等支持措施，减少企业的税负，以鼓励企业持续投资和扩张。这些政策和措施的实施不仅有助于企业获得更多的资金支持，还可以促进地方经济的发展，增加就业岗位。

2. 地方银行提供贷款支持

地方银行通过增加专项融资额度，帮助企业更容易地获取资金；通过降低融资成本和利息，减轻企业的负担，让其更有能力承担数字化转型所需的费用；通过简化融资流程，减少企业在申请融资时的时间和精力成本，为企业数字化转型提供资金支持。

3. 专业服务机构提供技术支持

专业服务机构通过提供数字化技术支持，帮助企业解决传统设备的数据应用问题；通过提供数字化转型评估服务，协助企业梳理业务流程，优化运营模式，保障数据安全，提高效率和竞争力。

4. 行业协会提供培训服务

行业协会在数字化转型方面扮演着关键角色，其可以通过组织数字化的专业培训，提高从业者的数字技能水平与竞争力，营造数字化转型的氛围，提高行业内部对数字化转型的认知度和接纳度，为未来的发展奠定坚实的基础。

15.5 结论

研究结果表明，民营制造企业可以通过数字化转型优化资源配置，加强数据采集和资源管理，增强数据驱动力和环境洞察力，降低能耗，实现精细化管理和共享发展。然而，这也凸显了民营企业在数字化转型过程中所面临的挑战，如对企业转型意识不足、缺乏明确的转型目标、无法整合业务和技术部门、无法保证数据安全、综合发展能力不足（资金支持不足）、对企业转型动力和信心不足。建议优化内部环境，由企业高层管理人员与业务骨干、专业技术人员、各部门基层员工代表共同组建"数字化转型部门"，与政府部门、地方银行、专业技术服务机构、行业协会保持联系，帮助企业获得人才技术支持、数据安全保障、财税政策支持、资金保障支持、技术培训支持，以促进民营制造企业数字化转型成功。

参考文献

一、中文

[1]金昕，伍婉萱，邵俊岗.数字化转型、智力资本与制造业技术创新[J].统计与决策，2023，39（9）：158-162.

[2]李杰，沈宏亮，宋思萌.数字化转型提高了企业劳动资源配置效率吗？[J].现代财经（天津财经大学学报），2023，43（9）：108-125.

[3]梁小甜，文宗瑜.制造业数字化转型、客户信息优势与高质量发展

[J].统计与决策，2023，39（7）：179-183.

[4]刘洪铎，陈钊泳，陈晓珊.数字化转型的环境绩效研究——来自中国制造业上市公司的微观证据[J].社会科学，2023（5）：126-137.

[5]祁好英.数字普惠金融、管理者意识与企业数字化转型——基于长三角中小制造企业的调查数据[J].财会通讯，2023（8）：58-62.

[6]沈涛.河北省中小制造业企业数字化转型研究[J].石家庄大学学报，2023，25（4）：27-28.

[7]王莉莉，曹嘉琪.事业单位会计数字化转型的实现路径[J].财会通讯，2023（9）：147-150.

[8]余可发，杨慧.传统企业数字化转型的价值链重构路径与机理——数字化赋能视角的纵向单案例研究[J].当代财经，2023（5）：79-91.

[9]云乐鑫，徐海卿.动态能力视角下制造企业数字化转型路径研究——以潍柴集团为例[J].财会通讯，2023（20）：153-160.

[10]张巍.企业数字化转型关键因素和保障分析——以科创板上市公司为例[J].人民论坛·学术前沿，2022（18）：70-78.

[11]赵耀腾.数字化转型提升"专精特新"制造企业韧性的机制分析[J].中小企业管理与科技，2022（17）：34-36.

二、英文

[1] ALBUKHITAN S. Developing digital transformation strategy for manufacturing[J]. Procedia Computer Science, 2020, 170: 664–671.

[2] FIRICAN D A. Digital transformation and digital culture: a literature review of the digital cultural attributes to enable digital transformation[J]. Proceedings of the International Conference on Business Excellence, 2023, 17(1): 791-799.

[3] GAO D, YAN Z, ZHOU X, et al. Smarter and prosperous: digital transformation and enterprise performance[J]. Systems, 2023, 11: 329.

［4］GARCIA S M, BERNARDO S H, BAEZ P D, et al. Digital transformation of business models: influence of operation and trade variables［J］. Procedia Computer Science, 2022, 203: 565-569.

［5］WUJARSO R. Effect of digital transformation on company operational efficiency［J］. Central European Management Journal, 2023, 31: 136-142.